세계는 울퉁불퉁하다

한국인을 위한 국제정치경제 교과서

세계는 울퉁불퉁하다

김성해 | 이동우 지음

민음사

차 례

1부 토머스 프리드먼을 넘어서

1 쿠이보노 Cui Bono

피천득의 수필 「인연」은 "그리워하는데도 한 번 만나고는 못 만나게 되기도 하고, 일생을 못 잊으면서도 아니 만나고 살기도 한다."로 시작 한다. 한국에 작은 인연이라도 가진 모든 이들에게 1997년의 외환위기 와 뒤이은 고통은 '다시는 못 만나게 되거나, 아니면 아니 만나고 싶은' 그런 비극이었다. 그래서 그간 우리는 제도를 바꾸었고, 의식 구조도 뜯어 고쳤고, 이전과는 전혀 다른 삶의 방식을 택했다. 마른 하늘에 날 벼락을 맞은 듯 처음에는 우리도 우왕좌왕했다. 국제통화기금IMF을 원 망하는 한편, 무능한 이 나라의 정치 지도자들과 경제인들과 지식인 들과 언론을 싸잡아 비난하기도 했다. 그래도 좋든 싫든 위기는 우리 의 현실이었고, 이 비극을 반복하지 않기 위해 외국의 권위자들이 처 방한 약을 불평하지 않고 삼켰다. 정부의 시장 개입을 최대한 자제시켰고, 재벌의 소유 구조를 바꾸었다. 외국인이 마음껏 투자할 수 있도록 자본시장을 더 활짝 열었고, 인수와 합병을 수월하게 할 수 있도록 정리해고제도 도입했다. 1993년『동아시아의 기적』에서 세계은행WB이 칭찬해 마지않았던 아시아 경제 모델을 과감하게 포기하고, 영미식 주주 중심의 모델을 새로 이식했다. 제도적 개혁을 넘어 의식 구조도 수술했다. 글로벌 시대라는 큰 변화를 제대로 받아들이지 못했다는 자성을 했고, 국산품 애용만을 더 이상 고집해서는 안 된다는 것을 배웠다. 외국인 투자는 지탄의 대상이 아니라 감사의 대상이며, 국가 경쟁력을 명목으로 외면했던 소비자와 주주의 권리를 강조하기 시작했다. 또 효율성, 투명성, 수익성, 탈규제와 자율성 등을 다른 가치보다도 더 우선시 했다.

그 결과 지난 10년 동안 우리의 일상생활은 너무나 많이 변했다. 갑작스레 명예퇴직을 당한 사람들은 자영업으로 성공하기 위해 밤을 세웠고, 손자들 재롱을 봐야 할 어른들은 힘든 아파트 경비를 마다하지 않았다. 허리띠를 졸라매느라 젊은이들은 결혼을 미루었고, 그나마 혼인 이후에도 자녀를 낳지 않는 가정이 늘었다. 영어 교육을 위해 어린 자녀들을 외국으로 보내고, 홀로 지내는 기러기 아빠도 흔한 풍경이 되었다. 그 와중에 우리는 왜 이렇게 사는지를 진지하게 물어볼 시간도 없이 그저 대평원을 달리는 들소 떼처럼 그 대열에 합류하기에 바빴다. 시인 황지우가 「눈보라」를 통해 "슬픔은 왜 독인가 / 희망은 어찌하여 광기인가?"라고 외쳤던 것처럼 우리 사회 전반이 "마침내 모든 길을 끊"고 "다시 처음부터" 시작했다.

IMF 프로그램의 성과였든 우리의 적극적인 노력이었든, 아니면 또 세계 경기 회복에 따른 결과였든 간에 위기의 터널은 길지 않았다. 1998년 한 해 동안 경제 성장률은 마이너스 6.7퍼센트까지 떨어졌지만, 한국 경제는 1999년 이후 확실한 회복세에 접어들었다. 미국 달러화 대비 원화의 환율도 1,000원 대로 안착했으며, 한때 KOSPI 350대를 기록했던 주식시장도 2007년에는 2,000을 돌파했다. 그뿐만 아니라 한때 56억 달러 수준까지 떨어졌던 정부의 외환보유고도 이미 2400억 달러를 넘어섰다.

물론 이런 밝은 측면과 달리 부작용도 없지 않았다. 중산층은 급격히 몰락했고, 양극화는 더욱 확대되었다. 청년 실업자가 100만을 넘어섰고, 외국 자본에 의한 한국 기업의 지배와 국부 유출도 뒤따랐다. 예컨대 2007년 국민은행의 당기순이익은 2조 7000억 원이었으며, 이중에서 외국인에게 지불된 현금 배당액은 6700억 원에 달했다. 또 외환위기 이후 상장주식에 대한 외국인의 지분율은 2004년 42퍼센트를 정점으로 30퍼센트 이상을 넘어서고 있으며, 삼성전자, 현대자동차, SK텔레콤과 POSCO와 같은 국가 기간산업에 대한 지분율도 50퍼센트에 육박하고 있다. 해외 금융기관에 인수된 국내 금융기관도 급증했는데, 2008년 상반기 기준으로 외국인의 지분은 외환은행 81퍼센트, 국민은행 80퍼센트, 하나금융지주 74퍼센트에 이른다.

그래도 2008년 미국발 금융 위기가 우리를 다시 광야로 내몰기 전까지만 해도 우리는 정말 잘해 오고 있다고 믿었다. 금융기관은 물론 초우량 기업의 지분이 외국계 자본에 넘어가는 것도, 우수한 고등학생들이 미국 명문대로 앞다퉈 몰려가는 것도 세계화를 선도하는 지표로만 받아들였다. 2007년 노무현 정부가 한미 FTA를 추진하면서 내보냈던 광고 문구처럼 "지금 우리는 제대로 가고 있습니다."라고 정말로 믿었다.*

그러나 지금, 그간의 노력에도 불구하고 우리는 공든 탑이 눈앞에서 와르르 무너지는 참담함에 직면해 있다. 코스피지수는 다시 1,000대로 붕괴되었고, 환율은 1,500원을 넘기도 했다. 《월 스트리트 저널》과 《파이낸셜 타임스》와 같은 외신도 한국이 2008년 국가 부도를 선언한 제2의 아이슬란드가 될 수 있다는 우울한 전망을 내놓았다.

1997년 12월 12일 《한겨레》는 다음과 같은 기사를 실었고, 당시 우리는 밤잠을 설쳤다.

> 미국 경제학자 로버트 새뮤얼슨은 10일 《워싱턴 포스트》 칼럼에서 "세계적으로 번지고 있는 증권 폭락과 증권 위기, 이로 인한 생산과 취업의 격감 등 여러 징후들이 1930년대 대공황과 비슷한 면을 보이고 있다."라고 경고했다.

십여 년이 지난 지금 우리는 아래와 같은 글 앞에 다시 서 있고, 이번 떨림은 지난번보다도 훨씬 더 크다.

> "무시무시하게도, 지금은 두 번째 대공황의 초기처럼 보인다." 지난해 노벨 경제학상을 수상한 폴 크루그먼 미국 프린스턴대 교수의 현실 진단이다. 그는 5일 《뉴욕 타임스》에 기고한 글에서 "우리가 두 번째 대

---

* 오마이뉴스, 「그들만을 위한 현금 배당 잔치가 시작된다」(2008. 3. 5.) 참고.

공황의 발생을 막을 만큼 충분히 재빠르고도 대담하게 행동할 것인가? 우리는 곧 알게 될 것"이라고 밝혔다.

—《한겨레》(2009. 1. 7.)

마치 재개봉된 영화를 보는 것처럼 듣는 것만으로도 두려운 '대공황'이라는 단어가 이번에도 다시 등장한다. 비록 이름은 다르지만 권위자로 내세우는 사람이 '미국 경제학자'라는 것도 동일하다. 또한《워싱턴 포스트》와《뉴욕 타임스》라는 국제적 권위를 가진 미국 언론에 인용된 말이 국내에서 가장 진보적이라고 알려진 신문사를 통해 전달된다는 것도 공통점이다.

잘은 모르겠지만 뭔가 우리가 '과거로부터 못 배우거나 안 배운 것' 같다. 그렇지 않고서는 다른 어떤 사회보다도 열심히 노력했는데도 다시금 막다른 벼랑으로 내몰린 이유를 찾기 어렵다. 그래서 다음과 같이 생각하지 않을 수 없다. 과연 무엇이 어디서부터 어떻게 잘못된 것일까? 지난 10년간의 공든 탑이 무너졌다면 이제는 지나온 길을 한 번쯤 돌아보고, 최소한 이렇게 반복된 이유라도 짚고 넘어가야 하지 않을까? 그리고 이 문제에 대한 진단과 처방이 지난번처럼 미국과 서방의 권위자로부터 '주어질' 것을 기다리는 것이 아니라 바로 우리 스스로 '찾아 나서야' 하지 않을까?

IMF의 모범생으로 알려졌던 아르헨티나가 2001년 다시 외환위기에 휩싸인 직후 반응은 크게 두 갈래로 나뉘었다. 한편에서는 IMF 식 프로그램 또는 신자유주의 모델 자체가 문제라는 입장이었고, 다른 한편에서는 아르헨티나가 IMF의 프로그램을 보다 신속하고 과감하게 실천에 옮기지 못했기 때문이라는 시각이었다. 미국 정부와 IMF 지지자들은 당연히 후자의 입장을 선호했으며, 남미 국가들 중에서 유독 아르헨티나만 문제가 있다는 점을 근거로 내세웠다. 동일한 맥락에서, 우리가 10년간 공들인 탑이 무너지고 있다면 보다 근본적인 원인은 크게 '우리 자신의 문제'이거나 '외부 환경의 문제' 중 하나일 수 있다. 환경을 탓하거나 남 탓 하는 것을 좋지 않게 보는 우리 사회에서는 이번에도 '내 탓이오' 시각이 더 많다. 글로벌 시대를 맞아 더 철저하게 준비하지 못한 탓이고, 구조조정을 좀 더 신속하게 진행하지 못한 탓이고, 재벌 개혁을 완수하지 못한 탓이고, 외환보유고를 더 넉넉하게 쌓아 놓지 못한 탓이라는 말이다.

하지만 과거와 달리 이번에는 '환경'을 탓하는 목소리도 있다. 외환보유고로 2400억 달러나 있는데도 소용이 없다는 것과 재벌의 소유구조를 바꾸고 교차소유를 금지했는데도 여전히 투자는 살아나지 않고, 주식시장이 자금 조달 창구로 제 역할을 하기는커녕 국제 투기 자본의 도박장이 되고 말았다는 점에서 뭔가 구조적인 문제가 있다고 본다. 그뿐만 아니라, 부실기업을 퇴출시키기는커녕 천문학적인 구제금융을 쏟아 붓고, 금리를 올리기는커녕 오히려 낮추고, 외환시장에 대한 정부의 개입을 오히려 권하는 역설적인 상황에서 우리는 왜 과거에는 그렇게 못 했는지도 당황스럽다. 만약 1997년 위기 당시 지금 미국이 하는 식으로 했다면 5,000명의 목숨을 앗아간 인도네시아의 정치 폭동도, 10만이 넘었다는 한국의 IMF형 고아도, 천문학적인 국부 유출과 기업의 해외 매각도 피할 수 있었다.

그러나 어떤 시각으로 현재를 바라보든 간에 구체적으로 지금 무엇을 어떻게 해야 할지는 분명하지 않다. 지난 노무현 정부는 "좌측 깜빡이를 켜고 우회전"한 정책을 폈다고 욕을 먹었다. 노무현 대통령 스스로 '좌파 신자유주의자'라고 말하기까지 했다. "비상 깜빡이를 켜고 좌충우돌"하고 있는 지금의 이명박 정부도 크게 다르지 않은 것 같다. 방향을 못 잡기는 지식인도 언론도 경제인도 다르지 않다. 좀 심하게 표현하면 다들 겁 먹은 채 서로 얼굴만 쳐다보고 있는 형국이다. 그렇다면 도대체 왜 우리는 이렇듯 갈피를 못 잡고 갈지자 걸음으로 가고 있는 것일까? 만약 우리가 잘못했다면 무엇을 어떻게 잘못했고, 우리 잘못만이 아니라면 왜 우리는 10년 동안 추호의 의심도 없이 이 길을 달려온 것인가를 차분히 물어봐야 하지 않을까? 그리고 만약 다시는 이런 비극을 반복하지 않으려면 문제의 보다 근본적인 측면을 살펴봐야 하지 않을까? 이 책을 통해 그 실마리를 찾아보자.

IMF 위기 이후 우리가 가장 많이 들었던 말은, 지금은 과거와는 근본적으로 다른 글로벌 시대라는 얘기였다. 글로벌 시대에는 더 이상 적절하지 않은 일본식 경제 모델을 우리가 고집했기 때문에 외환위기를 맞았고, 사회적 약자를 보호해야 한다는 식으로는 더 이상 글로벌 경쟁에서 살아남을 수 없다고 배웠다. 자원도 부족하면서 좁은 땅에 많은 인구가 모여 사는 나라가 기댈 곳은 인적 자원밖에 없기 때문에 전 국민이 영어를 배우고 외국 자본을 유치하는 것은 너무도 당연하다는 논리였다.

그래서 이 책에서는 정말 시대가 그렇게 바뀌었는지, 아니면 바뀐 것이라고 믿도록 교육받은 건 아닌지를 한번 따져 볼 생각이다. 또 글로벌 시대에 우리가 선택할 수 있는 전략이 IMF 이후 우리가 택했던 '전

만약 1997년 외환위기 당시 아시아 국가들이 지금
미국이 하는 식으로 했다면 5,000명의 목숨을 앗아
간 인도네시아의 정치 폭동도, 10만이 넘었다는 한
국의 IMF형 고아도, 천문학적인 국부 유출과 기업의
해외 매각도 피할 수 있었다. 십여 년이 지난 지금 과
거의 비극을 되풀이하지 않기 위해서는 금융 문제를
보다 근본적인 측면에서 살펴봐야 한다.

면적 개방'과 아시아 모델의 '전면 폐기'가 아닌 '전략적 개방과 수정'은 안 되는 것이었는지를 물어볼 생각이다. 그리고 만약 국제사회가 우리의 생각과 달리 국가 이익에 따라 전략적 접근을 하고 있다면, 왜 우리는 그토록 급진적으로 남이 하라는 대로 경제 구조를 전환해야 했으며 그렇게 하게 된 배경은 무엇인가를 살펴보고자 한다.

물론 외환위기로 한국식 모델이 실패한 것이 증명된 마당에 무슨 새삼스러운 질문인가라고 말할지도 모르겠다. 또 글로벌 표준은 국제적인 합의 사항이고, 이미 '평평한' 글로벌 무대에서 국가, 기업, 개인이 무한 경쟁을 하는 마당에 무슨 국가 전략이 필요하냐고 반문할 수도 있다. 하지만 무려 200년 전 독일의 비스마르크 수상은 소위 국제법이라는 것이 모든 국가의 권리를 보호해 줄 것 같지만 "실제로 강대국들은 국제법이 그들의 이해관계에 일치할 때만 그것을 들먹이고, 일치하지 않을 땐 힘으로 밀어붙인다."라고 말한 바 있다. 말레이시아의 전 수상 마하티르Mohamad Mahathir 역시 2001년 미국 PBS와 가진 인터뷰에서 "힘없는 국가들이 할 수 있는 일이라곤 오직 게임의 규칙을 열심히 따라가는 도리밖에 없고, 그동안에 힘있는 나라들은 그 규칙을 항상 자의적으로 바꾸었다."라고 말했다.

실제로 2008년 위기가 닥쳤을 때 미국을 포함한 서방 선진국은 우리에게는 금지시켰던 많은 것들을 너무도 태연하게 실행하고 있으며, IMF는 이를 오히려 칭찬하고 있다. 글로벌 표준이 일반화되고, 국가보다도 시장의 자율성이 우선시 된다고 하는 글로벌 사회라지만, 우리가 여전히 '쿠이보노Cui Bono'(누가 이득을 보고, 누가 그 값을 지불하는가?)를 묻게 되는 이유는 바로 여기에 있다.

2 프리드먼에게만 '평평한' 세계

토머스 프리드먼Thomas Friedman은 우리에게도 잘 알려진 《뉴욕 타임스》의 칼럼니스트이다. 그런 그가 『세계는 평평하다The World Is Flat』에 이어 2008년에는 다시 『뜨겁고 평평하고 붐비는 세계Hot, Flat, and Crowded』를 내놓았다. 그리고 그의 책들은 순식간에 베스트셀러 목록에 올랐다. 글로벌 시대를 이해하고자 하는 우리 사회 대부분의 지식인들에게 그의 책들은 이제 필독서가 되었다. 콧수염을 기른 미국인 칼럼니스트가 이야기하는 '글로벌'이 왜 이렇게 중요하게 된 것일까? 물론 세계화는 우리가 반드시 이해하고 있어야 하는 중요한 변화다. 하지만 우리만이 아니라 국제적으로 그의 책이 인기가 있다는 것은 '평평하고 개인화가 극대화된 글로벌'에 대한 그의 주장이 설득력을 가지기 때문일지도 모른다.

그렇다면 프리드먼에게 세계화는 무엇이며, 그의 글로벌 논의가 왜 이렇게 인기가 있을까? 글로벌 전도사로서 프리드먼이 국제적으로 알려진 것은 1999년 출판한 『렉서스와 올리브나무The Lexus and the Olive Tree』라는 책을 통해서였다. 그는 이 책에서 세계적으로 유명한 승용차인 렉서스는 세계 경제 질서를 통합하는 힘이며, 올리브나무는 민족과 민족의 주체성을 상징한다고 소개했다. 그리고 글로벌 사회는 현재 이 두 정서 사이의 충돌로 설명된다고 말했다. 그 뒤 『세계는 평평하다』에서 그는 충돌 단계의 글로벌 시대는 이미 지났고 보편 단계로 접어들었다고 설명한다. 여기에 인용된 설명이 바로 세계화 1.0, 2.0, 3.0의 시대였다. 그리고 이번에 출간한 『뜨겁고 평평하고 붐비는 세계』에서는 지구온난화의 주범인 화석연료로 인해 점점 더 뜨거워지고 있는 지구와 정보통신의 발달로 인해 점점 더 평평해지고 있는 세계를 강조한다. 또한 60억으로 불어난 폭발적 인구 증가와 도시의 거대화를 언급한다. 그의 녹색혁명green revolution은 이 세 가지 키워드를 통해 주장되고 있으며, 미국은 이 혁명을 주도해야 한다고 말한다.

프리드먼의 글로벌을 좀 더 자세히 살펴보자. 그는 21세기를 세계화 3.0 시대라고 정의한다. 세계화 1.0 시대는 1492년에 콜럼버스가 아메리카 대륙을 발견했을 때부터 1800년 전후까지를 말한다. 국가가 변화의 주체가 되어서 국가의 이익을 증진시키기 위해 다른 나라를 침략하고 식민지로 만들던 시절이다.

세계화 2.0 시대는 1800년 전후부터 2000년까지로 다국적 기업이 출현하고 그 기업들이 세계 각국에 지사를 파견한 시기를 말한다. 이 시기 동안 세계 경제는 점차 하나의 경제권에서 움직이기 시작한다. 하지만 아직은 국가의 원수가 전 세계에 흩어진 국민들에게 일제히 이메일을 전송하는 것은 불가능했다. 그러나 다국적 기업의 총수라면 전 세계에 흩어진 임직원들에게 같은 이메일을 한꺼번에 보낼 수 있었다. 기업의 세계화 전략이 그만큼 빠르고 강력하다는 말이다.

세계화의 마지막 단계는 2000년 이후에 시작된 세계화 3.0이다. 과거와 가장 큰 차이점은 인터넷의 출현과 업무의 디지털화이며, 이로 인해 전 세계적으로 개인화가 이루어진다. 디지털화가 갖는 의미는 작업을 분리하거나 일부를 다른 곳에 맡길 수 있게 되었다는 말이다. 송년회 시즌에 저녁 약속을 잡는 사소한 일 하나도 디지털을 통해 단계별로 할 수 있다. 첫째, 어디서 무엇을 먹을 것인지 골라야 한다. 둘째, 그 장소를 예약해야 한다. 셋째, 식당으로 가야 하는데 걸어갈 수도 있고 차를 타고 갈 수도 있다. 그러면 누가 차를 가지고 오는지도 결정해야 한다. 넷째, 집으로 돌아갈 때 만약 술을 먹었다면 운전할 사람이 필요하다. 이렇게 아주 사소한 것도 디지털 마인드로 분류하면 네 가지가 된다.

그렇다면 디지털화는 왜 이렇게 중요한 것일까? 인터넷이 활발한 시대에는 업무의 일부분을 외부 수주, 즉 '아웃소싱'으로 해결할 수 있다. 다시 말해서 위의 네 가지가 모두 아웃소싱의 대상이 될 수 있다. 가령 뉴욕 맨해튼에서 오늘 저녁 모임을 할 경우, 장소 하나를 예약하는 데도 인도의 콜센터를 이용할 수 있다. 이처럼 인터넷과 업무의 디지털화가 결합하면서 전개되고 있는 세계화의 중요한 변화가 개인의 변화로 귀결된다.

물론 세계화는 오래전부터 진행되었다. 예전에 우리나라에서 만들었던 나이키 운동화도 국내 임금 수준이 높아지면서 파키스탄이나 인도네시아와 같은 저임금 국가로 옮겨 가서 생산된다. 요즘 해외에서 비교적 저가이면서도 좋은 제품이라고 여겨지는 의류 브랜드 ZARA는 대부분 '메이드 인 터키'였다. 다른 제품들도 마찬가지다. 우리나라에 오기 전에는 일본에서 만들어졌고, 일본을 거쳐 우리나라에 온 다음에는 중국, 다시 베트남이나 인도네시아로 간다. 앞으로는 더 싼 지역으로 이동된다. 중동 건설 현장의 경우에도 예전에는 우리 근로자들이 직접 중동에 가서 일을 많이 했다. 그 당시 근로 감독은 영국, 독일 사람들이 했다. 하지만 지금은 우리나라 사람들이 직접 관리 감독을 한다. 단순 기술이 필요한 일은 태국이나 필리핀 사람들이 담당한다. 물론 이렇게 한 나라 사람이 아닌 여러 나라 사람이 특정한 작업을 하는 방식은 여러 해를 거쳐 조금씩 그리고 꾸준히 진행되어 왔다. 그러나 프리드먼에 따르면, 최근 이 작업은 보다 더 구체적이고 광범위하게 확산되었다는 점에서 이전과는 뚜렷이 구분된다. 쉽게 말해 세계화는 좀 더 빨라지고 좀 더 확대되었고, 이런 변화의 주체는 바로 개인이란 점이 다르다.

프리드먼은 2000년 이후에 진행된 세계화와 그 이전의 세계화를 분명히 구분하고 있다. 국민국가의 출현이나 산업혁명과 같은 인류 문명의 획기적인 전환기에 필적할 만한 엄청난 변화가 밀려오고 있으며, 그 핵심은 국가 간 경쟁의 조건들이 동등해진 것이라고 주장한다. 그는 빌 게이츠의 예를 들면서 이렇게 비유한다. 만약 지금으로부터 50년쯤 전 혹은 한 세대 전에, 중국 어느 벽촌에서 천재로 태어나는 것과 미국 어느 도시에서 평범한 아이로 태어나는 것 중에 고르라고 한다면 십

중팔구는 미국의 평범한 아이로 태어나기를 원한다고 답했을 것이다.

지금은 세상이 달라졌다. 미국이건 중국이건 다른 어떤 나라이건 간에 빌 게이츠 같은 재능만 가지고 있다면 그 대가를 받을 수 있는 세계가 되었다는 말이다. 개인에게 세계는 공평한 기회가 되었고, 이런 세계화로 인해 개인화는 확장되었다. 즉 세계인의 경쟁이 평평한 무대 위에서 펼쳐지게 되었다는 해석이다. 그는 또 미국 농구팀의 사례를 통해 세상의 기회가 동등하다는 것을 이렇게 설명한다. 옛날 미국 농구 대표팀을 뽑을 때는 대학 농구 선수들만 선발했다. 그런데 이후 메달을 못 따자 자존심이 상한 미국은 MBA 프로 선수들로 구성된 팀을 만들게 된다. 당연히 그해 미국은 금메달을 모두 휩쓸었다. 그런데 2008년 베이징 올림픽에서 미국은 동메달을 땄다. 한국도 WBC 1회 대회에서 미국을 이긴 경험이 있다. 다시 말해, 지금 세계는 미국만 우뚝 서 있는 것이 아니고 다른 나라도 열심히 적절하게 노력을 한다면 동등하게 겨룰 수 있는 무대가 만들어졌다는 주장이다. 2009년 WBC 2회 대회에서 일본과 한국이 결승전을 치른 것도 이 주장을 뒷받침하는 것처럼 보인다.

또한 프리드먼은 인터넷을 통한 네트워킹과 업무의 디지털화를 통해 개인의 능력과 기회가 엄청나게 커지고 확대되었다고 말한다. 그의 주장에 따르면, 2001년 발생한 9·11 사태야말로 세계화를 통해 개인이 얼마나 큰 힘을 갖게 되었는지를 잘 보여 주는 사례다. 만약 미국의 추정대로 오사마 빈 라덴이라는 한 개인이 9·11 테러를 주도한 것이 틀림없다면, 이는 과거에는 감히 상상도 할 수 없는 엄청난 일이 벌어졌음을 보여 주는 것이다. 몇몇 개인들이 이렇게 큰 힘을 행사하며 세계를 바꿔 놓았다는 말이다. 적어도 미국의 대외 정책을 포함하여 각국 정책의 우선순위가 이들 소수에 의해 바뀌었다. 하지만 오사마 빈 라덴은 독일과 러시아라는 국가를 등에 업었던 히틀러도 스탈린도 아니었다. 그런데도 그가 세계를 바꾸어 놓았다면 이는 세계화로 인해 개인이 얼마나 큰 힘을 갖게 되었는지 잘 보여 준다. 상당한 설득력을 가진 설명이다.

이번 테러의 파장은 물론 이 테러가 가능하게 된 과정을 살펴보면 이는 더 분명히 드러난다. 프리드먼에 따르면 오사마 빈 라덴은 먼저 2억 미국인들에게 자신의 생각을 전파하기 위해 인터넷과 위성 텔레비전을 이용했다. 매스미디어를 통해 자신의 일이 생방송으로 전달되도록 함으로써 기존의 테러와는 차원이 다른 커뮤니케이션 전략을 수행했다. 또 중동의 CNN이라고 알려진 알자지라를 통해 자신의 메시지를 아랍 전체에 전달하고 있다. '이슬람이 옳고 알라가 전능한 신이라면, 그리고 우리가 믿는 종교가 옳다면, 왜 우리는 우리가 사악하다고 부르는 나라보다 더 못사는가?' '한때 우리가 다스렸던 나라보다 더 못사는 이유는 무엇인가?' 빈 라덴은 인터넷을 통해 이러한 메시지를 전달하고, 자금과 추종자들을 모집하고, 아웃소싱 전략으로 교육을 시켰다. 그 결과 그는 다른 어떤 국가도 하지 못했던 대규모의 테러를 현실로 만들었다. 프리드먼은 이런 이유에서 베를린 장벽이 무너진 1989년 11월 9일과 2001년 9월 11일을 비교한다. 그에 따르면, 한쪽은 우리가 좀 더 나아지기 위해 장벽을 무너뜨리고 다른 사람들과 협력하려는 긍정적인 세계화의 상징이다. 다른 한쪽은 이와 대조적으로 내 어려운 처지를 다른 사람을 해침으로써 보상받으려는, 그래서 타인으로부터 증오를 불러일으키는 부정적인 세계화의 상징이 된다.

그렇다면 그가 주장하는 세계화를 어떻게 받아들여야 할까? 아마도 그것은 글로벌의 두 얼굴 중 매우 선한 면일 가능성이 높다. 평평해진 세계에서 너와 나는 경쟁자이지만 우리가 노력하는 만큼 위로 올라갈 수 있다는 말이다. 이상적이다. 그러나 그것이 전부다. 결국 프리드먼의 이야기에서 우리가 얻을 수 있는 것은 21세기의 현상적인 특징들 일부와 여기에 대한 '프리드먼 식'의 이해 방식이다. 더욱이 그의 설명 중 상당 부분은 인터넷의 출현과 개인화에 대한 것이었다. 증기기관의 발명에 따라 산업혁명이 가속화되었고, 그로 인해 공중public이 출현했다는 논리에서 인터넷과 개인이 대신 들어섰을 뿐이다. 하지만 증기기관과 공중의 등장 이후에 국제사회는 힘 있는 소수와 힘 없는 다수로 재편되었다. 또 공중이 등장하고 정치 세력화한 만큼이나 정치적 독재와 독점 자본의 영향력도 증가했다. 그뿐만 아니라 1979년 이란의 아야톨라 호메이니는 인터넷이 아니라 라디오를 통해 회교 혁명을 이끌어 냈다. 다시 말해, 프리드먼의 글로벌에서는 역사의 연속성과 위계적인 정치 질서 및 이로 인한 경제, 사회적 불평등이라는 문제는 사라진다.

프리드먼을 비판하는 사람들이 주목하는 것은 바로 이 대목이다. 가령 하버드 경영대학원의 판카즈 게마와트 교수는 진정한 의미의 세계화는 아직 이루어지지 않았다고 반박한다. 프리드먼은 정보통신의 빠른 발달과 아시아의 급격한 상승세로 누구나 평등하게 경쟁할 수 있게 됐다고 하지만 게마와트는 인터넷에도 국경은 존재하며 국제통화량 또는 투자 유치의 국제화 수준을 볼 때 아직 세계화 수준은 잘해야 10퍼센트에 불과하다고 말한다. 세계은행의 부총재 겸 수석경제학자였던 조지프 스티글리츠도 글로벌화의 문제점을 적극 비판하고 있다. 그의 책 『세계화와 그 불만*Globalization and Its Discontents*』에 따르면 글로벌화는 소수의 엘리트에 의해 주도되고 있을 뿐만 아니라 그 혜택도 결코 평등하게 분배되지 못하는 구조적인 한계를 갖고 있다. 스티글리츠는 특히 IMF와 같은 국제기구의 의사 결정 과정이 비민주적일 뿐만 아니라 강대국의 이해관계에 휘둘린다는 점을 비판했고, 이에 대한 대안으로 새로운 국제통화 질서를 마련하는 것이 시급하다고 주장한다.

하지만 글로벌화에 대해 찬성하는 입장도 반대하는 입장도 답해 주지 않는 부분이 있다. 즉 누가 이 글로벌 게임의 규칙을 만드는지, 그리고 이 게임의 변화를 위해 누가 비용을 지불하고 누가 이익을 누리는가에 대해서는 질문도 해답도 쉽게 찾아볼 수 없다. 또 프리드먼이 말한 것처럼 세상은 정말 평평해진 것인지 아니면 실제로는 울퉁불퉁한데도 불구하고 평평한 것으로 믿도록 설득하는 것인지에 대한 의혹도 없다. 만약 프리드먼이 말하는 세계화 3.0 시대가 하나의 관점에 불과하다면, 왜 우리는 이 관점을 사실로 받아들이고 있으며, 왜 이를 기반으로 우리들의 삶 자체를 변화시키고 있는지도 물어볼 필요가 있다. 달리 말해, 우리가 알고 있는 많은 지식들이 실제로는 '그럴듯한 의견'일 따름이고 '과학적인 진실'이 아닐 수도 있다는 것을 이제는 인지할 때가 되었다는 말이다.

비싼 돈을 치르고 우리말로 번역까지 해서 열심히 공부하는 프리드먼의 책들이 왜 담론에 불과한지, 그리고 담론이라면 그것이 무슨 의미를 갖는지를 찬찬히 살펴보자.

3 권력과 담론

'담론'이라는 단어가 어떻게 사용되고 있는지를 잠깐 보자. 반일 담론, 반공 담론, 외환위기 담론, 경제 담론, 정책 담론, 거시 담론, 환경 담론, 영어 담론, 신자유주의 담론 등 참 많은 영역에서 사용된다. 하지만 환경 담론과 환경은 같은 것이 아니고 영어 담론과 영어도 분명히 구분된다. 영어 담론은 영어를 이해하는 방식을 의미한다. 여기에는 영어에 대한 지식, 영어에 대한 태도와 느낌, 영어를 둘러싼 정책과 제도들이 모두 포함된다. 그렇다면 '글로벌 시대에 살아남기 위해서는 영어를 꼭 배워야' 하며, '영어를 잘하지 못하면 경쟁에서 도태'되고, '영어를 잘하면 IMF와 같은 국제기구에서 일할 수 있다.'와 같은 진술은 과학적으로 증명할 수 있는 객관적 진리일까? 아니면 특정 시기에 특정한 필요에 의해 만들어진 허위 지식(신화 또는 이데올로기)일까? 또 IMF

위기가 재벌 체제, 관치금융, 전투적 노조와 같은 한국 경제 모델의 근본적 한계에서 비롯되었다는 것은 가설일까, 이론일까, 아니면 진실일까?

1997년 한국의 외환위기가 왜 일어났는지에 대해서는 여전히 다양한 설명들이 있다. 영어만 잘해서 국제기구에 취직을 했다는 사례도 별로 없는 것 같다. 그렇다면 우리는 왜 이렇게 목숨을 걸고 영어 공부를 하고 있으며, 자발적으로 한국식 경제 모델을 버리고 미국식 모델을 채택한 것일까? 몸이 안 좋으면 병원에 가서 의사의 진찰을 받고, 의사의 처방에 따라 약을 먹는다. 하지만 영어와 외환위기에 대해서는 정확한 처방을 해 주는 의사도 없고, 진단 자체도 보는 시각에 따라 다르다. 지식, 최소한 정치적, 경제적 지식을 담론의 한 종류로 볼 수 있는 이유는 여기에 있다.

담론은 현실과 동떨어진 '허위 의식'이 아니라 '과학적' 지식이다. 담론은 또 정치적 목적에 의해 만들어지고, 담론들 간 서로 경쟁하며, 지배적인 담론이 되었을 때 그 담론이 한 사회의 상식으로 자리를 잡는다. 먼저 과학적 연구가 정치적 목적과 결부되는 사례를 살펴보자. 미국의 저명한 심리학자와 정치학자 두 사람이 『벨 곡선The Bell Curve』이란 책을 1994년 발간했다. 이 책은 지적인 능력이 우수한 사람일수록 사회적으로 성공한다는 것을 IQ 분포도를 통해 보여 주었으며, 특히 흑인들의 경우 유전적으로 IQ가 낮다고 설명했다. 또 흑인들의 가난이 유전학적인 특성과 무관하지 않기 때문에 복지 프로그램을 축소해 이들이 자녀를 더 많이 낳지 않도록 해야 한다고 주장했다. 당시 이 책은 뜨거운 논란을 불러일으켰다. 흑인들에 대한 지원이 세금 낭비라는 것을 과학적으로 증명한 탁월한 연구라는 입장과, IQ가 유전적인 것인지 환경에 의한 것인지가 명확하지 않은 상태에서 인종주의적 편견을 부추긴 연구라는 시각이 팽팽히 맞섰다. 더욱이 이 책은 당시 재정 적자 축소를 추진하던 클린턴 행정부에게 아주 유용한 이론적 무기로 활용되었다.

경제적 지식이 담론처럼 서로 경쟁하는 경우도 쉽게 발견된다. 글로벌 금융 위기가 아시아와 남미와 러시아를 휩쓴 직후인 2000년 두 권의 책이 나란히 출판되었다. 그중 한 권은 IMF의 연구팀 소장을 맡았던 마이클 무사가 쓴 것이며, 다른 한 권은 컬럼비아 대학의 자그디시 바그와티 교수의 작업이었다. 하지만 마이클 무사가 편집한『통합 경제 시대의 외환 시스템*Exchange Rate Regimes in an Increasingly Integrated World Economy*』은 당시의 위기가 외환위기를 맞은 국가들의 잘못된 정책에 의한 것이라고 주장한 반면, 자그디시 바그와티가 쓴『100일간의 광풍: 워싱턴의 실패*The Wind of the Hundred Days*』는 위기의 원인을 급속한 자본 자유화, IMF의 잘못된 정책, 월 스트리트 투자은행들의 탐욕에서 찾았다. 또 비슷한 시기에 각각 책을 낸 조지프 스티글리츠와 로버트 루빈의 책도 지식 간의 경쟁을 잘 보여 준다. 스티글리츠는 아시아 위기 당시 세계은행의 부총재 겸 수석경제학자였고, 루빈은 재무장관이었다. 하지만 스티글리츠가 2002년 쓴『세계화와 그 불만』과 루빈이 2003년에 쓴『글로벌 경제의 위기와 미국*In an Uncertain World*』은 당시 IMF의 정책과 외환위기의 원인에 대해 전혀 상반된 지식을 전한다.

그렇다면, 과학적이고 객관적인 지식으로 여겨진 많은 정치적, 경제적 지식들을 왜 군이 담론이라고 해야 하는 것일까? 첫 번째 이유는 권력 행사에서 담론이 갖는 중요성 때문이다. 권력은 크게 3차원으로 구분할 수 있다. 1차원적 권력은 "A가 B로 하여금 B의 의지와 무관하게 무엇을 하게 하거나 못 하게 하는 힘"을 의미한다. 강대국인 미국이 한국 정부로 하여금 이라크 파병을 결정하게 하거나, 북한으로 하여금 핵무기를 개발하지 못하도록 하는 경우가 여기에 해당한다. 1차원적 권력은 주로 명령하는 권력commanding power, 즉 하드파워hard power를 통해 이루어지며, 권력의 원천으로는 군사적 힘, 경제적 부와 사회적 권위 등이 활용된다. 2차원적 권력은 흔히 거부권veto power으로 불리며, 이것은 "자신의 이해관계에 반해 행동하지 않을 수 있는 힘"을 의미한다. 가령 IMF에서 미국은 다른 국가들과 달리 17퍼센트의 의결권을 갖고 있으며, 미국의 이해관계에 부합하지 않는 결정에 대해서는 거부권을 행사할 수 있다. 이 경우 미국은 다른 국가들로 하여금 무엇을 하게 하거나 하지 못하게 하지는 않지만, 이들이 자신에게 요구하는 것을 거부할 수 있는 권리를 행사한다. 그리고 거부권이 행사될 경우 다른 국가들은 자연스럽게 미국이 합의할 수 있는 결정으로 방향을 전환하게 되고, 미국은 이에 따라 "자신에게 불리한 것을 막고, 그 대신 자신에게 유리한 것을 얻는" 효과를 누리게 된다. UN에서 5개국을 상임이사국으로 정하고, 이들만이 거부권을 행사할 수 있도록 한 것이 이 권력의 중요성을 잘 보여 주는 사례다.

하지만 가장 정교하고 효과적인 권력의 행사는 3차원적 권력을 통해 이루어진다. 이 권력은 "A가 다수의 B로 하여금 A의 이익을 위해 자발적이고 능동적으로 협력할 수 있도록 하는 힘"을 의미한다. 하지만 이러한 3차원적 권력이 행사되기 위해서는 전통적인 강제권을 넘어선 그 무엇이 필요하다. 노예 노동의 역설을 통해 이를 설명해 보자. 노예들에게 일을 시키는 데 있어 필요한 것은 채찍과 당근이다. 그러나 노예들이 보다 자발적이고 창의적으로 주인을 위해 봉사하도록 만드는 힘은 회유하는 권력co-optive power, 즉 소프트파워soft power다. 노예들로 하여금 자신들이 하고 있는 일이 궁극적으로 '자신에게 이득이 되는 일'이라고 믿게 할 때, 이들은 보다 능동적이고 자발적인 존재로 거듭난다. 그러므로 3차원적 권력이 행사되기 위해서는 A의 지적, 도덕적 권위가 B를 압도해야 하며, 이를 통해 B의 정서적인 동의와 이성적인 설득을 얻어야 한다.

외환위기 담론과 권력의 관계를 통해 이를 좀 더 자세히 살펴보자. 앞서 지적한 것처럼 외환위기에 대한 객관적인 진실은 없다. 다시 말해, 말레이시아의 마하티르 수상이나 일본의 사카키바라 차관의 분석은 미국의 로렌스 서머스 장관이나 IMF의 스탠리 피셔 부총재의 분석과 전혀 다르다. 따라서 초등학교 교과서나 대학 교재에서 우리가 접하게 되는 외환위기에 대한 지식은 지배적인 담론일 뿐이다. 그렇다면 왜 외환위기에 대한 다양한 담론들 중에서 특정한 담론이 지배적이 될 수 있었을까?

진리는 사상의 자유로운 경쟁을 통해 저절로 부상한다는 셀프라이징self-rising 원리라는 게 있다. 다양한 시각들이 서로 자유롭게 경쟁을 하면 그중에서 누가 옳고 그른지에 대한 집단적인 판단이 가능해진다는 말이다. 하지만 자유 경쟁의 조건이 충족되지 못할 때 이 원리는 성립할 수 없다. "한 사회의 지배적인 이데올로기는 그 사회를 지배하는 계급의 이데올로기다."라는 카를 마르크스의 말은 정확히 이 문제를 지적한 것이다. 자본주의 사회에서 지식 생산의 수단은 자본가에게 집중되어 있고, 지식인을 고용할 수 있는 자본도 불균등하게 분포되어 있다. 자본가들은 우선 돈으로 지식인들을 고용할 수 있다. 돈을 많이 가진 집단은 또한 정치 권력을 자신들에게 유리한 방향으로 움직일 수 있으며, 이들은 어떤 지식이 우선적으로 생산되어야 하는지에 대한 결정권을 갖는다. 그 결과 사람을 살리는 의학 기술보다 사람을 죽이는 군사 기술의 발전 속도가 훨씬 더 빠르고, 주어진 질서를 효율적으로 이끄는 데 도움이 되는 도구적 지식이 질서의 공정성을 질문하는 정치적 지식보다 압도적으로 많이 생산된다. 자본가 계급은 또 지식이 전파되는 출판사, 언론사, 인터넷 사이트를 장악할 수 있다. 물론 자본가에 고용된 지식인이 반드시 자본가가 요구하는 지식만 생산하지는 않는다. 하지만 동물원의 사자도 밥 주는 사육사의 손은 물지 않는 것처럼, 지식인들도 돈과 명예를 보장해 주는 자신의 고용주가 싫어할 작업은 가급적 하지 않게 된다. 지식 생산과 유통 과정에 존재하는 이러한 불평등은 국제사회에서도 동일하게 존재한다.

　다시 외환위기 담론으로 돌아가 보자. 아시아 위기가 터진 직후 이 문제에 가장 많은 돈을 쏟아 부은 곳은 다름 아닌 미국 정부였다. 당시 미국 정부는 이 연구를 위해 막대한 연구 비용을 지불했으며, IMF와 세계은행의 핵심 부서에서 쏟아낸 연구물도 엄청난 규모에 이른다. 외환위기 지식은 또 하버드대, 버클리대, 프린스턴대는 물론 헤리티지 재단, 브루킹스 연구소, 국제경제연구소피터슨 재단, 카네기 재단, 가토 재단, 미국기업연구소AEI 등에 의해서도 집중적으로 생산된다. 물론 유럽, 일본, 말레이시아, 한국에서도 이와 관련된 지식은 생산되었다. 하지만 이들이 생산한 지식은 우선 영어가 아니었고, 국제사회에 도달하기 위해서는 미국과 영국이 실질적으로 소유하고 있는 글로벌 뉴스 미디어를 통하지 않으면 안 되었다. 그 결과 외환위기와 관련된 초기의 참고 문헌은 주로 미국에서 만들어졌으며, 국제사회는 이들 참고 문헌을 통해 2차적 지식을 생산하게 된다. 실제로 국내 논문의 주요 참고 문헌에는 국제경제연구소IIE의 프레드 벅스텐 소장, IMF 사무국장을 지낸 마이클 무사, UC버클리대 교수 베리 아이켄그린, 프린스턴대 교수 폴 크루그먼, 컬럼비아대 교수 제프리 삭스, 전미경제연구소NBER 소장을 지낸 마틴 펠드스타인 등이 포함되어 있다.

또 하나, '미국의 패권'이라는 말은 미국이 다른 국가들을 지적, 도덕적 권위를 통해 이끌어 간다는 의미로 쓰인다. 그렇다면 미국이 지식을 통해 국제사회의 자발적 협력을 이끌어 내고 있다는 것은 어떻게 가능할까? 국제통화 체제라는 게임을 통해 이 문제를 설명해 보자. 1990년대 멕시코 페소화 위기를 비롯하여 1997년 아시아 위기, 1998년 브라질과 러시아 위기, 2002년 아르헨티나 위기에 이르기까지 국제사회에서 통화 위기는 빈번하게 발생했다. 이에 따라 1999년 이후부터 새로운 국제통화 체제를 둘러싼 본격적인 논의가 시작되었다. 하지만 국제통화 체제가 문제가 있다는 것과 이 문제를 해결하기 위해 무엇을 해야 한다는 것은 다른 문제였다. 만약 구조적 문제가 IMF의 비민주성이나 달러 패권에서 비롯되었다면 주된 관심 사항은 UN의 안전보장이사회처럼 경제 분야에서도 몇 개의 상임이사국으로 구성된 경제이사회를 만들고 IMF를 보다 집단적인 관리 아래 두는 방안이 될 수 있다. 하지만 문제의 원인이 외환위기 당사국들이 경제 상황에 대한 정확한 정보를 제공하지 않았으며 이로 인해 IMF가 효율적으로 감시할 수 없었기 때문이라고 한다면 주요 관심사는 투명성을 높이고 구조조정을 가속화하는 데 맞추어진다.

농구 경기를 다시 생각해 보자. 키가 작은 동양인들이 서양인들을 이기지 못하는 이유가 동양인들의 실력 부족이라면, 이들의 주요 관심사는 좀 더 열심히 노력하는 데 있을 것이다. 하지만 농구 경기 자체가 키 작은 동양인에게 구조적으로 불리하다면, 정작 필요한 것은 더 노력하는 것이 아니라 3점 슛을 포함해 게임의 규칙을 바꾸는 데 있다. 따라서 국제사회로 하여금 보다 자발적이고 능동적으로 국제통화 체제에 참가하도록 하기 위해 필요한 것은 외환위기를 당한 국가들이 게임의 규칙에 대해 질문하는 대신 "주어진 규칙 안에서 게임을 어떻게 하면 더 잘할 수 있을까?"를 고민하도록 만드는 것이다.

가령 한국으로 하여금 국가 신용등급을 높이고 투명성을 높이기 위해 필요한 정책은 무엇일까에 몰두하게 하는 한편, IMF의 의사 결정 구조나 아시아통화기금AMF 등에 관심을 갖지 않도록 만들어야 한다는 말이다. 물론 외환위기 담론의 생산과 유통 과정에서 미국이 실제 이런 의도를 갖고 있었는지를 확인할 길은 없다. 그렇지만 미국의 리더십을 유지하기 위해서는 정보 조작spin이나 선전propaganda이 아닌 양질의 지식을 생산한 다음, 가용한 모든 정보 채널을 동원해 국제사회를 상대로 대중 정보 캠페인을 수행해야 한다고 했던 하버드대 스티븐 월트 교수의 주장은 분명 음미해 볼 만하다.

권력과 지식이 무관하지 않고 지식이 담론일 수 있다는 것을 알았다면, 이제는 실제 글로벌의 규칙이 존재하는지를 살펴보자. 만약 우리가 알지 못하는 규칙이 있고, 다만 기존의 규칙이 당연시 되었을 뿐이라는 것을 깨닫는다면, 게임의 참가자들로 하여금 규칙보다는 게임 그 자체에만 몰두하도록 하는 담론의 속성을 이해할 수 있다.

2부 글로벌 게임의 규칙

1 규칙이 공평할까?

경제 논리가 아니라 정치 게임이다

국제사회에는 엄연한 게임의 규칙이 있으며, 그중에서도 안보, 금융, 신용, 무역과 지식을 둘러싼 규칙이 특히 중요하다. 농구 경기를 통해 그 의미를 한번 살펴보자. 농구 경기에는 선수는 몇 명이며, 코트 크기는 얼마인지, 득점과 파울은 어떻게 인정할 것인가에 대한 규칙이 있다. 심지어 농구 골대의 높이는 얼마로 할 것인지도 중요한 규칙이다. 그런데 이 게임의 규칙은 누군가에 의해 미리 만들어져 있어야 한다. 그리고 규칙을 만드는 사람이 그 게임에서는 가장 유리한 경우가 많다. 예를 들어, 3점 슛이 도입되기 전에는 키 작은 동양인들이 키 큰 서양인들을 상대로 이기는 것은 거의 불가능했다. 불평등한 게임의 규칙은 올림픽 경기에서도 잘 드러난다. 금메달이 가장 많은 분야가 마흔 일곱 개의 미국 선수들이 잘하는 육상과 마흔여섯 개의 수영이다. 그리고 지금까지 올림픽에서 가장 많이 우승을 한 국가는 미국이었다. 뭔가 연관성이 있지 않을까? 다시 말해, 왜 축구, 야구, 농구와 같은 게임에서는 단 하나의 메달만 주어지고 미국 선수들이 잘하는 육상과 수영에서는 거의 100개 가까운 메달이 주어질까? 한국의 박태환 선수가 2008년 베이징 올림픽에서 처음으로 금메달을 딴 것이 과연 한국이 부족했기 때문일까 아니면 게임의 규칙이 불리했기 때문일까? 우리가 국제사회의 핵심 자원들이 어떻게 생산되고 분배되고 있으며, 어떤 법칙을 통해 이것이 결정되고 있는가를 고민해야 하는 이유는 여기에 있다.

글로벌 게임의 규칙과 관련해 미국의 로버트 라이시라는 사람을 언급하지 않을 수 없다. 1991년 『국가의 과업The Work of Nations』이라는 책으로 유명해진 라이시는 클린턴 행정부에서 노동부 장관까지 했던 사람이다. 그는 1990년대 초 이런 질문을 던졌다. IBM JAPAN과 SONY AMERICA, 어느 쪽이 미국 기업일까? 무슨 말을 하려는 것인지 짐작할 것이다. 예를 들어, 미국에 진출해 있는 현대 AMERICA와 코카콜라 한국 지사, 어느 쪽이 미국 기업이냐는 질문이다. 라이시에 따르면 기업의 국적은 더 이상 중요하지 않게 되었다. 그 대신 누가 미국 또는 한국 경제를 살리는 데 더 도움을 주는지가 중요하다. 그래서 "누가 우리 편이냐?Who is US?"라는 이야기를 한 것이다. 그런데 사실 클린턴 정부에서 라이시는 크게 환영을 받지 못했다. 왜냐하면 그의 말은 글로벌 게임의 규칙을 모르는 순진한 말이라는 반응이 지배적이었기 때문이다. 라이시의 전공이 법학이었는데 변호사의 입장에서 보면 그렇게 보는 시각이 어쩌면 당연하다. 하지만 국제정치나 정치경제에 민감한 입장에서 보면 SONY AMERICA가 비록 현재 미국 땅에 있지만 거기서 나오는 이윤은 결국 일본으로 환원된다. 또 미국 사람들이 원한다고 해서 소니 사의 간부가 될 수 있는 것도 아니다. 물론 전 세계 누구라도 소니의 주식을 소유할 수는 있다. 하지만 소니의 본사는 물론 핵심 간부들은 여전히 일본이라는 국가에 속한다.

다국적 기업만 국적이 있는 것이 아니다. 글로벌 시대라고 해도 여전히 국가와 국가 이익은 문제가 된다. 냉정하게 봤을 때 미국은 대부분 글로벌 리더로서가 아닌 국가 이익의 수호자라는 관점에서 국제 문제를 처리했다. 기후변화협약도 미국에 불리할 때는 거부했고, 핵확산금지조약도 미국의 전략적 파트너에게는 예외였고, 필요하면 민주적으로 선출된 정부를 전복하기도 했다. 멀리 갈 것도 없이 2001년 베네수엘라 쿠데타나 2003년 이라크 침공 등을 생각하면 된다. 뿐만 아니라, 아무리 글로벌 시대라고 해도 제너럴일렉트릭GE이나 소니와 같은 다국적기업들조차 그들의 사령부가 따로 있고, 그들이 궁극적으로 세금을 내는 국가의 통제를 받는다는 현실은 변하지 않았다.

그리고 이들 다국적기업이 특정 국가에 본사를 두는 이유는 너무도 분명하다. 결정적으로 과거 1920년대 제국주의 시절과 달리 현재 이들은 자체 군사력을 보유하고 있지 않다. 만약 코카콜라에 대한 테러가 있을 경우 미국은 자동적으로 개입한다. 하지만 코카콜라가 국적이 없다고 선언할 경우 미국화 또는 서구화의 상징인 이 회사에 대한 안전은 아무도 책임 질 수 없다. 물론 미국 정부는 겉으로 국가 이익을 내세우지는 않는다. 하지만 이는 위에서 말한 정치적 수사일 따름이다. 예를 들어, 부시 대통령이 2003년 이라크를 침공하면서 했던 주장은 이라크의 민주화였다. 하지만 정작 아랍에서 가장 비민주적인 국가들은 사우디아라비아, 쿠웨이트, 요르단 등이며 미국은 이들 국가들의 가장 강력한 후견인이다.

마찬가지로 미국에서 말하는 자본 자유화라는 개념도 냉정하게 보면 미국 금융기관을 위한 개방 압력의 다른 표현일 따름이다. 실제 '글로벌'을 주장하면서 노동 자유화란 말은 나오지 않는다. 다시 말해, 자유롭게 드나들 수 있는 것은 자본이지 사람이 아니다. 그 결과 자본은 무한 자유를 누리고, 인간은 국경선을 위험천만하게 넘나들어야 하는 모순이 발생한다. 그런데 우리는 그것을 모른다. 모든 것을 액면 그대로 순진하게 봤을 뿐이다. 혹은 우리가 안 보거나 안 배우려는 것인지도 모른다. 글로벌 게임의 규칙을 말이다.

더욱이 국제통화 체제는 게임의 규칙이 가장 냉혹하게 적용되는 분야다. 흔히 금융시장이라고 하는 것은 객관적인 데이터가 시장 참가자들에게 전달되고 이론적으로는 참가자들이 그 데이터를 바탕으로 합리적인 투자 판단을 하게 되어 있다. 하지만 금융시장에도 규칙이 존재하고, 규칙을 만드는 것은 권력이다.

조금 더 깊게 들어가 보자. 국제통화 체제조차도 국제정치경제학의 눈으로 볼 것이냐 순수하게 경제학 입장에서만 볼 것이냐에 따라 분석이 달라진다. 예를 들어 1993년 미국의 달러 강세 정책strong dollar policy을 순수한 경제학적인 눈으로 보면 받아들일 수 없는 부적절한 정책이었다. 시장이 결정하는 달러의 가치를 미국 정부가 인위적으로 개입한다는 것 자체가 경제적인 관점에서는 무의미하다. 또 한국과 일본은 수출 증대를 위해 인위적으로 통화 약세를 유도하는데 미국은 무역적자를 늘릴 게 뻔한 강한 달러를 추진한다는 것을 수긍하기 쉽지 않다. 하지만 국제정치경제학 관점에서 보면 이는 아주 정교하게 계산되고 오랫동안 지속되어 온 미국의 대외 정책의 한 단면으로 이해된다.

보통 사람을 위한 국제정치경제학이 왜 필요한가를 말해 주는 대목이다. 그렇다면 먼저 누가 왜 통화와 관련한 글로벌 게임을 주도하고 있는지를 살펴보자.

3차원적 권력

최근 이 책을 쓰면서 국제통화기금IMF의 본사가 어디 있는지 주변 사람들에게 물어본 적이 많다. 백 번은 물어본 것 같다. 그중에서 정답을 알고 있던 사람이 몇 명이나 될까? 겨우 한 명 정도였다. 물론 IMF가 어디에 있는지가 중요한 건 아니다. 하지만 적어도 우리 사회의 리더들이라면 10여 년 전 우리나라를 송두리째 흔들어 놓았던 국제기구가 어디에 있고 무엇을 하는 곳인지는 알고 있어야 하지 않을까? 아쉽게도 강의 중에 만나는 우리 사회의 여론 지도층도 잘 모르고 있기는 마찬가지였다.

먼저 IMF에 대해 알아보자. IMF는 달러 중심의 국제통화 체제가 안정적으로 유지될 수 있도록 감시, 감독하는 권한을 위임받은 국제기구다. 따라서 IMF의 주요 기능에는 국제통화 협력을 촉진하고, 재정 상황을 안정시키며, 국제무역을 촉진하는 것이 포함되어 있다. 하지만 1970년대 이후 IMF의 기능은 재정적으로 어려움에 처한 국가들에 대한 기술적 지원 및 긴급 융자 제공 등으로 확대된다. IBRD는 IMF의 보조 역할을 담당하며 설립 직후에는 전쟁 피해 복구 자금을 지원하는 데 주력했다. 1948년 미국의 마샬플랜Marshall Plan이 시작된 이후, IBRD의 역할은 유럽 경제 부흥을 위한 장기 개발 융자의 제공, 정책에 대한 기술적 자문 및 국제적 프로젝트에 대한 재정 지원 등으로 확대되었다. 우리가 인터넷이나 책에서 쉽게 접할 수 있는 IMF와 나중에 세계은행World Bank으로 이름을 바꾼 IBRD 이야기는 여기서 멈춘다. 하지만 국제사회를 제대로 알기 위해서는 공짜로 얻을 수 있는 지식에서는 잘 다루어지지 않는 이면의 진실을 알 필요가 있다.

글로벌 게임에 민감하지 않은 대부분의 사람들은 국제기구가 국가 간 합의를 토대로 설립되었고, 의사 결정이 민주적으로 이루어지고, 또 이들의 본부가 중립국으로 알려진 스위스 어디쯤에 있을 것이라고 막연히 생각할 것이다. 그러나 UN 본부는 미국의 뉴욕에 있다. IMF와 세계은행의 본부는 미국의 워싱턴에 있다. 그것도 미국 재무부와 아주 인접한 곳에 위치해 있다. 이들 국제기구가 미국에 위치해 있다는 것은 여러 가지 의미를 지닌다. 가령 뉴욕에서 국제회의가 있을 경우 미국이 원치 않는 국가의 손님들은 뉴욕 공항을 통과할 수 없다. 그리고 국제통화 체제를 관리하는 두 기구가 재무부 옆에 있다는 것은 또 다른 의미가 있다.

IMF의 정책 결정 과정을 살펴보자. IMF의 주요 결정은 공식적으로는 24개국에서 선임된 집행이사회를 통해 이루어진다. 그러나 구제금융 승인과 같은 주요 안건의 경우 85퍼센트 이상의 찬성을 얻지 못하면 안 된다. 더욱이 이 기구의 투표권은 출자한 금액에 비례한다. 2008년 기준으로 미국의 투표권은 현재 약 17퍼센트 수준이며, 일본은 6퍼센트, 프랑스, 독일, 영국 등 유럽 국가들이 모두 합쳐 약 15퍼센트 정도를 갖고 있다. 이 말은 곧 미국이 거부권을 행사할 경우 그 어떤 결정도 이루어질 수 없다는 것을 의미한다.

이번엔 IMF의 조직을 들여다보자. IMF에서 가장 중요한 조직은 연구팀과 정책팀이다. 이 두 팀의 책임자는 실질적으로 미국 대통령이 임명하는데, 연구팀의 주요 목적은 국제경제 동향 분석, 환율 정책, 국가 재정 상황 분석 등이다. 정책팀은 구제금융을 받은 나라들이 약속한 구조조정 프로그램을 제대로 수행하는가를 감시한다. 이번 오바마 행정부에서 재무장관을 맡게 될 티모시 가이스너가 최근까지 맡은 일도 바로 IMF 정책 소장이었다. 물론 IMF의 총재는 유럽인들이 돌아가면서 한다. 하지만 유럽의 모든 국가가 차례로 할 수 있는 것은 아니고 주로 프랑스, 스웨덴, 벨기에 출신이 맡는다. 지금 현재 총재를 맡고 있는 도미니크 스트로스칸 역시 프랑스 사람이다. 1997년 아시아 위기 당시 총재도 프랑스 출신의 미셸 캉드시였는데, 미국의 눈밖에 나서 일찍 사임을 했다. 최근 스트로스칸 총재에 대한 성 추문이 불거지고 있는 가운데 프랑스 정부가 미국의 음모론을 제기하는 것도 이런 경험 때문이다.

앞서 말한 농구 게임을 통해 이러한 글로벌 게임의 규칙을 다시 살펴보자. 농구 경기에 2점 슛, 3점 슛을 만들어 놓으면 키 작은 사람도 승률은 상대적으로 낮지만 3점 슛에 대한 기대 때문에 게임에 적극적으로 임하게 된다. 머니 게임에서도 상대적으로 불리한 키 작은 사람들로 하여금 이 게임에 계속 참가하게 만드는 힘이 바로 제3의 권력이다. 100퍼센트 평등한 규칙은 아니지만 그 게임에 참가함으로써 나에게도 이익이 있다고 생각하게 만드는 것이 IMF의 기능, 즉 IMF의 숨겨진 권력인 셈이다. 정치학에서 이러한 권력을 '타인의 선호도를 자신에게 유리하도록 함으로써 행사되는 권력, 즉 '3차원적 권력'이라고 한다. IMF와 세계은행에서 연구 기능이 그토록 강조되는 것은 이 때문이다. 지적인 설득 과정이 필요하다는 말이다.

이번에는 세계은행에 대해 알아보자. 브레튼우즈 체제 출범 이후 한동안 IMF와 세계은행의 총재는 모두 미국 사람이 맡았다. 당연히 미국 대통령이 임명했다. 그러나 유럽 사람들의 반발을 막기 위해 현재는 유럽인이 IMF의 총재직을 돌아가면서 하고 있다. 세계은행의 총재는 여전히 미국이 독점하고 있다. 사실 미국과 유럽이 이 두 기구를 독점하고 있기 때문에 금융권에서 이들의 파워를 '대서양 권력Atlantic Power'이라고 부르고 있다. 당연히 이러한 대서양 권력에 대한 반감이 생길 수밖에 없다. 유로 통화가 탄생하는 것이나 일본이 아시아통화기금을 꾸준히 추진하는 것은 이 때문이다. 가령 1999년 일본 정부는 재무성 차관이었던 에이스케 사카키바라를 IMF 총재 후보로 추대하기도 했다. 그러나 당시 일본의 이러한 노력은 미국과 유럽의 반대로 무산되었다. 물론 일본이 게임의 규칙을 몰랐던 것은 아니다. 다만 일본이 원했던 것은 게임이 공평하지 않다는 것을 다시 한번 국제사회에 알리고 싶었을 뿐이다.

그러나 주요 언론이 모두 대서양 권력미국과 유럽에 의해 장악되어 있는 현실에서 이런 사실은 아주 주의 깊은 독자가 아니면 알 수 없다. 그래서 우리 사회에서 이 문제는 한 번도 진지하게 논의된 적이 없다. 누가 IMF 총재가 되든 아무 상관도 없는 것처럼. 이번에는 보다 표면적으로 드러난 국제기구로 알려진 G7과 G20에 대해 알아보자.

2 누가 규칙을 정하는가?

IMF vs. AMF

국제기구는 크게 심의기구와 집행기구가 있다. 심의기구는 말 그대로 토론만 하는 곳인데 '우리 이것 해봅시다.' 식으로 하는 일이 고작 성명서 발표하는 것이 전부다. G7, 선진국경제협력회의OECD, 아시아태평양경제회의APEC 등이 모두 이런 심의기구에 속한다. G22도 마찬가지다. 반면 집행기구에는 UN, IMF, 세계은행, IAEA 등이 있으며, 이들 기구는 정책을 집행하고 감시하는 역할을 수행한다.

그중 G7은 우리가 거의 매일 뉴스에서 만나는 단어다. 도대체 G7이 무엇인데 항상 언론의 주목을 받는 것일까? 우선 뜻부터 살펴보자. G7의 'G'는 '그룹'이라는 뜻이다. 결국 멤버십 클럽이다. 그런데 멤버십은 겉으로는 합의이지만 실제로는 한두 명이 결정한다고 봐야 한다. 인류가 만든 대부분의 멤버십 클럽은 그렇게 움직여 왔다.

국제사회에서 멤버십 클럽의 이 한두 명은 누구일까? 표면적으로는 미국과 영국이지만 실제로는 미국이다. 이번에는 G7에 누가 속하는지 그 리스트를 들여다보자. 사실 이것은 매우 어려운 일이다. 우리가 보는 시험에 나오는 문제도 아니기 때문에 아무도 생각해 보지 않았을 수도 있다. 우선 여기에는 미국과 영국이 있고, 미국에 의해 안보를 보장받고 있는 독일, 일본, 이탈리아가 있다. 그리고 전쟁에서 패하지도 않았고, 가장 미국에 비판적이고, 놔두면 시끄러울 나라 프랑스가 있다. 마지막으로 군대도 없고 경제 규모도 크지 않지만, 미국과 국경을 맞대고 있으면서 영국연방에 속해 있는 캐나다가 있다. 사람들은 G7에 중국 혹은 러시아가 들어 있다고 착각하고 있는 경우도 많다. 적어도 인구가 많거나 경제적으로 성공한 나라들끼리 뭉친 건 아니다. 그런 개념에서는 오스트레일리아도 마찬가지고 뉴질랜드도 마찬가지다. 여기에 G8이 되려고 하면 기준이 있어야 하고, 우리가 생각할 수 있는 기준이란 보통 군사력, 경제력, 정치력이고 가장 쉽게 드러나는 것이 군사력과 경제력이다. 군사력으로 치면 러시아가 G8에 들어가야 한다. 경제력으로 따지면 중국이 들어가야 한다. 그래서 가끔씩 G8에 러시아도 들어갔다가 중국도 들어갔다가 한다.

종합해 보면 G7은 말 그대로 선진국 클럽이다. 특이한 점은 G7은 단 한 번도 다른 나라가 모이자고 해서 모인 적이 없고 항상 미국 대통령이 모이자고 해야 모였다. 영국이 먼저 모이자고 해서 모인 적도 없다. 무엇이든 미국이 승인해야 가능했다. 사실 인류가 만들어 낸 멤버십 클럽의 메커니즘이 대개는 그렇다. 큰형님이 모이라고 해야 모인다. 그런데 현재와 같은 금융 위기나 기타 다른 문제가 생기면 집단적 리더십이 필요해진다. 흔히 아는 것처럼 글로벌의 집단 리더십이라고 하면 G7과 OECD 국가들이 있다. 하지만 현대 국제 금융 체제와 국제무역 체제 안에서는 새롭게 등장한 영향력 있는 국가들이 많다. 예를 들면 G10이 되면 한국이 들어가야 되는 경우가 생긴다. 왜냐하면 외환 보유율이 세계에서 여섯 번째로 많고 국민총생산 규모도 10위권이기 때문이다. 인도도 들어가야 한다. 인구가 세계에서 가장 많은 나라 중에 하나이기 때문이다. 러시아도 들어가야 한다. 그래서 그렇게 하나둘씩 포함시키다 보니 결국 G20가 되어 버린다. 하지만 인도네시아와 말레이시아 둘 중의 하나가 빠져야 한다면 당연히 말레이시아가 제외된다. 인도네시아는 미국에 협조적이지만 말레이시아는 그렇지 않다는 것 외에 설명할 길은 별로 없다. (왜 말레이시아가 미국의 미움을 샀는지에 대해서는 아시아 외환위기와 관련된 내용에서 다루겠다.) 결국 G20과 G22의 구성은 어떤 목적에 의해 무엇을 위해 만나냐는 문제이지 규칙이 정해진 것은 아니다. 하지만 이 모임에 누가 들어오고 나가야 하는가의 문제는 단 한 번도 민주적으로 이루어진 적이 없다.

국제기구와 관련해서 또 하나 중요하게 알아야 할 게 있다. 왜 자꾸만 새로운 기구가 만들어질까 하는 점이다. 그냥 G7이면 되는데 왜 굳이 G8이 필요한지 또는 G22면 되지 왜 G20가 필요한지 궁금하다. 그 이유는 국제 정세와 미국의 대응 전략이 변하기 때문이다. 만약 1999년 블라디미르 푸틴의 등장 이후에도 러시아가 과거 옐친 정부처럼 무기력했다면 G8의 필요성은 제기되지 않는다. 중국이 2001년 WTO 가입 이후 매년 10퍼센트 정도의 고도 경제 성장을 하지 않았을 경우에도 마찬가지다. 미국은 역사적으로 이러한 환경의 변화에 아주 능동적으로 대처해 왔다. 가령 1964년 중국이 핵무기 개발에 성공하고 1970년 인공위성 '동팡홍 1호'를 성공적으로 발사했을 때 미국은 중국을 내버려두기보다는 중국을 자신의 게임 속으로 포용하는 정책engagement policy을 취한다. 그 결과 나온 게 1971년 닉슨의 중국 방문이다. 당연히 게임의 규칙이 변하면 희생자가 나오기 마련이고 이 경우 최대 희생자는 대만이었다. 중국은 UN 상임이사국이 되었고 대만은 UN에서 아예 축출되었다. 한국 정부도 대만과 국교를 단절했고 당시 대만계 화교들은 하루아침에 한국에서 쫓겨났다. 2006년 북한이 핵 개발에 성공한 이후 미국이 보다 적극적으로 6자 회담에 나서는 것도 동일한 이유에서다.

적극적 포섭 정책은 경제 분야에도 적용된다. 1990년 말레이시아의 마하티르 총리는 동아시아 국가들이 이제는 좀 더 긴밀하게 협력하는 기구를 창설할 필요가 있다고 주장한다. 그래서 제안된 게 동아시아경제협력그룹EAEG이다. 일찍이 1940년대부터 아시아 국가들끼리의 단합을 우려했던 미국이 가만히 있을 리가 없다. 당시 미국이 꺼낸 카드가 우리가 잘 아는 아시아태평양협력기구APEC이다. 하지만 명칭에서 짐작할 수 있듯 협력기구는 심의기구에 불과하다. 냉정하게 말하면 그럴듯한 정치적 쇼를 위한 자리이지 구체적인 실천 전략이나 이를 강제할 수 있는 기구가 아니다. 1997년 아시아에 외환위기가 닥쳤을 때 APEC이 무엇을 했는지 생각해 보면 쉽게 알 수 있다. 1997년 11월 캐나다 뱅쿠버에 모여 아시아 위기에 힘을 모으자는 성명을 발표하고, 일본이 제안한 아시아통화기금AMF을 연기하자고 합의하는 것 이상은 하지 못했다. 그 이후 아시아 국가들끼리 모여서 만든 것이 아세안+3한중일이다. 당연히 여기에 미국은 초대받지 못했고, 미국이 이를 달가워하지 않았으리라는 것은 쉽게 짐작할 수 있다.

미국의 이러한 전략적 개입은 G20와 G22의 출범에서도 잘 드러난다. 그렇다면 과연 G20와 G22의 차이는 무엇일까? G22에서 두 나라만 빼면 G20가 될까? G20와 G22 중 어떤 기구가 먼저 출범했을까? 그리고 왜?

G22라는 이름을 가진 국제 조직은 두 곳이다. 그중의 하나는 농수산물수출개발도상국을 의미하고 다른 하나는 지금 얘기하고자 하는 바로 그 G22이다. G22가 등장한 배경은 멀리 1997년 아시아 위기로 거슬러 올라간다. 당시 미국 정부는 외환위기를 당한 국가들이 보다 신속하고 철저한 구조조정을 할 필요가 있으며, IMF가 이 과정에서 주도적 역할을 수행해야 한다고 믿었다. 하지만 1998년 이후 IMF의 비민주적 의사 결정 구조에 대한 반발과 IMF의 정책이 아시아 위기를 오히려 악화시켰다는 비판이 확대되기 시작했다. 특히 당시 비판은 마틴 펠드스타인, 조지프 스티글리츠, 제프리 삭스 등과 같은 미국 내 학자들에 의해 제기되었으니 미국도 편할 리는 없었을 것이다. 미국 재무부는 이에 따라 1998년 4월 G22 국가들의 재무장관들을 초대하여 국제 통화 체제 강화 방안을 집단적으로 모색할 수 있도록 자리를 마련한다. 아시아 위기를 계기로 마련된 자리였기 때문에 G22에 초대받은 국가들에는 아시아 국가들이 많이 포함되어 있었다. 이것이 G20와는 가장 크게 구분되는 점이다. 당시 이 모임에는 G7, 한국, 중국, 태국, 인도

네시아, 홍콩, 싱가포르, 호주, 말레이시아를 포함한 아시아 국가들, 그리고 IMF 프로그램을 받고 있었던 아르헨티나, 브라질, 러시아, 폴란드, 남아프리카공화국 등이 참가했다.

반면 G20는 1999년 9월 설립된 '세계 경제 체제에 있어 중요한 국가들 간의 비공식적인 의견 교환 회의체'를 의미한다. 이 모임에는 G7 외에 한국, 중국을 포함한 열두 개 신흥시장과 EU 의장국, 유럽중앙은행 ECB 대표, IMF 총재, 세계은행 총재 등이 참가했다. G22에 속했던 국가들 중 G20에도 참가한 아시아 국가는 한국, 인도네시아, 일본, 인도, 호주, 중국 정도다. 태국, 싱가포르, 홍콩, 말레이시아는 모두 제외되었다. 쉽게 말해서 정치적으로 봤을 때 중요하지 않은 나라들과 미국의 입장을 지지하지 않았던 국가가 빠진 셈이다. 그 자리를 미국의 테러 전쟁을 위해 새롭게 우방 국가로 등장한 터키와 전통적인 우방이었던 사우디아라비아가 채우게 된다.

2008년 G20 회담에서는 'IMF 체제를 어떻게 바꿀 것인가?'가 핵심 이슈였다고 한다. 그래서 신브레튼우즈 체제라는 이야기가 나온다. 그런데 신브레튼우즈 체제란 구체적으로 무엇을 말하는 것일까? 지금까지 IMF의 주요 의사 결정은 2008년 기준으로 16.9퍼센트의 지분을 갖고 있는 미국이 거부권을 행사하면 아무것도 못 하는 상황이었다. 또 IMF의 기금이 부족한 것은 전 세계가 가난해서가 아니다. 일본과 중국은 최근 IMF 기금으로 1000억 달러를 내겠다고 선언했다가 모두 미국의 반대로 포기한 바 있다. 결국 경제 논리가 아니라 정치적 게임이다. 앞서 말한 것처럼 IMF의 원래 목적은 세계 중앙은행이다. 사실 세계 중앙은행이 있으면 지금의 금융 위기는 없을 수도 있다. 2008년 말

한국은행이 시중에 돈을 풀고 있었는데 이것과 똑같은 메커니즘이다. 그렇다면 IMF가 세계은행 역할을 해야 한다. 하지만 문제는 그 은행이 미국의 통제 아래 있다는 데 있다. 유럽은 그래서 유럽중앙은행ECB을 만들었고 단일 통화 유로가 존재한다. 물론 아시아 국가들도 1997년의 외환위기 이후 지속적으로 아시아만의 통화 기구를 만들려고 하는 중이다.

이런 상황에서는 어떻게 해서라도 IMF를 존속시키고 미국 달러 중심의 통화 체제를 유지하는 것이 미국의 가장 중요한 관심 사항이 될 수밖에 없다. 그래서 2008년의 G20의 공동성명에서 IMF에 대한 개혁 문제는 언급되지 않았다. 그 대신, G20에서는 한국이나 새롭게 G20에 들어가는 나라들의 지분율을 조금 높이는 것으로 대안을 찾고 있다. 그러나 주요 의사 결정이 85퍼센트 선에서 이루어지고 미국이 여전히 17퍼센트의 투표권을 갖고 있다는 사실은 전혀 변함이 없다. 물론 IMF의 의사 결정은 외견상 만장일치로 이루어진다. 그래서 IMF에 파견을 다녀온 한국 관료들은 IMF의 의사 결정이 민주적으로 이루어지는 것으로 착각하기도 한다.

1998년 브라질 구제금융 사례에서 보듯 실제 미국도 일본이나 유럽의 눈치를 전혀 안 볼 수는 없다. 일본이 1998년 제안한 미야자와 선언이 미국의 반대 없이 진행될 수 있었던 것은 브라질 융자에 대해 일본이 협조했기 때문에 가능했다. 반면 한국 지분이 1.4퍼센트로 높아지고, G20 의장직을 맡는 것이 국제통화 체제의 구조적 문제점을 해결하는 데 얼마나 도움이 될까? 그래서 유럽은 지금 IMF를 진정한 의미의 집단 기구 체제로 가자고 주장하고 있는 것이다. UN 안전보장이사

IMF의 기금이 부족한 것은 국제사회가 가난해서일까? 일본과 중국은 최근 IMF 기금으로 1000억 달러를 내겠다고 선언했지만, 모두 이들의 영향력 확대를 우려한 미국의 반대로 포기한 바 있다. 또 IMF는 미국이 거부권을 행사하면 아무것도 못 하게 되어 있다. 결국 경제 논리가 아니라 정치 게임이다. IMF와 세계은행, 이들 국제기구들이 과연 국제사회를 위해 움직이는지 미국을 위해 움직이는지, 진지하게 물어봐야 할 때다.

회에 5개국 상임이사국이 거부권을 갖는 것처럼 경제이사회를 만들어 미국의 독주를 막자는 뜻이다. 그리고 기금도 키우자고 주장하고 있다. 지금처럼 2500억 달러로는 경제 위기에 대처할 수 없는 것이 현실이기 때문이다. 하지만 생각해 보면 아시아 입장에서 뭔가를 할 수 있는 여지는 많지 않다. 왜냐하면 유럽은 자기가 싫으면 안 해도 되는 상황이다. 유럽은 이렇게 주장할지 모른다. 'IMF…… 너희 알아서 해. 나는 ECB가 있으니까.' 그렇다면 아시아는 어떻게 해야 하나? 아시아도 IMF가 필요하다는 것은 지난 1997년에도 이번 2008년에도 증명이 되었다. 그렇지만 아시아에는 여전히 아시아통화기금AMF이 없다. 그래서 한중일 간의 공동 스와프를 하니 미국과 스와프를 하니 이 난리를 칠 수밖에 없다. 그럼 왜 중국과 일본은 멀쩡할까? 중국은 우리처럼 자본시장을 무차별적으로 개방하지 않았고, 일본은 우리처럼 무역적자를 걱정하지 않기 때문이다.

물론 일본은 1997년에도 아시아통화기금을 제안한 적이 있다. 하지만 당시 이 제안은 미국만이 아니라 한국과 중국에 의해서도 좌절되었다. 미국이 여기에 반대를 한 이유는 당연히 미국의 국가 이익이 침해되기 때문이다. 당시 한국이 왜 그렇게 했는지는 여전히 의문이다. 게다가 최근 한국이 미국과 통화스와프를 했다는 것은 아시아만의 통화기구를 더 이상 만들지 않겠다는 의미이거나 AMF를 IMF의 보완 수단으로 만들겠다는 뜻에 양국이 합의한 것을 의미한다. 또는 미국 학자들이 주장하듯 아시아태평양통화기금APMF에 한국이 합의한 것으로 볼 수도 있다.

냉정하게 말하면 한중일 통화스와프와 한미 통화스와프와는 충돌

하는 개념이다. 물론 전략적으로 이것도 하고 저것도 하면 되는 것처럼 보인다. 하지만 한미 통화스와프를 한다는 것은 지금 현 체제, 즉 IMF 시스템을 보완한다는 의미로 귀결된다. 반면 한중일 공통 펀드를 만드는 것은 IMF를 대신하는 '아시아 IMF'를 만든다는 것이다. 과연 한국 정부가 이 점을 염두에 두고 있었는지는 시간을 두고 지켜볼 일이다. 그래서 작년 2008년 10월 G20 회의에서와 달리 2009년 4월 2일 런던 회의에서는 이명박 대통령이 통화 체제 개편보다 '보호주의 강화' 반대를 더 내세운 것이 흥미롭다.

신용평가와 금융 권력

몇 가지 질문을 해보자. 왜 전 세계의 국가 신용등급을 미국의 민간 회사들이 주무르고 있으며 우리는 왜 순한 양처럼 그 판정에 순종하고 있는 것일까? 이들의 신용등급 평가는 과연 얼마나 객관적일까? 도대체 언제부터 이들이 이렇게 막강한 금융 권력을 행사하게 된 것일까? 만약 이들이 잘못된 정보를 바탕으로 잘못된 신용평가를 했을 경우 여기에 대해 항의할 수 있는 방법은 있을까? 국제적 신용평가 회사의 이면을 통해 이러한 의문들을 한 번 풀어 보자.

2008년 4월 3일자 경제 일간지에 일제히 재미있는 기사가 하나 실렸다. 한국의 재정경제부 강만수 장관에 대한 무디스 선임연구원의 경고를 소개한 기사였다. 그 내용은 한국 정부가 외환시장에 개입하고 금리를 인위적으로 조절할 경우 한국의 국가 신용등급이 떨어질 수 있다는 경고였다. 이 신문은 무디스 직원의 언급을 인용하면서 정부 정책을 공개적으로 비판하고 정치권에서 강만수 장관에 대한 경질 얘기가 나돌고 있다고 보도했다. 결국 강만수 장관은 2009년 1월 경질되고 말았으며, 시장의 신뢰를 얻지 못한 것이 가장 큰 이유라고 했다. 게임의 규칙을 모르는 데서 비롯된 슬픈 모습이다. 강만수 장관의 말처럼 자국의 통화를 시장에만 맡기는 국가는 지구상 어디에도 없다. 만약 그런 정부가 있다면 정부의 기능을 포기한 것으로 봐야 한다. 또 한국은행과 금리 문제를 상의하는 것 역시 엄연히 정부의 고유 기능의 하나이다. 중앙은행이 정치권의 논리로부터 자유로워야 한다는 것과 국가 경제로부터 자유로워야 한다는 것은 전혀 다른 얘기다.

하지만 더 슬픈 것은 우리나라 언론의 보도 태도다. 왜 일개 민간 회사가 한 나라의 재경부 장관에게 그런 경고를 할 수 있는가? 미국 정부가 플라자 합의, 루브르 합의, 강한 달러 정책 등을 공개적으로 추진하는 것에 대해서는 한마디도 하지 않으면서 왜 한국 정부가 하면 안 된다는 것인지? 더욱이 무디스가 방문하면 국빈처럼 맞아서 대우를 하고, 이들 신용평가 회사들의 한마디 한마디에 벌벌 떨어야 할까? 그러면서 왜 자유민주주의 독립국가를 강조하고 왜 언론의 자유를 이야기하는지 모르겠다.

이 문제에 접근하기 위해서 주변 지식을 좀 살펴볼 필요가 있다. 자본주의 사회에서는 생산보다도 더 중요한 것이 신용이다. 만약 은행에서 1퍼센트의 이자로 무한정 돈을 빌릴 수 있는 사람과 자기가 버는 현금만큼만 투자할 수 있는 사람이 경쟁을 한다고 할 때 누가 이길지는 불 보듯 뻔하다. 장기 저리로 자금을 조달할 수 있는 대기업과 그러지 못한 중소기업이 처한 상황도 이와 비슷하다. 신용이 문제가 되는 것은 국제사회에서도 마찬가지다. 우리는 쉽게 미국이나 유럽이 잘사는 것만 부러워한다. 하지만 이들의 국가 신용등급은 아시아나 제3세계보다 훨씬 좋다. 만약 국제 금융시장에서 전 세계가 동일한 조건으로 자금을 활용할 수 있다고 한다면 지금의 불평등은 훨씬 줄어든다. 다음에 더 자세히 설명하겠지만 남미 국가들이 외환위기에 처할 수밖에 없었던 이유도 이들이 '단기 자금'을 '변동금리'로 빌렸기 때문이다. 한국이 외환위기를 당한 것도 이와 비슷했다. 정부의 승인으로 달러를 들여올 수 있게 된 투자회사들이 홍콩에서 빌린 돈은 단기 자금이었다.

국제정치도 신용과 밀접한 관계에 있다. 우리는 지난 2005년 9월 미국 재무부(국방부가 아니다.)는 북한이 위조지폐를 유통시킨 혐의가 있다는 이유로 마카오에 있는 방코델타아시아BDA 은행의 북한 계좌를 압수했다는 것을 뉴스를 통해 보았다. 그리고 북한은 6자 회담 재개의 조건으로 이 은행에 대한 제재를 풀 것을 요구했다. 핵 문제 회담에서 왠 은행까지 등장할까 하고 생각할지 모르겠다. 하지만 북한이 국제 금융시장에서 신용을 전혀 얻지 못한다는 현실을 고려하면 이 수수께끼가 풀린다. 북한은 미국 정부가 규정한 적성국이자 테러 지원국이다. 이에 따라 북한은 공식적으로 국제기구의 지원을 전혀 받을 수 없다. 그리고 국가 신용등급 자체가 없기 때문에 민간 금융기관으로부터 대출을 받는 것이 불가능하다. 1990년대 이전까지 북한은 주로 러시아에 의존해 이 문제를 해결해 왔다. 북한은 석유가 필요하면 달러 대신 북한에서 생산되는 텅스텐과 같은 천연자원을 대신 지불했다. 이것이 구상무역求償貿易이다. 1990년 소련이 무너지고 난 후 구상무역은 중지되었고 석유를 구입하기 위해서는 북한도 달러를 지불해야 했다. 그러나 미국처럼 무기를 마음대로 팔 수 있는 것도 아니고, 어디서 대출받을 곳도 없는 북한이 취할 수 있는 선택은 매우 제한적이었다. 왜 하필 1990년대 이후 북한에 대규모 기근이 발생했을까에 대한 궁금증은 이런 문제를 고려할 때 비로소 다소나마 풀린다. 자기 국민을 헐벗게 하는 독재자를 용서해서는 안 된다는 미국 부시 대통령의 발언이 위선적으로 느껴지는 것은 그 때문이다. 결론은 신용을 결정하는 능력은 참 무서운 힘이라는 사실이다.

국내에서 개인의 신용을 평가하는 회사로는 코리아크레딧뷰로, 한국신용정보, 한국신용평가정보 등이 있다. 기업에 대한 신용평가를 담당하는 기관으로는 한국신용평가, 한국기업평가, 한국신용정보, 서울신용평가정보 등이 있다. 그리고 금융감독원이 이들의 신용평가 업무를 관리, 감독한다. 그렇다면 특정 개인이나 기업의 신용을 결정하는데 있어 과학적인 기준은 무엇일까? 흔히 지불 능력이 기준이 된다고하는데 실제 비정규직이나, 학력이 낮은 사람이나, 나이가 어린 사람의 신용등급은 상대적으로 낮다. 하지만 보다 정확하게 말하면 신용등급을 결정하는 기준은 상당히 자의적이며, 우리는 단 한 번도 이 문제에대해 질문해 보지 않았다. 하물며 국제사회는 더하다.

이제 강만수 장관을 호통 친 이들 미국 신용평가 사들에 대해 알아보자. 현재 미국의 무디스, S&P, 피치 사가 신용평가 시장에서 차지하고 있는 비중은 2006년 기준으로 98퍼센트에 달한다. 거의 100퍼센트에 가깝다. 이들을 감독하는 기관은 미국의 증권거래위원회SEC이다. 따라서 이들의 오류에 대해 다른 국가들이 할 수 있는 일은 없다. 예를 들어, 2002년 4월 일본 재무성이 일본 국채 등급에 대해 이의를 제기했을 때 이들 회사는 아무런 대꾸도 하지 않았다. 원래 이들의 업무는 미국 내 기업들이 발행하는 채권에 대한 부도 위험을 평가하는 것이었다. 하지만 1990년대 이후 글로벌 금융시장을 통해 자금을 확보하고자 하는 국가들과 기업들이 참여하면서 그 규모가 확대되었다. 보다 결정적으로 이들의 영향력이 확대된 계기는 IMF의 정책과 무관하지 않다. 잘 알려지지 않은 사실이지만 IMF의 구제금융은 한꺼번에 돈이 지출되는 것이 아니라 단계별로 매년 심사를 통해 승인되는 시스템이다. 2001년 아르헨티나의 외환위기 재발은 당시 IMF가 주기로 한 돈이 집행되지 않았기 때문이다. 이때 IMF가 내세운 기준이 무디스와 S&P의 신용평가 결과였다.

작년 2008년 북유럽의 신흥 금융 강국이었던 아이슬란드가 갑작스럽게 외환위기를 맞았다. 1929년 대공황 이후 최악이라는 글로벌 금융위기의 원인 제공자는 미국이었는데도 말이다. 2007년 기준으로 미국과 아이슬란드의 국가 신용등급은 가장 우수한 AAA였다. 또 다른 사례로는 2008년 리먼브라더스가 무너지고 미국 정부가 7000억 달러에 달하는 구제금융을 발표했을 때도 이들 신용평가 회사들은 미국의 국가 신용등급을 AAA로 유지한다고 발표했다. 또 S&P가 2007년 기준으로 5년 내 부도 확률 0.1퍼센트 미만인 최고 등급을 준 국가들은 대부분 유럽 국가들이었으며, 아시아에서는 유일하게 싱가포르가 포함되어 있다. 전 세계에서 가장 많은 채권을 갖고 있는 일본의 신용등급도 이보다 세 단계나 낮은 AA-에 머물고 있다. 무디스와 S&P는 미국의 엔론 사에 대해 2001년 무너지기 직전까지도 '투자 적격'이란 판정을 유지했다. 물론 이들 사례는 예외적인 것이며 전반적으로는 이들 신용평가 회사의 신뢰성에는 문제가 없다는 지적도 가능하다. 그리고 실제 국내에서는 어떻게든 이들이 제시하는 기준에 맞추어서 국가 신용등급을 끌어올려야 한다는 것을 숙명처럼 받아들이고 있는 상황이다. 그래도 최소한 이들의 평가 기준이 어떻게 되는지는 짚어 봐야 한다.

흔히 말하는 국가 신용등급은 특정 국가의 정부 채무 불이행 여부를 측정하는 지표로서 한 국가의 경제적, 정치적 위험도를 반영한다. 국가 신용등급은 또 해당 국가 소속 기업에 대한 평가에도 영향을 미치며 이를 '소버린 상한 규정sovereign ceiling rate'이라고 한다. 쉽게 말해, 한국의 국가 신용등급이 A라면 삼성전자, 포항제철, 현대자동차의 신용등급이 이보다 더 좋을 수는 없다는 말이다. 물론 S&P와 달리 무디스에서는 아주 특별한 경우 예외를 인정하기도 한다. 가령 2005년 7월 삼성전자는 무디스로부터 A1 판정을 받았으며, 당시 한국의 신용등급은 A3였다. 하지만 그런 경우는 손가락에 꼽을 정도다. 국가 신용등급을 결정하는 기준은 회사마다 일정한 차이가 있다. 평가에 있어 가장 중요한 기준은 정치적 위험의 정도이며, 그 밖에 소득 및 경제 구조, 경제 성장 전망, 재정 유연성, 공공부채 부담, 물가 안정성, 통화 안정성, 국제수지 구조 및 유연성과 대외 채무 부담 등의 기준이 적용된다. 지난 2006년 4월 무디스가 한국의 신용등급을 '긍정적'으로 전망한 이유로 한미 FTA 추진과 6자 회담으로 인한 안보 위험 완화를 거론한 것은 이것 때문이다.

하지만 위의 기준에서 보듯이 정치적 위험, 유연성, 안정성과 같은 개념은 상당히 추상적이기 때문에 자의적 해석이라는 문제가 상존한다. 유럽 국가들에 대한 호의적 평가에서도 보듯이 이들의 평가는 또 미국과 유럽에 편견을 갖고 있다. 그래서 지난 1998년 일본과 말레이시아는 아시아 신용평가 회사를 만들어야 한다고 주장했다. 이처럼 글로벌 통화 체제의 규칙이 이들에 의해 정해지고 유지되고 있다는 것은 무엇을 의미할까? 규칙에 대해서는 질문하지 못하고 그 대신 정해진 규칙 안에서만 최선을 다한 결과가 어떻게 드러났는가를 한 번 보자.

구조적 권력과 상대적 권력

게임의 규칙을 아는 자는 승자가 되고 모르는 자는 항상 패자가 된다. 패자의 항변은 '남 탓을 하는 것'이 되고, 패자에게는 '더 최선을 다해서 다음에 잘하도록 노력하는 것'만이 유일한 해결책으로 주어진다. 안타깝지만 부정할 수 없는 현실이다. 국제사회에서 보면 승자는 곧 선진국이고, 패자는 후진국과 영원한 개발도상국이었다. 장하준 교수는 이것을 빗대어 이미 선진국들은 다 해 놓은 상태에서 더 이상 개도국들은 못 하게 한다는 표현으로 『사다리 걷어차기Kicking Away the Ladder』란 책을 펴냈다. 자기들은 높은 데 올라가기 위해 사다리를 모두 사용했으면서 정작 올라간 후에는 남이 올라오지 못하도록 사다리를 차 버린다는 설명이다. 2008년 노벨 경제학상을 수상한 폴 크루그먼 교수 역시 남미 지도자들에게 "미국 정치인들이 말하는 것을 보지 말고, 그들이 무엇을 하고 있는지를 보라."라는 의미심장한 충고를 한 적이 있다. 미국 정부가 글로벌 규칙을 자의적으로 적용하고 있을 뿐만 아니라, 글로벌 표준이라는 것 자체가 하나의 정치적 수사political rhetoric로 사용되고 있다는 것을 빗댄 말이다.

국제정치학에는 '구조적 권력'과 '상대적 권력'이라는 개념이 있다. 구조적 권력은 특정한 게임의 구조를 결정하고 변경하고 유지하는 능력을 의미한다. 반면 상대적 권력은 비록 게임의 규칙에 대해서는 아무런 영향력을 못 미치지만 정해진 규칙 내에서 일정한 영향력을 행사할 수 있는 능력을 의미한다. 국제사회에서 구조적 권력은 미국이 행사하며, 영국, 프랑스, 러시아, 일본 정부를 포함하여 마이크로소프트, IBM, 소니 같은 다국적기업과 UN, IMF와 같은 국제기구들이 상대적 권력을 행사하고 있다. 그 결과 수전 스트레인지 교수의 말대로 미국 정부는 국제정치경제의 틀을 결정할 수 있고, 다른 국가나 정치 기구들, 각급 경제 주체들, 전문 지식인들은 궁극적으로 그 체제가 규정한 게임의 규칙을 따를 수밖에 없다.

가정에서 아버지와 어머니의 관계를 통해 이런 권력 행사를 이해할 수 있다. 쉽게 말해서 집안의 중요한 결정은 최종적으로 아버지가 한다. 가령 주말에 집에서 쉴지 아니면 여행을 갈지를 결정하는 것은 아버지의 몫이며, 여행을 간다는 승인이 떨어진 다음 구체적인 일정과 경비를 짜는 것은 어머니의 몫이 된다. 우리가 알고 있는 국제기구들은 대부분 구조적 권력을 행사하는 미국에 의해 주도되고 유지되어 왔다. 다시 말해, UN, GATT, IMF, IBRD, NPT핵확산금지조약, IAEA와 같은 국제기구들은 미국의 주도권을 통해 출범했으며, 이들 기구에서 미국이 누리는 영향력은 거의 절대적이다.

물론 제국이 아닌 패권을 지향하는 미국의 입장에서 국제사회의 합의는 중요하다. 그런 의미에서 심지어 미국만이 거부권을 누리고 있는 IMF에서도 주요 의사 결정은 회원국의 만장일치를 원칙으로 한다. 그러나 2001년 아르헨티나 대신 터키가 IMF의 긴급 구제금융을 받게 된 것이나 멕시코나 브라질이 한국과 달리 IMF 구제금융을 신속하게 받은 것, 또 한국이 IMF 출자금의 몇 십 배에 해당하는 구제금융을 받을 수 있었던 것은 미국의 '사전 조율'이 있었기 때문에 가능했다. 그런 점에서 미국 덕분에 한국이 외환위기를 무사히 넘길 수 있었다는 일부의 주장은 틀리지 않다. 역사적으로 봤을 때도 미국은 이런 권력을 행사함에 있어 장기적이고 공정한 관점보다는 자국의 이익을 우선한 적이 많다. 특히 돈과 관련한 게임에서 미국의 이기적인 결정은 더욱 빈번했다. 하지만 미국만이 그렇게 한 것은 아니고 프랑스, 독일, 영국도 마찬가지였다. 그래서 이들 선진국들은 허울뿐인 국제적 합의나 미국의 호의에 의지하여 문제를 풀 수 없다는 것을 잘 안다. 1999년 출범한 유로화가 콘라트 아데나우어 독일 총리와 프랑스의 드 골 대통령의 1967년 합의에서 출발한 것이라든가, 1997년 일본이 아시아통화기금을 추진한 것이 결국 이러한 인식과 무관하지 않다.

그러나 한 사회 내부에서 경제적, 사회적 약자들이 게임의 규칙을 모르는 것처럼, 국제사회에서도 많은 국가들은 이 점을 놓치고 산다. 그 대신 그들은 주어진 규칙 아래에서 최선을 다하며, 문제가 생길 때마다 정권을 교체한다. 2001년 아르헨티나에서 위기가 재발했을 때 석 달간 무려 다섯 명의 대통령이 선출된 것은 이를 잘 보여 주는 사례다. 물론 1970년대 인도네시아와 튀니지 등 미국과 소련 어느 진영에도 소속되기를 거부했던 비동맹국가회의 중심으로 신국제경제 및 정보 질서를 요구하는 움직임이 있기도 했다. 그렇지만 단순히 경제와 정치만이 아니라 '지적'으로 강대국에 의존해 있는 상황에서 이들의 문제 제기는 대부분 '찻잔 속의 태풍'에 불과했다. 예컨대, 1980년대 「맥브라이드 보고서」 등을 통해 강대국 중심의 일방적 정보 흐름을 변화시키고자 했던 신국제정보질서NIIO는 미국이 유네스코UNESCO를 공식 탈퇴하고 곧이어 영국과 싱가포르가 여기에 가담하면서 흐지부지되고 말았다.

규칙의 변화와 시장의 재편

1980년대 라틴아메리카 외환위기와 그 이후의 발전을 통해 게임의 규칙을 질문하지 못한 데 따른 비극을 살펴보자. 원칙대로 본다면 늘어난 미국 달러화는 무역 흑자국으로 가고, 무역 적자국은 달러가 없어 허덕이게 되는 것이 정상이다. 미국이야 돈 가뭄에서 자유로울 수 있는 유일한 나라이기 때문에 무역 적자국이라도 문제는 없으며, 미국의 무역 적자가 곧 국제사회의 현금 자산이 되는 현실이다. 그런데 1980년대 당시 최고의 무역 흑자국은 일본이었다. 반면 1980년대는 우리가 잘 알고 있는 남미의 외환위기가 있었던 시기다.

다음과 같은 가정을 한번 해보자. 만약 1980년대 라틴아메리카의 위기 때 달러가 넘쳐났던 일본이 라틴아메리카의 빚을 상환해 줬더라면 과연 라틴아메리카에 외환위기가 왔을까? 생각해 보면 재미있는 일이다. 수전 스트레인지 같은 학자는 라틴아메리카의 외환위기 당시 달러가 넘쳐났던 일본의 돈이 라틴아메리카로 흘러 들어갔다면 라틴아메리카도, 일본도, 국제사회의 시스템도 무너지지 않았을 가능성이 크다고 말했다. 하지만 그런 일은 일어나지 않았고 시도되지도 않았다. 그 이유는 무엇일까? 게임의 규칙을 모르면 그 이유는 도저히 파악할 수 없다.

그 이유는 무엇보다도 미국이 그것을 바라지 않았기 때문이다. 왜냐하면 미국은 첫째, 일본의 영향력이 커지는 것을 원하지 않았다. 둘째, 라틴아메리카가 도덕적 해이moral hazard에 빠지는 것을 경계했다. 특히 미국이 남미의 도덕적 해이를 우려했던 것은 포퓰리즘 때문이었다. 포퓰리즘이란 대중의 취향에 따라 정책을 마음대로 변경하는 것을 말한다. 가령 수출 경쟁력을 유지하기 위해 필요한 1달러 대 100페소의 통화 비율을 국내 정치적 목적을 위해 50페소 수준으로 결정해 버리면 무역수지 적자의 확대는 피할 수 없게 된다. 셋째, 그것이 실질적으로 미국에 유리한 부분이 있었기 때문이다. 미국이 국제사회에 풀었던 달러는 다시 미국으로 돌아와야 했다. 국내에서 통안채통화안정채권를 통해 시장 내 돈의 양을 조절하는 것과 같은 메커니즘으로 보면 된다.

그렇다면 워싱턴 컨센서스는 도대체 무엇일까? 제3세계에 차관을 빌려주는 대신 재정, 금융, 산업 정책을 IMF의 프로그램대로 따르는 것을 말한다. 우선 환율을 낮추고(1달러가 100페소였으면 200페소로 낮춰야 하는 것), 둘째로 공공서비스를 줄이고 세금을 늘리는 것이다. (포퓰리즘으로 흔들리지 않고 재정 흑자를 유지하도록 하는 것을 의미한다.) 셋째, 투자 장벽을 낮춰야 한다. 외국 자본의 유입을 원활하게 하기 위해(즉, 경제를 살리기 위해) 제3세계가 자국 시장의 보호를 위해 마련했던 투자 장벽을 낮추게 하는 것이다. 넷째, 국고를 채우기 위해 공기업을 민영화한다. 공기업을 민영화하는 이유는, 이들 기업은 국가가 망하지 않는 한 지속되며 독과점적인 이윤이 보장되기 때문이다. KT&G한국담배인삼공사를 생각해 보면 쉽다. 담배는 건강에 해롭다. 하지만 정부는 이 담배를 팔아서 장사를 하고 그 돈으로 나라 살림을 산다. 만약 이 기업을 민간에 넘기면 어떻게 될까? 그 기업은 엄청난 떼돈을 벌게 된다. 한국전력이나 코레일도 마찬가지다. 더욱이 한국에서도 그랬던 것처럼 외환위기 등을 당하면 국내 기업 중에서 이만 한 덩치의 기업을 인수할 곳은 없다. 그래서 자연스럽게 등장하는 것이 외국 자본 유치. 물론 민영화는 기업의 경쟁력을 높이고, 영업 효율성을 높이기 위해 실시되는 경우도 있다. 노태우, 김영삼 정부가 내세운 논리도 그러하다. 하지만 당시에는 국내 대기업에 넘기는 경우였고 그래서 정경유착이라는 비판이 나왔다. 사실, 그런 공기업들을 민영화시킨다는 것은 가장 알짜 기업들을 외국 자본에 넘긴다는 의미가 된다. 그 결과 외국 기업들은 전기, 수도, 철도와 같은 국가 운영에 없어서는 안 될 기간산업들을 통해 손쉽게 돈을 벌 수 있게 된다.

　이러한 공기업 민영화, 각종 규제 및 제도의 보완, 국가 재정의 확충, 다시 말해 각종 복지 정책의 축소, 환율의 대폭 하락이 워싱턴 컨센서스의 핵심이다. 그 내용을 자세히 살펴보면 어디선가 많이 들어본 듯한 느낌이 든다. 다른 나라 이야기 같지 않은 이유는 이런 과정들이 바로 외환위기 당시 한국 사회에도 그대로 적용되었기 때문이다. 억울한 게임이라고 할 수도 있지만 구제금융을 제공하는 IMF나 미국의 입장에서 보면 너무도 당연한 논리다. 한 번 파산한 사람에게 다시 돈을 빌려줄 때 지난번보다 더 가혹한 규칙을 정하는 것을 탓할 수는 없다. 하지만 왜 남미가 이러한 상황에 내몰렸으며 이 과정에 불평등한 게임의 법칙이 어떻게 작용했는가는 알고 넘어가야 한다.

당시 남미의 외환위기는 1979년에 연방준비은행FRB 의장이었던 폴 보커가 이자율을 20퍼센트 가까이 끌어올림으로써 물가를 안정시키고 달러화를 방어하고자 한 정책과 무관하지 않았다. 즉 전 IMF 재무팀 부서장이었던 게오르기오스 타블라스현 그리스은행 특별고문가 지적한 것처럼 두 자리수의 인플레이션과 달러가 넘쳐나는 상황에서 "국제 신용의 팽창을 억제하고 달러 기준의 통화 체제를 유지하기 위해 미국 정부가 택할 수 있었던 최선의 방법은 고금리 정책"이었다. 물론 1983년 전두환 대통령 시절, 한국 역시 부도 위기에 처했었다. 하지만 당시 일본은 한국에 무려 40억 달러나 되는 돈을 차관으로 제공했다. 그 덕분에 한국은 남미 국가들과 달리 큰 문제를 겪지 않았다. 하지만 남미 국가들의 입장에서 보면 답답한 현실이었을 것이 뻔하다. 왜냐하면 일본의 자금이 왜 한국에는 가고 남미에는 오지 않을까?

남미 국가들의 몰락은 또 아시아 국가들이 수출 경쟁력을 확보하는 데 유리한 계기로 작용했다. 지금이나 당시나 글로벌 게임은 미국 시장을 놓고 전 세계가 수출 경쟁을 벌이는 것이 핵심이다. 그때 아시아에는 고맙게도, 남미의 여러 나라들이 한꺼번에 무너져 버렸다. 브라질 사람들이라고 해서 반도체, 자동차 산업을 시작하지 않은 것이 아니다. 진행하던 중에 한꺼번에 무너져 버린 것이다. 우리나라 외환위기 때처럼 남미의 기업들도 모두 부도가 났으며, 이자가 천문학적으로 올라가고 환율은 폭락하는 상황에서 너무도 당연한 결과였다. 당시 대부분의 남미 국가들이 런던 금융시장을 통해 단기로 자금을 빌려 쓴 것과 한국이 홍콩을 통해 단기자금을 끌어 쓴 것도 동일하다. (중동이 아닌 런던에 석유 거래소와 국제 달러 시장이 들어서게 되는 배경은 나중에 더 자세히 다루겠다.) 물론 선진국들은 왜 단기로 돈을 빌려 쓰느냐고 비판할지 모른다. 그렇지만 예나 지금이나 신용도가 좋지 않는 국가나 기업이 상대적으로 높은 이자의 단기자금을 쓸 수밖에 없는 이유는 동일하다.

어쨌든 글로벌 게임의 변화로 인해 "남미가 값을 지불하고, 아시아가 이익을 보게 되는 상황"이 만들어진 셈이다. 실제로 1985년부터 1995년까지 NIES^{한국, 싱가포르, 홍콩, 대만}가 4.6배, ASEAN이 4.2배, 일본이 2.5배 가량 수출량이 성장했다. 대타가 원래 홈런 치는 법이다. 그런 과정에서 한국이 세계 중공업이나 반도체를 선점하게 되었다. 우리의 중공업과 반도체가 처음부터 글로벌 환경에서 우수해서가 아니라 게임의 규칙을 몰랐던 남미, 게임의 규칙을 알고 있었던 일본, 그리고 냉전이라는 특수성으로 인해 한국이 미국의 규칙을 추종했기에 가능했다는 말이다. 물론 아시아의 경제 성장에는 다양한 요인들이 작용했으며, 아시아 모델도 핵심적인 역할을 했다는 점은 부정할 수 없다. 하지만 아시아의 부상과 남미의 추락이 전혀 무관할 수 없다는 점은 분명하다.

1980년대 남미의 외환위기를 보면서 한 가지 더 짚고 넘어가야 할 것이 있다. 미국의 입장에서는 라틴아메리카 시장이 넘어지게 됨으로써 미국이 수출할 수 있는 시장이 사라지는 것이므로, 표면적으로 보면 미국의 손해인데 과연 왜 그랬을까 하는 점이다. 우리는 이렇게 추정해 볼 수 있다. 이자율을 폭등시키면서까지 미국이 원했던 것은 달러의 가치를 더 이상 떨어지지 않게 하는 것이 미국의 가장 큰 목적이었기 때문이다. 원래 FRB의 가장 큰 목적이 달러의 가격을 안정화시키는 데 있다. 1970년대 중반부터 계속 떨어지던 달러의 가치를 더 이상 떨어지지 않게 하는 것이 미국의 가장 큰 목적이었다는 것이다. 달러! 바로 달러가 글로벌을 보는 해법의 단서다.

생각해 보면 달러가 무분별하게 들어가고 자본시장이 급속하게 개방된 나라치고 외환위기가 없는 나라가 없었다. 물론 예외는 있다. 바로 미국과 영국 정도다. 미국은 외환위기로부터는 유일하게 자유로운 나라이고, 영국은 미국과 함께 현재의 국제통화 체제에서 가장 많은 이익을 누리는 국가다. 그래서 이번 2008년 금융 위기에 대한 처방도 국가별로 차이가 난다. 예컨대, 미국과 영국은 글로벌 헤지펀드^{투기 자본}에 대한 규제를 가능하면 자제하면서, 그 대신 펀드 매니저에 대한 관리, 감독을 강화하자고 한다. 반면 프랑스와 일본 등은 헤지펀드를 보다 강력하게 규제하는 한편, IMF 중심의 통화 체제를 근본적으로 개편해야 한다고 입을 모은다.

하지만 여기서 꼭 던져야 할 질문이 있다. 1980년대 초반 남미의 외환위기부터 지금까지 반복적인 글로벌 통화 위기에도 불구하고, 왜 우리 사회는 지금까지 이 문제를 미국 달러와 연결시키지 못했을까 하는 물음이다. 부끄러운 얘기지만, 이찬근의『투기 자본과 미국의 패권』과 차명수의『금융공황과 외환위기』정도만 이 문제를 진지하게 다루고 있고, 달러화의 위기를 다룬 엘렌 브라운의『달러*The Web of Debt*』나 리처드 던컨의『달러의 위기*The Dpllar Crisis*』와 같은 책은 몇 년 전에 미국에서 출판된 것들을 최근에 번역한 것들이다. 지식에 국적을 따지는 것이 우습다면 최소한 이렇게는 질문해 보자. 과연 브라운과 던컨의 주장은 얼마나 타당할까?

실제로 1971년 이후 미국 달러화는 더 이상 금으로 바꿀 수 없고, 1985년 이후 미국이 채무국으로 전락했음에도 불구하고 전 세계는 달러를 꾸준히 축적해 왔다. 뿐만 아니라 미국발 금융 위기로 인해 달러화 폭락이 예언되는 상황에도 불구하고 우리 사회에서 달러는 더 귀한 존재가 되었다. 불과 몇 달 전까지만 하더라도 1000원 대였던 환율이 2009년 4월 현재 1,400원을 넘나들고 있다. 미국 달러 중심의 통화 체제가 이들의 책에서 지적하는 것처럼 '경제적 펀더멘탈'에 의해서가 아니라 국제사회의 지적, 도덕적 합의와 설득을 통해 유지되고 있다는 '달러 헤게모니'란 개념이 필요한 이유가 여기에 있다. 하지만 앞서 담론으로서의 지식에서 잠깐 언급한 것처럼 이러한 헤게모니 질서는 '담론'을 통해 가능해진다. 그리고 담론 중에서도 특히 과학 담론과 경제 담론은 지적인 설득 과정에서 큰 영향력을 발휘한다.

3부 달러 헤게모니

1 달러와 국제정치

누가 권위자인가?

시오노 나나미의 『로마인 이야기』를 보면 카이사르 장군의 유명한 말이 나온다. "인간은 누구나 자기가 보고 싶은 것만 본다." 정말 맞는 말이다. 실제로 주식시장이 호황일 때 사람들은 좋은 뉴스에만 주목하고, 주식시장이 폭락하면 나쁜 소식에만 귀를 기울인다. 인간이 이렇듯 자신에게 유리한 것만 보고, 익숙한 정보를 더 쉽게 받아들이는 것은 인간의 인지 구조에서 비롯된다. 즉 인간은 누구나 머릿속에 지도가 있는데, 흔히 스키마schema라고 하는 이 지도를 통해 우리는 세상을 인식한다.

예를 하나 들어 보자. 한국 사람들은 일본을 왜놈이라고 하고 일본을 조그만 섬나라라고 한다. 하지만 일본의 인구는 남한의 세 배, 국토 크기는 네 배, 경제 규모는 열 배가 넘는다. 일본의 영토에 바다를 포함시킨다면 일본은 미국, 호주, 캐나다 등에 이어 세계에서 여섯 번째로 큰 나라다. 그렇지만 우리들 머릿속에 있는 지도에 따르면 일본은 작다. 또 다른 예로 학창 시절 우리들의 우상이 누구였는지를 한번 생각해 보자. 남자들이라면 엘리자베스 테일러, 브룩 쉴즈, 소피 마르소를 기억할 것이고, 여자들은 아마 리처드 기어, 로버트 레드퍼드, 제임스 딘 등을 기억할 것 같다. 왜 그럴까? 우리들의 머릿속에 들어 있는 미남 미녀의 기준은 어디서 왔고, 왜 하필 이런 백인들이 아름다움의 표본이 된 것일까?

몇 가지만 더 살펴 보자. 국내 언론을 보면 하루가 멀다 하고 '해외 석학'이라는 말이 등장한다. 주로 미국 학자들이다. 폴 케네디, 이매뉴얼 월러스타인, 노암 촘스키, 조지프 나이, 폴 크루그먼, 새뮤얼 헌팅턴 등이다. 물론 비판적인 연구를 하는 사람들에게는 이들보다 루이 알튀세, 기 소르망, 피에르 부르디외, 자크 아탈리, 미셸 푸코, 스튜어트 홀, 에릭 홉스봄과 같은 유럽 지식인들도 잘 알려져 있다. 조선 시대에는 어땠을까? "서당 개 3년이면 풍월을 읊는다."라는 말이 있듯이 코흘리개 어린애로부터 나이 든 할아버지까지 모두 '공자 왈 맹자 왈'을 외우고 살았다. 사대주의란 말이 있듯 당시에는 공자님, 맹자님 말씀이 곧 하늘이었다. 역사는 반복되는 것 같다.

일본이 왜놈이라는 둥 작은 섬나라라는 둥 하는 것은 우리 속에 있는 일본에 대한 정체성에서 비롯된다. 그리고 이런 정체성은 정부의 문화 정치, 반일 담론, 일본에 대한 부러움과 열등감 등이 상호 작용한 결과다. 그럼 왜 브룩 쉴즈나 리처드 기어를 가장 아름다운 사람으로 인식하는 것일까? 역시 할리우드 영화를 제쳐 두고 설명할 수 없다. 한국 영화나 드라마가 거의 없을 때 그 진공상태를 할리우드 영화가 채워 주었고, 이는 한국만이 아니라 전 세계에서 이들이 선남선녀의 대표라는 이미지가 만들어지는 계기로 작용했다. 중국과 동남아시아에서 배용준, 장동건, 이영애, 송혜교 등이 아시아 최고의 미남 미녀로 꼽히는 것과 크게 다르지 않다. 우리가 뉴욕의 거리를 걸으면서 햄버거를 먹어 봤으면 하는 소망이나 동남아 젊은이들이 「겨울연가」의 배경인 남이섬을 걸으면서 프로포즈를 하고 싶다고 생각하는 것이나 비슷하다.

　그럼 해외 석학은 어떻게 설명할 수 있을까? 물론 석학이라는 단어에서 알 수 있듯 이들이 높은 학자적 소양과 전문적 지식을 갖고 있다는 것은 부정할 수 없다. 하지만 우리의 머릿속에 있는 석학은 흑인도 아니고 키 작은 아시아인도 아니다. 즉 학문적 권위에 '정치적 후광'이라는 정치 권력이 합쳐질 때 석학은 만들어진다. 국내에서 국제정치학과 경제학계의 석학으로 알려진 프랜시스 후쿠야마와 돈 부시가 여기에 해당하는 사례다. 잘 알려진 것처럼 후쿠야마는『역사의 종언』이란 책으로 널리 알려졌으며, 그는 1990년 구소련의 붕괴로 자유민주주의는 '인류의 이데올로기 발전의 종점'이며 '인류 최후의 정부 형태'가 될 것이라고 주장했다. 그러나 1990년대 이후 국제 정세의 변화는 이런 주장과 전혀 다른 방향으로 진행되었을 뿐만 아니라, 당시 그의 명성은 그가 근무했던, 미국 공군의 위촉으로 설립된 싱크탱크인 랜드연구소 RAND의 지원과 무관하지 않았다.

　1997년 한국의 외환위기 당시 국제 금융의 최고 석학으로 알려진

MIT 대학의 돈 부시 교수도 이와 비슷하다. 그를 유명하게 만든 '환율 고평가 모델overshooting model'은 1980년대 이후 글로벌 금융 위기가 지나치게 고평가된 환율에서 비롯된다고 주장한다. 그렇지만 그의 주장은 1990년대 후반 동시다발적으로 일어난 '금융공황'에 의해 빚어진 통화 위기를 전혀 설명하지 못했으며, 그가 그토록 칭찬했던 아르헨티나는 그 이후 환율과는 무관하게 지속적인 통화 위기를 겪어야 했다. 그의 명성은 따라서 스탠리 피셔, 폴 크루그먼, 로렌스 서머스 등과 맺은 MIT 네트워크를 고려해야만 이해가 된다.

권위자가 사회적으로 만들어진다는 것은 국내에서도 마찬가지다. 같은 말이라도 국내 명문대 출신의 교수가 하는 말과 고등학교 출신의 무직자가 하는 말은 다르게 받아들여진다. 또 많은 교수와 연구자 중에서도 유독 언론에 자주 등장하는 사람이 더 권위자로 인정받는 것도 엄연한 현실이다. IMF 위기 이전까지만 하더라도 국내 경제 문제에서 최고의 권위자로 통했던 재경부 관료들이 1997년 이후 미국에서 공부한 유학파들에 그 자리를 내주는 것 역시 권위가 어떻게 만들어지는지를 잘 보여 준다. 하지만 자의적으로 우연히 권위가 만들어지는 것은 아니며, 권위는 권력의 질서와 밀접하게 연관되어 있다. 과거 조선시대에 공자와 맹자가 최고의 대접을 받았던 것은 중국과 조선의 권력 관계가 반영된 결과다. 마찬가지로 오늘날 우리 사회에서 미국 전문가들이 누리는 영광은 미국과 한국의 권력 관계를 떠나서는 생각할 수 없다.

미국의 유학생 제도를 생각해 보자. 왜 미국은 자기들이 돈을 주면서까지 제3세계 엘리트들을 교육시키는 것일까? 미국이 이들을 교육시키는 목적은 단순히 이들 제3세계 엘리트들을 미국의 규범이나 가치관에 길들인 선량한 제국의 신민으로 만드는 데에만 있지 않다. 얌전한 양으로 만드는 것은 어쩌면 군사력과 경제력의 강제만으로도 가능할 것이다. 유학 제도의 진정한 목적은 이들 유학생들이 미국 사회가 우선시 하는 가치들인 경제적 효율성이나 소비자 복지를 뼛속 깊이 받아들이는 동시에 이러한 가치들의 실현을 위해 자신들의 창의력을 적극 동원하도록 하는 데 있다. 그 결과 미국에 유학을 오는 대부분의 제3세계 엘리트들은 게임의 규칙을 공부하는 게 아니라 게임을 보다 잘하는 데 유용한 도구적 지식instrumental knowledge을 배우게 된다.

실제 국내 유학생들이 가장 많이 전공하는 분야는 공대, 농대, 경제학 등이며, 국제정치와 경제를 같이 공부하는 경우는 많지 않다. 더욱이 많은 유학생들에게 자신들의 지도교수는 뛰어넘을 수 없는, 그림자도 밟아서는 안 되는 존재가 된다. 그로 인해 피지배 계급의 지식인이 지배 계급의 지식인에 지적으로 압도당하는 것과 동일하게 한국의 지식 엘리트들은 미국의 지식 사회를 도덕적으로만이 아니라 '지적'으로 따르게 된다. 그 결과 한 사회 내부에서 피지배 계급의 지식인이 지배 계급의 지식인에 지적, 도덕적으로 설득당하는 것과 동일한 기제가 국제사회에서 작용하게 된다. 그중에서도 달러 헤게모니는 지적 리더십이 가장 잘 적용되는 분야이며, 우리가 지금까지 달러화의 문제를 포함하여 1997년의 통화 위기를 다른 글로벌 위기와 연결시켜 생각하지 못한 것은 이와 무관하지 않다.

세뇨리지 효과

미국 달러화에 대해 흔들리지 않는 통념이 하나 있다. 그것은 미국 달러가 교환, 가치 측정 및 재산 축적에 있어 가장 안전한 '피난처 통화safe haven'라는 점이다. 2008년 금융 위기가 났을 때도 이 사실은 현실로 증명되었으며, 그 직전까지만 해도 폭락을 거듭하던 달러화가 갑작스럽게 귀한 몸이 되었다. 하지만 이제는 도대체 미국이라는 한 국가의 법정 통화인 달러가 종이에 불과하면서 어떻게 금보다도 더 좋은 돈이 되었는지 생각해 봐야 할 때가 되었다. 물론 이런 질문을 던지면 반사적으로 나오는 답이 있다. 미국이 세계 최강의 군사력을 갖고 있고, 가장 부자이기 때문이라는 답이 그것이다. 그러나 냉정한 잣대로 봤을 때 이 대답은 절반만 맞다.

2006년 현재를 기준으로 했을 때 미국의 군사비 지출 규모는 약 5287억 달러로 전 세계 군사비의 46퍼센트를 차지한다. 미국이 2001년 중국을 '전략적 경쟁자'로 규정하면서, 군사적 경쟁자를 허용하지 않겠다고 선언한 점을 통해서도 이는 분명하다. 그렇지만 미국은 건국 이후 처음으로 이미 1985년 순채권국에서 순채무국으로 전락했다. 2005년 말 기준으로 총 대외 부채 규모는 약 2조 7000억 달러에 이르며, 2009년 2월 통과된 구제금융 7000억 달러를 포함해 재정 적자의 규모도 이미 국가총생산GNP의 8퍼센트를 넘어섰다. 그에 따라, 미국은 2007년 현재 국제사회로부터 매일 40억 달러 이상을 유입해야 하는 상황이며, 전 FRB 의장 폴 보커의 말처럼 이 상태가 지속될 수는 없었다. 결국 미국 의회는 2005년 '대외채무동결법안Foreign Debt Ceiling Act'을 통과시켰고, 미국 FRB는 2006년 3월부터 전 세계에 유통되고 있는 달러의 가치 지표인 'M3'의 발표를 금지시켰다. 더욱이 미국이 의도적으로 외면해 왔던 유럽의 단일 통화인 유로화는 2002년 이후 성공적으로 시장에 진입했으며, 이 글을 쓰고 있는 현재 달러당 비율도 이미 1.6에 이르고 있다.

그렇다면 도대체 어떻게 해서 미국 달러는 여전히 가장 안전한 통화로 인식되고 있으며, 달러를 무한정 사용하면서도 외환위기나 지불불능 상태를 우려하지 않아도 되는 것일까? 또 왜 다른 국가들, 특히 외환위기 당사국들은 미국이 누리는 이 같은 특혜를 묵인하고, 국제통화 질서가 갖는 구조적 모순에 대해 침묵하고 있는 것일까? 그 이유는 크게 두 가지로 나누어 생각할 수 있다.

한편으로는 미국 달러화를 중심으로 운영되는 현존 국제통화 질서가 미국이 가진 하드파워에 의해 유지된다는 설명이 가능하다. 실제 미국은 여전히 압도적인 군사적 우위를 지키고 있을 뿐만 아니라 IMF와 세계은행과 같은 국제기구에서 유일하게 거부권을 행사할 수 있다. 또 무디스와 S&P와 같은 국제적 신용평가 회사도 미국 정부의 영향권에 있다. 다른 한편으로, 미국 달러 중심의 자유변동환율제로 알려진 현재의 통화 질서가 '강제'된 것이 아니라 국제사회의 공통된 이해관계에 기반한 일종의 '계약'이라는 시각이 있다. 국제정치학에서 이 시각을 흔히 '헤게모니 안정론'이라고 한다. 즉 무정부 상태인 국제사회의 규범을 설정하고 질서를 유지하는 것과 같은 공공재 비용이 미국에 의해 일방적으로 부담되어 왔고, 미국은 마샬플랜과 같은 대규모 원조, 군대 파병, 해외 차관 제공 등을 통해 국제사회에서 유일한 최후의 피난처 역할을 수행해 왔다는 입장이다. 그리고 여기서는 미국이 국제 사회로 하여금 대미 무역 흑자를 통해 미국 달러를 외환보유고로 축적하고 국내 경기를 활성화시키도록 도움을 주었다는 데 주목한다.

그러나 현재의 국제통화 체제인 달러 헤게모니를 이해하기 위해서는 달러화와 국제정치의 관계를 보다 깊이 이해할 필요가 있다. 우선 '세뇨리지 효과'라는 것을 생각해 보자. 프랑스어로 '세뇨르seignior'는 군주라는 뜻인데, 예전에는 군주가 직접 화폐를 발행했다. 금값이 너무 비쌌기 때문에 군주가 금에다 불순물을 섞어서 그것을 통화라고 지정했던 것이다. 여기서 기원한 세뇨리지 효과라는 것은 화폐를 제작하는 비용에서 화폐가 실제 교환되는 비용을 뺀 나머지 이득을 말한다. 예를 들어, 100달러짜리 지폐를 만드는 데 드는 잉크와 종이 값을 합해서 1달러라고 치면 나머지 99달러는 세뇨리지 효과로 얻는 이익이 된다. 엄청난 이익이다. 미국이 그것을 포기할 리가 없다. 게임의 규칙은 이러한 현실적인 이해관계에서 시작된다.

달러화의 출발은 순조로웠다. 달러의 역사에서 자세히 다루겠지만 달러는 브레튼우즈 체제 이후 전 세계 금의 가치에 기준을 두었던 대안 통화였다. 그리고 오직 미국만이 국제사회에서 그 위치를 고수하여 왔다. 하지만 역사적으로 볼 때 1970년대에 큰 변화의 줄기가 생겨난다. 달러가 금의 가치에 기준을 두지 않고서도 전 세계 기축통화가 될 수 있었던 두 가지 기억할 만한 사건들이 벌어진 것이다. 1971년에는 대안 통화로서의 금의 가치를 무력화시킨 미국의 '금태환 금지' 조치가 있었다. 1974년에는 석유 결제 통화를 달러로 전환한 '미국-사우디 간 경제 협력에 관한 합의'와 같은 정치적 개입이 있었다. 전 하버드대 교수였던 헨리 류는 정확히 이런 이유에서 다음과 같이 주장한다.

> 현재의 국제 무역은 미국이 종이 달러를 찍어 내고, 국제사회는 종이
> 달러를 축적하기 위해 약탈적인 수출을 지속하는 게임이 되었다. 이
> 같은 상황에서 국제 무역은 더 이상 비교경쟁력에 따른 자원의 효율적
> 분배를 증대시키는 것이 아니라 오히려 미국 달러로 계산되는 대외 부
> 채를 갚고, 또 자국의 통화 안정에 필요한 달러를 지속적으로 축적하
> 기 위해 자국의 통화를 인위적으로 억압, 그 결과 가난한 개도국이 부
> 자인 미국에 돈을 빌려주는 역설적인 게임이다.

그렇다면 이제 달러를 조금 의심해 보자. 우리는 첫째, 1971년 미국
닉슨 대통령의 금태환 금지 조치와 그 이후 미국이 일방적으로 주도한
자율변동환율 체제 이후 외환위기가 빈발하고 있다는 점에 주목할 필
요가 있다. 이는 곧 미국의 리더십이 '공통의 이해관계'에 기반하고 있
다는 주장이 틀렸을 수 있다는 말이 된다. 더욱이 공동 이해라는 것이
객관적으로 발견할 수 있는 실체가 아닌 사회적으로 만들어지는 구성
물이며, 더욱이 약소국의 선호도가 패권국에 의해 조작될 수 있다는
점도 고려해야 한다. 둘째, 한국을 비롯한 외환위기 당사국들이 미국
에 대한 강한 정서적 거부감에도 불구하고 IMF의 정책들에 자발적으
로 협력한다는 점에도 주목할 필요가 있는데, 이는 약소국의 동의와
참여가 조지프 나이가 말하는 것처럼 미국의 도덕적 우월감에 대한
모방 심리 때문이 아니라 '합리적인 판단'에서 근거한 것으로, 여기에
는 필연적으로 지적인 설득 과정이 필요하다. 마지막으로, 자유민주주

의 사회에서 '여론'이라는 것이 결국 대중 지식을 기반으로 형성된다는 것을 지적할 수 있는데, 이를 고려할 때 달러 패권은 특정한 지식이 생산되고 유통되어 국제사회에서 소비되는 과정과 무관하지 않다고 생각할 수 있다. 다시 말해, 달러 패권에 대한 국제사회의 자발적 협력은 최소한 개별 국가의 국민이 달러 체제에 대해 문제의식을 갖지 않을 뿐만 아니라 지금의 체제가 자국의 국가 이익에 부합한다고 받아들일 경우에 지탱될 수 있다.

미국 달러화는 1971년 이후 지속적으로 그 가치가 하락해 왔다. 그런데 미국 정부는 달러의 가치를 계속 유지시켜야만 했고 그럴 수밖에 없었다. 미국 정부는 실제로 달러의 가치를 하락시키지 않기 위한 노력들을 많이 했다. 1967년에는 일본과 서독으로 하여금 달러를 금으로 바꿀 수 있는 권리를 자발적으로 포기하도록 했다. 또 프랑스가 제안한 특별인출권Special Drawing Rights과 같은 대안 통화의 사용은 물론 지금까지 간헐적으로 제기된 국제통화 질서에 대한 개혁 움직임도 미국에 의해 번번이 좌절되었다. 1985년에는 플라자 합의를 통해 달러의 약세를 유도했고, 1987년에는 루브르 합의를 통해 다시금 달러 강세를 이끌어 내기도 했다. 1997년 가을에는 일본이 제안한 AMF가 IMF의 영향력을 제한할 뿐만 아니라 미국의 국가 이익에도 반한다는 판단 아래 로비를 통해 AMF 결성을 좌절시킨 적도 있다. 그 밖에도 미국 정부는 1998년 4월에는 G22 국가들을 초대해 국제통화 체제를 강화할 수 있는 방안을 토론하게 하고, 1999년 9월에는 「국제 금융 체제의 미래」라는 개혁안을 발표하기도 했다. 미국 정부는 이렇듯 다른 사람들이 새로운 게임의 규칙을 논의하는 걸 한가하게 앉아 보고만 있지 않았다. 그 대신, 문제가 될 것 같으면 보다 적극적으로 나서서 해결책을 찾는다. 그리고 이러한 지적인 선제공격을 통해 다른 국가들을 설득하고, 비전을 제시하고, 주어진 게임 안에 계속 머물도록 유도하고 있다.

한국의 외환보유고를 통해 이 역설적인 상황을 설명해 보자. 1997년 외환위기 당시 한국은 수출입의 석 달 분에 해당하는 달러를 외환보유고로 비축해 두었으며 그 규모는 약 300억 달러였다. 하지만 외환위기 이후 그 규모를 꾸준히 늘려 왔으며, 2008년 기준으로 약 2400억 달러 수준에 달한다. 만약 한국 정부가 환율의 움직임을 100퍼센트 시장에 맡겨 둔다면 달러를 이렇게 많이 쌓아 둘 필요가 없다. 또 한국이 고정환율제를 취하거나 유럽처럼 단일 통화를 갖고 있을 경우에도 이렇게 많은 돈을 묶어 둘 이유가 없다. 2002년 이후 단일 통화 유로가 성공적으로 시장에서 유통되기 시작한 이후 시장에서 매각되어야 할 달러의 규모가 무려 1000억 달러에 달하는 것으로 알려졌다. 더욱이 미국의 국제수지 적자가 날로 악화되는 상황에서 천문학적인 달러를 보유함으로써 입게 되는 손실도 엄청난 규모에 달한다. 가령 2001년 이후 최근 2008년까지 유로화 및 주요 통화에 대한 달러화의 하락 비율은 거의 40퍼센트 수준에 달하며, 한국은 가만히 앉아서 돈을 까먹고 있는 셈이다.

그럼 이 달러를 쌓아 놓지 말고 투자를 하면 될 것이 아닌가라고 질문할 수 있다. 이론적으로는 얼마든지 투자를 할 수 있다. 하지만 1997년 아시아 위기 이후 국제통화 시장의 불안정은 더욱 커졌고, 이 때문에 각국은 과거 수출입의 석 달 치 분량만 저축하던 규모를 대폭 늘려 약 1년 분에 해당하는 달러를 축적하게 되었다. 물론 그에 따른 비용이

만만치 않다. 한국의 경우, 정부는 직접 달러를 벌어들이지 않는다. 대신 민간 기업이 수출해서 번 돈 또는 해외에서 국채를 발행하여 외환 보유고를 확보해야 하며, 이 경우 정부는 채권 발행에 따른 이자를 지불하게 된다. 통상 기업을 대상으로 할 경우 이 이자는 약 7퍼센트 정도다. 하지만 미국 재무부 채권의 금리는 3퍼센트 수준에 불과하며 그 차이는 고스란히 국민의 세금으로 부담하게 된다. 1997년 이후 국내 GNP 대비 재정 적자의 비율이 큰 폭으로 증가한 것은 이 비용과 많은 관련이 있다.

국민 경제를 안정적으로 운용하기 위해서는 환율이 안정적인 수준을 유지해야 하며, 우리만이 아니라 미국과 일본도 이런 이유에서 외환시장에 개입한다. 문제는 2400억 달러에 달하는 달러를 어떻게 보관할 것인가에 있다. 이 많은 돈을 물리적으로 보관할 데가 없는 한국 정부의 입장에서 보면 이 돈을 안전자산에 재투자해야 한다. 그러나 통화 시장의 불확실성이 커진 상태에서 이 돈은 미국 재무성 채권TB을 사거나 미국 유가증권 시장에 투자를 하거나 부동산 시장에 투자를 할 수밖에 없다. 재무성 채권은 현금처럼 바로 사용할 수 있다는 장점이 있고, 주식이나 부동산 투자는 이익을 많이 낼 수 있다는 장점이 있다. 하지만 재무성 채권에서 수익을 기대할 수는 없으며, 미국에 대한 투자도 미국 정부의 경제 정책, 국내 경기, 자산 거품 등에 따라 폭락할 위험이 없지 않다. 실제로 1980년대 미국에 투자했던 일본은 미국 내 부동산 거품이 터지면서 천문학적인 손실을 기록했으며, 일본의 잃어버린 10년은 당시에 발생한 부실채권과 무관하지 않았다.

이러한 게임의 규칙으로 인해 등장한 것이 소위 말하는 국부 펀드

현재의 국제 통화 체제인 달러 헤게모니를 이해하기 위해서는 달러화
와 국제정치의 관계를 보다 깊이 이해할 필요가 있다. 미국 달러화는
1971년 이후 지속적으로 그 가치가 하락해 왔다. 그런데 미국은 무엇
보다도 기축통화의 '세뇨리지 효과'가 주는 이익을 절대 포기할 수 없
으며, 글로벌 게임의 규칙은 모두 이러한 현실적인 이해관계에서 시
작된다. 미국은 1967년 일본과 서독으로 하여금 달러를 금으로 바꿀
수 있는 권리를 자발적으로 포기하도록 했다. 또 프랑스가 제안한 특
별인출권과 같은 대안 통화의 사용은 물론 지금까지 간헐적으로 제기
된 국제 통화 질서에 대한 개혁 움직임도 미국에 의해 번번이 좌절되
었다. 일본이 제안한 AMF의 결성을 미국이 좌절시킨 이유 역시 미국
의 달러 가치 수호라는 차원에서 해석될 수 있다.

이다. 쉽게 말해, 막대한 규모의 달러를 모아 두고 있지만 그중의 많은 부분은 비상시를 대비해서 현금성 자산인 재무성 채권으로 묶어 둬야 하는 상황에서, 달러화의 하락과 외평채나 통안채의 발행으로 인한 손실을 최대한 보전하고자 하는 고육지책이 바로 그것이다. 2005년 7월의 한국투자공사KIC는 이런 배경에서 탄생한 것이며, 비슷한 국부펀드가 2005년 이후 꾸준히 생겨나고 있다.

그렇다면 오늘날의 통화 체제가 있기까지 미국 정부는 어떻게 개입해 왔을까? 국제통화 체제의 역사적 진화를 보다 깊이 들여다보면 여기에 대한 실마리를 찾을 수 있다.

2 역사적 진화

브레튼우즈 체제

국제통화 체제라는 것은 국제사회의 중앙은행을 어떻게 만들까 하는 이야기와 동일하다. 개인이 금융 활동을 하려면 금융 게임의 기반이 먼저 구축되어 있어야 한다. 즉 은행이 있어야 하고 궁극적으로 원화라는 대한민국 통화가 먼저 만들어져 있어야 한다. 마찬가지로 국제금융 활동의 선제 조건도 국제통화가 먼저 만들어져 있어야 하는데, 금은 유통되기에 양이 너무 적기 때문에 달러를 중심으로 한 세계 중앙은행을 만들겠다는 것이 브레튼우즈의 정책이었다. 그렇다면 돈을 둘러싼 게임의 규칙은 누가 왜 만들었는가? 왜 이 게임에 참가하며, 누가 이익을 보고 누가 손해를 보는지를 살펴보자. 이 게임의 규칙을 알기 위해서는 역사를 한참 거슬러 올라가야 한다.

20세기 금융의 역사는 영국에서 시작한다. 2차 세계대전 전까지 영국은 가장 강력한 제국이었기 때문이다. 그리고 그 제국을 운영하기 위해 파운드화를 기반으로 하는 경제 정책, 즉 영국 정부가 발행하는 법정 통화인 파운드화를 영국 정부가 금과 교환해 주겠다고 하는 파운드스털링 체제를 운영하고 있었다. 문제는 1차 세계대전, 대공황, 2차 세계대전의 발발로 인해 국제사회가 영국의 지불 능력을 의심하기 시작했다는 것. 만약 영국이 전쟁에서 패전하고 독일처럼 3000퍼센트에 이르는 인플레이션을 겪게 된다면 파운드화는 휴지 조각만도 못한 가치로 전락하기 때문이다. 그래서 영국의 식민지는 물론 영국과 교역하는 국가들에서 파운드화 대신에 금을 요구한 것은 너무도 당연했다.

그 결과 1940년 미국이 세계대선 참전을 결정하고 연합군이 순식간에 전세를 역전시켰던 시절, 패전 위기에 몰린 영국은 미국을 설득해서 식민지 담보 군사 원조 조약Destroyers for Land을 맺게 된다. 영국은 또 그해 9월 미국 정부와의 협의를 통해 파운드화 대비 미국 달러화의 비중을 1파운드 대 4.03달러에 고정하기로 했다. 역사적으로 잘 알려진 무기대여법Land Lease Act은 그 직후인 1941년 미국 의회를 통과되게 된다. 이 조약을 통해 영국은 자국 식민지를 빌려줘서 특정 지역에 있는 군사 요지와 특정 자원을 주고, 대신 미국은 군사 물자를 빌려주는 대가가 오가게 되었다. 영국은 파운드화와 달러화에 대한 교환을 조건으로 하는 무기대여법과 대영차관과 같은 조약들을 체결하지 않을 수 없었다. 그 덕분에 영국의 파운드화는 폭락하지 않고 시장에서 서서히 퇴출될 수 있었으며, 대신 미국의 달러화가 국제 기축통화로 새롭게 등장하게 된다. 그 뒤로 지금까지 우리가 알고 있는 것처럼 영국은 항상 미국과 동행하고 있다. 같은 유럽에 있으면서 영국이 여전히 유로화를 도입하지 않고 있다는 것도 이러한 역사적 배경과 무관하지 않다.

드디어 2차 세계대전이 끝났다. 우리나라는 광복의 기쁨을 맞고 있었겠지만 그동안 미국 CIA는 독일이 가지고 있던 모든 금괴를 회수하게 된다. 금은 곧 돈이었으니까. 그 당시에는 모든 통화의 기준이 금이었다. 그런 금을 모두 미국으로 실어 왔으며 당시 미국은 전 세계 금의 70퍼센트 이상을 확보한 것으로 알려졌다. 그것이 결과적으로 미국의 힘이 된 것이다. 물론 영화 「다이하드 3」에 나오는 것처럼 미국 정부의 금이 켄터키 주 포트녹스 연방은행에 저장되어 있지는 않다. 포트녹스에 있는 군사기지 내에 보관되어 있다고 한다.

1944년 전쟁 직후 미국과 영국은 자유 진영에 속한 국가들의 대표를 미국 뉴햄프셔 주에 있는 브레튼우즈라는 작은 마을에 불러 모았다. 2차 세계대전 이후의 국제통화 질서를 논의하기 위한 이 모임에는 모두 44개국이 참석했으며, 이들의 역할은 미국 달러 중심의 국제통화체제에 합의하는 것이었다. 여기서 미국은 전 세계의 금을 가지고 영국의 파운드화처럼 금 대 미국 달러의 고정환율 제도를 만들게 된 것이다. 그것이 브레튼우즈 체제Bretton Woods System의 핵심이다. 왜 하필 달러였을까? 달러가 아니라 전 세계 사람들이 다 합의할 수 있는 국제 단일 통화를 만들자던 것이 당시 영국 재무부 대표였던 존 메이너드 케인스의 주장이었다. 그러나 미국의 입장에서는 그럴 이유가 없었다. 전 세계의 금을 2차 세계대전 이후에 모두 포트녹스에 모아 놓았고 달러를 가지고 세계 중앙은행을 움직이게 되면 세뇨리지 효과를 누릴 수 있기 때문이다.

1945년 UN이 출범했으며, 1947년에 관세 및 무역에 관한 일반 협정 GATT이 최종적으로 타결되었다. 다른 말로 하면 시장에서 돈이 어떻게 굴러갈 것인지를 먼저 만들어 놓고, 그 다음 시장이 굴러갈 수 있도록 강제하는 힘, 즉 안보 질서를 논의하고, 그 다음에 무엇을 어떻게 사고 팔 것인지에 대한 게임의 규칙을 만든 것이다. UN은 미국을 중심으로 한 영국, 프랑스, 러시아, 중국이 안전보장이사회를 구성하면서 거부권을 가지고 있지만, 브레튼우즈 체제에서는 미국 혼자만이 거부권을 가지고 있었다. 그것이 초기 국제사회에서 일어났던 게임의 규칙이었다.

이 체제를 운영하도록 미국이 만든 국제기구가 바로 IMF와 세계은행이다. 당시 금 1온스당 미국 달러는 35달러로 정해졌다. 나머지 나라들은 그 기준에 맞춰서 자국 화폐의 가치를 조정할 수밖에 없었다. 그 가치의 비율, 즉 1:10, 1:100, 1:1000이라는 기준은 미국 달러와의 교환 기준이라는 말이다. 그러나 당시 유일한 시장이었던 미국에 물건을 팔기 위해서는 생산 단가를 낮추어야 했고, 그 결과 대부분의 나라들이 자국 화폐와 달러의 교환 비율을 낮춰서 시작하게 되었다.

환율 게임은 영국, 프랑스, 독일, 일본의 화폐 교환 비율이 비정상적으로 낮은 상태에서 시작한다. 그러나 최종적인 시장인 미국을 공략하기 위해 나머지 국가들이 자발적으로 화폐의 교환 비율을 낮추었던 데에 '트리핀의 딜레마'가 발생한다. 미국이 다른 나라들의 물건을 사면 그 나라의 경제는 점점 살아나게 되고, 또 금보다 달러가 유동성이 좋은 상황에서 달러는 국제사회로 자연스럽게 확산된다. 그렇지만 미국이 달러를 계속해서 찍어 내게 된다면, 금 1온스당 35달러였던 달러의 가치는 유지될 수 없다. 즉 달러 대신 금을 요구하게 되는 현상이 자연스럽게 발생할 수밖에 없다. 예일대 경제학과 교수였던 로버트 트리핀이 의회 연설에서 증언한 내용이다. 트리핀 교수는 1971년 닉슨 대통령의 금태환 정지와 그에 따른 금융 혼란에 항의, 1977년 미국의 시민권을 버리고 다시 고향 벨기에로 돌아가 버렸다. 달러의 역설을 막기 위해 고군분투했던 트리핀의 노력은 유로화 출범의 아버지로 알려진 로버트 먼델 1999년 노벨 경제학상 수상자에게 많은 영향을 미쳤다. 트리핀 그 자신도 그 이후 한평생 단일 통화 유로에 앞장서게 된다. 역사란 그래서 재미있다.

달러의 딜레마

본격적인 게임은 마샬플랜에서 시작되었다. 1948년 미국 국무부장관 앨프레드 마샬은 구소련의 동진을 막기 위해 유럽 경제를 시급히 재건하고자 했다. 이에 따라 IBRD는 전후 복구에 치중했던 기존의 정책을 수정, 유럽 부흥 계획을 위한 장기 개발 융자를 확대하게 된다. 프레드 벅스텐 IIE 소장이 설명한 것처럼 1948년부터 약 10년간 유럽은 착실하게 회복되었으며, 브레튼우즈 체제도 성공적으로 정착되고 있었다. 1온스당 35달러의 미국 달러 가치도 유지되었고, 미국 시장은 유럽과 일본의 수입품을 받아 주기에 충분한 상태였다. 마샬플랜이 성공함으로써 프랑스, 독일, 이탈리아 등이 경제적으로 부흥하게 되었고,

그중에서도 독일과 일본의 경제가 가장 빠른 속도로 회복되었다. 이들 국가의 통화는 이제 국제시장에서 유통될 정도의 신뢰를 얻기 시작했고, 이들 국가가 보유하는 달러는 점점 더 많아졌다. 프랑스를 중심으로 스페인과 같은 나라들이 미국 달러보다 금을 더 선호하게 되는 것은 당연했다. 문제는 이러한 금 선호 현상이 유럽 전반으로 퍼지게 되자 미국이 딜레마에 빠지게 되었다는 데 있다. 과거 영국이 그랬던 것처럼 미국도 처음에는 이자율을 높이고, 자국 은행의 해외 투자를 억제시키고, 수입할당제를 실시하는 등의 조치를 취하게 된다.

또 1958년 이후부터 미국이 국제 시장 전체를 장악하는 것에 대한 유럽의 불만이 표출되기 시작했다. 게임의 불공평함, 다시 말해 한쪽에서는 돈을 찍어 내지만 다른 한쪽에서는 그 돈으로 교환하기 위해 모든 것을 팔아야 하는 불공평함을 제기하기 시작한 것이다. 민족주의자였던 프랑스 드 골 대통령은 그중에서도 이 문제를 가장 심각하게 받아들인 정치인이었으며, 미국 사람들이 달러를 가져와서 자국의 문화 산업 등을 헐값에 사들이는 것에 대해 못마땅해했다. 더욱이 1968년 발발한 베트남 전쟁은 1온스당 35달러라는 교환 비율이 더 이상 유지될 수 없을 것이라는 우려를 부추기기에 충분했다. 미국은 뭔가 다른 전략을 취하지 않으면 안 되는 상황에 처했다.

그러자 미국은 국무부 주관으로 지금과 다른 새로운 통화 체제에 대해 연구하기 시작했다. 1968년 그 연구 결과가 발표되었으며, 1975년 프레드 벅스텐의 『달러의 딜레마The Dilemma of Dollar』가 그 결과를 정리한 책이다. 이 책의 요지는 브레튼우즈 체제에서처럼 금을 바꿔 주지 않고도 미국 달러가 세계 기축통화로 기능할 수 있다는 것과 그렇게 하기 위해서는 다음의 세 조건이 충족되어야 한다는 것이었다. 첫째, 달러를 대신할 수 있는 통화가 없어야 하며, 그러기 위해서는 금이 국제통화로 더 이상 기능하지 못하도록 해야 한다. 실제 미국은 금을 통해 원자재나 다른 것들을 살 수 없도록 조치했다. 국제 유가를 포함한 국제 원자재 가격은 곧바로 폭등했으며, 이는 미국 달러의 평가절하로 인해 더욱 가속화되었다. 1974년 미국은 OPEC의 주도국이었던 사우디아라비아와 비밀 협정을 체결했는데, 그때부터 국제 원유는 미국 달러로만 거래되기 시작했다. 미국은 그 반대 급부로 사우디아라비아에 대한 군사 지원을 허락했고, 미국의 재무부 채권도 살 수 있도록 허용하게 된다.

달러가 기축통화로 남을 수 있는 두 번째 조건은 미국이 정치적으로 안정될 것과 금융 시스템의 국제 경쟁력을 확보하는 데 있었다. 그리고 어쩌면 가장 중요한 세 번째 요소는 국제사회가 미국 달러의 안정성에 대해 신뢰할 수 있도록 해야 한다는 점이었다. 만약 전쟁이 일어나 미국이 지고 승전국이 미국의 돈을 인정하지 않는다면 미국 달러는 휴지가 되고 만다. 아니면 미국이 어느 날 빵 하나의 가격을 10달러에서 1달러의 가치로 내릴 수도 있다. 즉 미국 외 다른 나라가 가지고 있던 달러의 가치를 10분의 1, 100분의 1 수준으로 내려 버리는 것이다. 적어도 미국의 달러에는 이런 일이 일어나지 않으리라는 믿음을 전 세계가 갖고 있어야 한다. 또는 미국이 스스로 달러의 가치를 극단적으로 낮출 수도 있다. 가령 엔화에 대한 교환 비율을 일방적으로 1달러 대 300엔에서 200엔으로 조정해 버리는 것이다. 이렇게 되면 일본이 미국을 상대로 더 이상 무역 흑자를 내기는 어려워진다. 하지만 여전히 일본은 석유를 살 때와 해외 차관을 빌려주거나 빌릴 때도 달러가 필요한 상황이다.

일본만이 아니라 국제사회 전체가 이런 역설에 빠져 있으며, 오늘날 미국이 전 세계의 상품을 소비하고, 국제사회가 흑자로 번 돈을 다시 미국에 투자하는 모순은 이런 구조적인 문제에서 비롯된 것이다.

달러의 볼모가 된 국제사회

마침내, 1971년 8월 닉슨 대통령은 달러를 금으로 바꿔 주지 않겠다는 폭탄선언을 한다. 이때 국제 기준 통화로서의 금의 기능은 급격히 소멸한다. 즉 모든 통화 기준은 달러와 금의 교환 비율을 기준으로 하고 있었는데 금태환을 금지할 경우 금의 통화 기준은 완전히 사라져 버리게 된 것이다. 한마디로 국제통화로서의 금의 가치는 사라진 셈이다. 브레튼우즈 체제도 막을 내렸다. 금의 고정환율제가 흔들리기 전에도 미국은 많은 특혜를 누려 왔지만, 금에 의해 미국의 달러가 고정되어 있었을 때는 재정 적자나 무역 적자의 확대를 조심해야 했다. 그러나 금에 의한 규제가 사라지면서부터는 미국 정부의 마음대로 달러를 무한정 찍어 낼 수 있었으며, 금의 유출을 걱정하지 않아도 되었다.

기존 국제정치경제학에서는 이러한 결정을 두고 미국 주도의 브레튼우즈 체제가 실패했고 이를 계기로 미국의 금융 패권은 막을 내렸다고 말한다. 그러나 수전 스트레인지 교수는 미국 정부가 국제사회의 압력에 굴복한 결과 브레튼우즈 체제를 포기한 것이 아니라, 오히려 그 반대로 미국의 국가 이익에 따른 전략적 선택에 따라 국제사회가 미국 달러의 볼모가 된 것이라고 주장했다. 미국 달러가 더 이상 금에 대한 교환가치를 유지할 필요가 없기 때문에 미국은 무역 적자의 확대로 인한 대외 부채 증가에 대한 부담을 벗고 무역 흑자국으로 전환할 수 있었으며, 이를 통해 다른 많은 제3세계 채무국들이 미국과 IMF에 의해 강제받는 고통스러운 구조조정으로부터 자유로울 수 있었다는 말이다.

미국이 건전한 경제 정책을 취한다는 조건으로 국제사회가 이를 용납하기로 한 것이 1973년의 자유변동환율제의 도입이다. 미국이 의도적으로 무역 적자 및 재정 적자를 확대하지 않는 대신, 유럽, 일본과 같은 선진국은 물론 제3세계 국가들도 점차적인 개방을 하기로 한 것이다. 그 이후 수많은 라운드들이 생겨났다. 1977년 설립된 GATT 출범 이후 미국이 선택한 의제 아래 20회 이상의 각종 협상 라운드들이 체결되어 갔다. 여기서 나온 것이 슈퍼 301조, 즉 불공정 거래에 관한 법률 조항인데 미국이 당근과 채찍을 지속적으로 사용했음을 잘 보여 준다.

하지만 당시의 합의를 강제할 수 있는 장치는 없었으며, 1980년대 상황은 각국이 독자적인 방법으로 생존 전략을 취했음을 보여 준다. 물론 이 과정에서 미국이 구조적 권력을 행사한 것은 물론이다. 레이건 정부가 들어서면서 미국은 전략방위구상Strategic Defense Initiative을 추진했으며, 이는 GDP의 6퍼센트 수준에 이르는 재정 적자로 이어졌다. 그리고 이 기간 동안 무역 적자도 더 이상 줄어들지 않았다. 미국은 다시 고민할 수밖에 없었다.

1971년 8월 미국의 닉슨 대통령은 달러를 금으로 바꿔 주지 않겠다는 폭탄선언을 한다. 이때 국제 기준 통화로서의 금의 기능은 급격히 소멸한다. 즉 모든 통화 기준은 달러와 금의 교환 비율을 기준으로 하고 있었는데 금태환을 금지하면, 한마디로 국제통화로서의 금의 가치는 사라지게 된다. 금의 고정 환율제가 흔들리기 전에도 미국은 많은 특혜를 누려 왔지만, 금에 의해 미국의 달러가 고정되어 있었을 때는 재정 적자나 무역 적자의 확대를 조심해야 했다. 그러나 금에 의한 규제가 사라지자 미국 정부는 달러를 무한정 찍어 낼 수 있게 되었으며, 금의 유출을 걱정할 필요도 없게 되었다.

그래서 미국이 선택한 카드가 달러 약세(보다 구체적으로는 엔화 강세) 정책이었다. 하지만 달러 약세를 통해 미국의 경쟁력을 회복할 수 있는 방법은 없었다. 예컨대 1985년 플라자 합의 당시 일본 엔화는 약 260엔 대였으며, 불과 2년 뒤에는 120엔 대로 무려 200퍼센트나 수직 상승했다. 그럼에도 불구하고 일본의 무역 흑자는 1985년 560억 달러에서 1986년 928억 달러로, 그리고 1987년에는 964억 달러로 오히려 큰 폭으로 증가했다. 그 이유는 미국의 1인당 노동 생산비가 다른 나라보다 월등히 높다는 데 있었다. 가령 미국의 시간당 임금은 7달러 정도된다. 한국의 시간당 임금은 약 4000원으로 요즘 환율 1400원으로 계산하면 2달러 70센트 정도밖에 안 된다. 다시 말해서, 한국에서 A라는 물건을 만드는 데 드는 단가는 미국에 비해 3분의 1에 불과하다는 말이다. 한국과 중국을 비교하면 열 배니까 미국과 중국을 비교하면 서른 배의 차이가 나는 결과가 된다. 이 차이를 줄이기 위해서는 미국의 평균 임금이 시간당 3달러 대로 내려가야 한다는 답이 나온다. 그 외 국가들은 더 올라가야 한다. 물론 이러한 변화를 미국 국민들이 받아들일 리가 없다. 단순히 환율로 미국의 적자를 회복하는 것은 그래서 불가능했다.

그런 의미에서 미국이 자국의 무역 적자를 축소하기 위해 일부러 원화 가치를 높이고 달러 가치를 낮춘다는 주장은 설득력이 떨어진다. 미국의 달러가 몇 퍼센트 평가절하된다고 해서 한국에 수출 경쟁력은 생기지 않는다. 하물며 한국에서도 안 되는데 중국에 대한 경쟁력은 말할 것도 없다. 달러의 가치가 70퍼센트 정도 수준까지 내려가면 중국을 비롯한 다른 나라들의 수출 경쟁력이 생긴다고 하는데 미국이 달러의 가치를 70퍼센트까지 내릴 수 있을까? 말도 안 되는 소리다. 그렇게 될 경우 하루 40억 달러 이상의 자금을 국제사회로부터 빌려서 사용하고 있는 미국이 지불해야 할 이자 수준은 감당할 수 있는 범위를 넘어선다.

따라서 미국의 달러 가치가 내려가는 것은 미국 정부가 원해서 내려가는 것이 아니다. 미국은 1985년부터 순채권국에서 순채무국으로 돌아섰으며, 1990년대와 2000년대를 넘어서면서 부채 증가의 속도에 가속이 붙은 상황이다. 1920년대까지만 하더라도 미국이 세계 최대의 채권국이었다는 점을 기억한다면 미국의 지위가 엄청나게 추락한 것을 알 수 있다. 그러나 다른 나라였으면 벌써 국가 부도가 났을 상황인데도 미국이 파산할 것이라는 얘기는 들리지 않는다. 작년 2008년 글로벌 금융 위기가 터졌을 때 달러화에 대한 수요는 오히려 증가했다. 국제사회가 여전히 미국 달러를 가장 안전한 자산으로 믿고 있다는 뜻이다. 하지만 유로라는 경쟁 통화가 이미 등장했고, 미국의 대외 채무가 통제 불능으로 치닫는 상황에서 이 상태가 얼마나 더 이어질 수 있을지는 미지수다.

공식적으로 브레튼우즈 체제는 1971년 미국 정부의 갑작스러운 조치로 막을 내린다. 그러나 그 후폭풍은 엄청났다. 먼저 그간 1온스당 35달러에 머물러 있던 금값이 폭등했다. 석유를 포함한 다른 원재료 값도 폭등했다. 중동 산유국은 달러로 넘쳐났고 다른 국가들은 대부분 무역 적자에 허덕이게 된다. 상황이 다급해지자 프랑스, 영국, 독일, 일본 등이 부랴부랴 미국 워싱턴으로 달려갔다. 그리고 미국 재무부와 IMF, IBRD가 있는 워싱턴에서 스미소니언 협정이 체결된다. 그해가

1973년이었고 그 이후 지금까지 국제통화 체제는 있는 것도 아니고 없는 것도 아닌 상태로 이어지고 있다.

당시 협정의 요지는 고정환율제를 포기하고 미국을 제외한 다른 국가들의 통화가치를 시장이 자유롭게 결정할 수 있도록 하자는 것이었다. 하지만 시장의 자율에 맡긴다는 말은 곧 미국의 반강제에 의해 전 세계 통화가 미국 달러에 대해 평가절상된다는 의미였다.

그러나 미국의 입장에서도 할 말은 있었다. 전후 체결된 교환가치는 프랑스, 독일, 일본 등의 경제 회복을 위해 지나치게 낮은 수준이었고, 이제 이들의 경제가 회복되었으니 당연히 미국도 수출을 할 수 있는 수준으로 정상화되어야 한다는 논리였다. 그러나 달러의 수난은 끝나기는커녕 더 심각해져 갔다. 가장 큰 문제는 달러가 이미 국제시장에 너무 많이 풀려 있었다는 것. 국제사회는 미국 달러의 통화가치가 앞으로 얼마나 더 낮아질 것인가에 대해 우려하기 시작했다. 그 결과 1970년대 중반 이후 달러화에 대한 투매가 일어나게 된다. 더욱이 미국의 의도와 달리 유럽과 일본은 시장 개입을 통해 자국 통화의 급격한 상승을 억제했으며, 미국의 무역 적자도 쉽게 개선되지 않았다.

미국의 연방준비은행FRB의 가장 중요한 역할은 달러의 가치를 유지하는 데 있다. 당시 FRB 의장이었던 폴 보커는 금리를 20퍼센트까지 올리게 했다. 이것의 파장은 무시무시했다. 당시 오일 달러는 미국의 묵인 아래 개설된 런던 금융시장을 통해 라틴아메리카로 흘러가고 있었다. 이들 제3세계는 무역 적자를 메우고 경제 부흥을 위해 필요한 달러를 런던을 통해 빌리고 있었다. 하지만 신용이 좋지 못했던 이들에게 장기적으로 돈을 빌려줄 은행들은 없었으며, 그나마 금리도 낮지 않았다. 따라서 FRB의 금리 인상은 곧바로 런던에서 영업하던 미국 은행들의 금리 인상으로 이어졌으며, 남미는 상환 압박과 함께 최고 69퍼센트까지 올라간 이자를 물어야 했다.

캐나다 맥길 대학교 카리 폴라니 레빗「거대한 변환」을 쓴 카를 폴라니의 딸 교수에 따르면 당시 남미 국가들의 수출액 대비 이자 비용이 브라질과 멕시코는 37퍼센트, 아르헨티나는 42퍼센트, 그리고 베네수엘라는 25퍼센트에 달했다. 더욱이 원자재 가격의 폭등과 선진국의 보호주의 장벽으로 인해 커피, 설탕, 콩 등의 수출도 급격히 줄어들었다. 그 결과 1982년 멕시코가 국가 부도를 선언했을 때 전체 수출에서 이자와 원금의 비중은 120퍼센트에 달했다. 다른 남미 국가들도 비슷한 운명에 처했다. 버티다 못한 남미 국가들이 차례로 국가 파산을 선언했다. 남미의 잃어버린 30년은 이렇게 시작했다.

1990년대 미국의 전략

1980년대가 지나가고 1990년이 되면서 미국의 무역 정책은 국제사회에 개방을 요구하는 방향으로 전환한다. 환율은 올리거나 내려도 손해이기 때문에 그때부터 미국은 '선의의 무시benign neglect' 정책을 고수하기 시작했다. 시장이 비정상적으로 움직일 때는 정부가 개입하지만 웬만하면 시장의 자율에 맡기는 방향으로 전환했다고 볼 수 있다. 이당시의 통화 체제를 어떤 이는 브레튼우즈 체제의 붕괴라고 부르기도 하고 어떤 이는 느슨한 형태의 체제 연장이라고도 하며, 아예 시스템이 없는 상태라고 보는 사람도 생겨난 이유는 이 때문이다. 어쨌든 이 시점에서 미국이 가장 중점을 두고 있는 것은 국제사회의 보호주의를 줄이고, 전 세계의 무역 장벽을 낮추며, 또 미국이 경쟁력을 갖고 있는 분야인 지적재산권이나 서비스업, 금융 시장에 대한 전 세계적인 자유화를 지속적으로 요구하는 방향이었다.

1990년대 유럽에 대한 경제 자유화를 강하게 요구한 결과 미국의 자본이 동유럽 국가 노르웨이, 핀란드, 스웨덴로 이동하게 된다. 결국 유럽이 금융 허브가 될 수 있었다. 그러나 다시 달러의 유입은 이들 국가 통화의 자연스러운 상승을 초래했으며 이는 곧바로 무역 적자의 확대로 이어졌다. 그러자 환율이 하락할 것을 예상한 국제 핫머니들은 대규모 환투기를 시도했으며, 환율의 추가 하락과 금융 위기를 우려한 국제 투자의 대량 자본 유출이 뒤따랐다. 1992년 북유럽의 통화 위기는 이렇게 찾아왔다.

1990년 유럽통화동맹EMU 추진에 어렵게 동의했던 영국과 이탈리아는 당시 환투기의 공격으로 1992년 EMU 참여를 포기했고, 조지 소로스는 당시 파운드화에 대한 공격으로 10억 달러라는 거금을 벌었다. 곧 이어 1994년 멕시코에도 금융 위기가 찾아왔다. 유럽도 좋지 못한 상황에서 멕시코가 순진하게 OECD 가입을 밀어붙인 결과였다. OECD의 가입 조건 중 하나는 금융시장의 자율화였으며, 이는 곧 자본의 유입과 유출을 자유롭게 한다는 말이다. 경제적, 정치적으로 안정적인 국가에서는 외국 자본의 자유로운 유입이 별 영향을 미치지 않는다. 하지만 노르웨이나 핀란드처럼 경제 규모가 작은 나라의 경우, 외국 자본의 급속한 이탈은 금융시장의 붕괴로 이어질 수밖에 없었다.

여기서 환투기 세력에 대해 이해할 필요가 있다. 왜냐하면 우리가 지금 알고 있는 것과 마찬가지로 금융 위기란 달러가 들어간 곳에서 발생했으며, 자금의 유출이 자유로운 OECD 국가에서는 거의 예외 없이 찾아왔다. 그 배후에 국제 환투기 세력이 있었다. 보통 무역 적자의 동향을 통해 환율의 적절성을 평가하게 된다. 특정 국가의 무역 적자가 3년 전에는 10억, 2년 전에는 30억, 올해 무역 적자가 50억이니까 내년에 어떻게 되는 것과는 상관없이 지금 현재의 교환 환율이 고평가되어 있다고 예상하는 것은 자연스러운 일이다. 그래서 대규모 자본이 빠질 것이라고 예상하게 된다면 환투기가 진행된다. 그런데 이런 환투기의 시작은 특정 나라에 대한 기업 부채, 단기 채권 수준 등과 같은 나쁜 정보들을 흘려서 환율을 낮추도록 하는 적극적인 전략으로 시작되는 경우가 대부분이다.

이러한 현상에 대해 말레이시아의 마하티르 전 수상은 한 나라의 경제 주권인 통화를 가지고 투기를 하는 것은 용납되어서는 안 되는 일이라고 비판했다. 그러나 금융 산업의 활성화를 통해 무역 적자를 줄이고, 미국 월 스트리트의 이익을 대변해야 하는 미국 정부에서 자본 자유화는 양보할 수 없는 대외 정책일 수밖에 없었다. 1997년 타이의 바트화가 폭락했던 배경에 조지 소로스와 같은 투기 자본이 있었다는 소문은 그런 이유에서 나온 것이다. 1994년에는 불행히도 멕시코가 그 희생양이 되고 말았다. 외환위기 이후 지속되어 온 재정 및 무역 적자, 자본 자유화, 12월의 대통령 선거, 치아파스 무장 폭동까지 온갖 악조건은 모두 갖춘 상태에서 페소화는 대폭락하게 된다.

남미 사람들이 좋아하는 술이 있다. 이름이 데킬라다. 보통 레몬 한 조각을 손등 위에 놓고 소금을 뿌린 다음 마시는 양주로 알려져 있다. 마치 데킬라를 마시고 취하는 것처럼 남미 전체가 멕시코발 외환위기에 휘청거렸다. 그래서 붙여진 이름이 데킬라 효과다. 북미자유무역협정NAFTA을 통해 멕시코에 많은 투자를 하고 있었던 미국이 타격을 받게 된 것도 당연했다. 1980년대 레이건 정부가 남긴 천문학적 쌍둥이 적자로 하락세를 면치 못하던 달러화가 또다시 폭락하기 시작했다. 미국의 은행과 거대 기업들은 정부와 의회에 압력을 넣었으며, IMF는 서둘러 멕시코에 대한 구제금융을 실시하게 된다.

그 이후부터는 우리가 친숙한 사건들이 이어졌다. 1997년 9월 타이에 이어 인도네시아, 말레이시아, 한국이 차례로 넘어졌다. 러시아도 넘어졌고, 브라질도 한 번 더 넘어갔고, 2001년에는 터키가 무너졌다. 그리고 2002년에는 IMF의 우등생으로 알려졌던 아르헨티나가 다시 혼란에 휩싸였다. 자본 자유화, 환투기 세력, 국제통화 체제의 구조적 모순과 약소국의 좌충우돌이 빚어낸 슬픈 자화상이다.

3 달러 전쟁

2009년 새해부터 국제사회를 들끓게 했던 사건은 이번에도 어김없이 중동에서 시작되었다. 중동 지역의 유일한 핵무기 보유국이면서 가장 군사력이 강한 이스라엘이, 2차 세계대전 때나 쓰던 로켓으로 이스라엘을 공격하는 팔레스타인 하마스를 선제 공격했다. 너무도 일방적인 전쟁이라서 이것을 전쟁이라고 부르는 것 자체가 모순인 상황이고, 무수한 민간인의 피해가 발생했다는 점에서 전 세계 언론이 주목했다. 하지만 의외로 언론을 통해 본 국제사회의 반응은 냉랭했다. 미국 정부는 발 빠르게 이스라엘의 자위권을 말했고, 아랍 국가들도 침묵했고, UN도 한참 뒤에야 휴전을 촉구하고 나섰다. 너무나 자연스러운 풍경이다. 하지만 몇 가지만 질문해 보자.

만약 이란이 아랍에서 이런 일을 벌였다면 어떤 일이 뒤따랐을까?

과연 그때도 전 세계 언론이나 미국, 유럽 등이 이런 반응을 보였을까? 이스라엘 국민 1인당 미국 정부(이스라엘 정부가 아니다.)로부터 지원받는 돈이 미국 국민 1인당보다 더 많은 1만 달러를 넘어선다는 사실은 또 어떻게 받아들여야 할까? 그렇다면 왜 중동에서 전쟁은 그치지 않는 것일까? 그리고 왜 부시 대통령은 2001년 의회 연두교서를 통해 하필이면 이라크, 이란과 북한을 '악의 축'으로 규정했을까? 마지막으로 같은 중동에 위치한 이스라엘의 핵무장에 대해서는 침묵하면서 왜 하필 이란의 핵 프로그램에 대해서는 그토록 알레르기 반응을 보일까? 민주주의 이란에 대해서는 그토록 비판적이면서 여전히 왕이 다스리는 사우디아라비아, 아랍에미레이트, 요르단과 같은 나라에 대해서는 왜 민주주의를 말하지 않을까? 토머스 프리드먼이 말하는 것처럼 평평한 지구촌이라면 이런 문제는 애초에 제기될 수도 없고 여기에 대한 답도 찾을 수 없다. 하지만 국제사회의 숨은 규칙을 조금만 깊이 들여다보면 이에 대한 해답은 생각보다 간단하게 찾을 수 있다.

사담 후세인 전 이라크 대통령은 2000년 11월 6일 "앞으로 이라크 원유 결제 통화를 달러화에서 유로화로 전환하겠다."라고 전격 선언했다. 베네수엘라의 차베스 대통령도 유로화가 등장한 직후인 2000년 석유 대금에 대한 결제를 유로화로 하겠다고 말했다. 이란은 한술 더 떠서 2006년 이란의 수도 테헤란에 석유 거래소를 만들고, 이란 정부가 발행하는 일종의 물물교환 쿠폰인 바우처 제도를 도입하겠다고 발표했다. (석유는 뉴욕, 런던, 두바이에서만 거래되었고 결제 대금은 미국 달러였다. 그러나 2008년 2월 이란이 페르시아 만의 자유무역지대인 키시 섬에 석유화학제품 거래소를 개장하고 결제 대금을 유로, 루블, 엔, 그리고 이란의 리알 등으로 받고 있다.)

공교롭게도 이 글을 쓰고 있는 2009년 현재 이라크의 사담 후세인은 공개 처형되었고, 이라크의 수도 바그다드에는 전 세계에서 가장 큰 규모의 미국 대사관이 들어섰다. 그리고 초대 미국 대사로는 니카라과 콘트라 반군을 지원하기 위해 이란에 무기를 밀매했다가 문책당했던 존 니그로폰테가 임명되었다. 또 2001년 베네수엘라의 차베스 대통령은 군부 쿠데타를 당해 한때 유배되기도 했으며 당시 미국 정부는 가장 먼저 쿠데타 세력을 지지하는 성명을 발표했다. 마지막으로, 국제원자력개발기구IAEA가 최근 가장 집요하게 물고 늘어지는 국가는 이란이며, 2005년 미국 의회는 이란자유지원법안을 통과시켰다. 이 밖에도 미국 정부는 2007년 이란의 정규 군대인 이란혁명군을 테러리스트로 지목했으며, 부통령이었던 딕 체니는 폭스 채널을 통해 수시로 이스라엘이 이란의 핵 발전소를 공습할 수도 있다고 경고하곤 했다.

그렇다면 미국은 왜 이들 국가들에 대한 적대적 정책을 지속하고 있는 것일까? 흔히 알려진 대로 과연 석유 때문일까? 아니면 그 이상의 무언가가 있을까? 미국이 중동 지역에 몇몇 결정적인 동맹국을 만들어 놓은 이유가 석유 때문이라는 것은 다 안다. 가령 1970년대 미국의 대외 정책을 주도했던 헨리 키신저는 "식량을 통제하면 국민을 통제할 수 있는 것처럼 석유를 통제하면 전 대륙을 통제할 수 있다."라고 말했다. 1998년 2월 클린턴 대통령에게 보고된 「새로운 미국의 세기 프로젝트」에서도 석유 자원 통제를 위한 이라크에 대한 아홉 가지 전술이 소개되어 있다. 당연히 이 전술에는 이라크에 대한 공격도 포함되어 있다. 뿐만 아니라 부시 행정부에서 국무장관을 지낸 콘돌리자 라이스는 1990년대 초반부터 세계 7대 석유 메이저의 하나인 셰브런 사의 책임자였고, 부통령을 지낸 딕 체니는 입각하기 전까지 핼리버턴이라는 세계 최대 석유 회사의 CEO였다.

가장 중요한 원자재인 석유를 확보하지 못할 경우 모든 경제 활동이 전면 중단되는 것은 불을 보듯 뻔하다. 이스라엘에 대한 막대한 군사 원조가 이스라엘의 로비 때문이 아니라 미국의 석유 이권을 보호하기 위한 것이라는 것도 잘 알려진 사실이다. 사우디아라비아, 요르단, 예멘 등 대부분의 나라들이 미국의 직접 혹은 간접적인 보호를 받는 이유도 석유와 무관하지 않다. 그래서 미국은 지난 1990년 쿠웨이트의 유전이 이라크의 개입으로 위험에 처했을 때 어제까지 미국의 가장 가까운 동맹국의 하나였던 이라크를 매정하게 공격한 것이다.

과거 이란, 이라크와 미국에 얽힌 복잡한 사연을 한번 훑어 보자. 1952년 민주적 선거를 통해 정권을 잡은 이란의 모하메드 모사데그 정부는 1953년 미국 CIA의 비밀 쿠데타를 통해 전복되고, 그 자리에 팔레비 왕조가 들어선다. 정통성을 얻지 못한 정부가 일반적으로 그러하듯 이란은 그 이후 약 20년 이상 지구상에서 가장 혹독한 경찰국가가 된다. 하지만 아랍권에 망명해 있던 호메이니가 1979년 이란혁명에 성공하자 미국은 막대한 손해를 보면서 이란에서 철수한다. 그 이후 팔레비 국왕은 미국으로 망명했으며, 이란 대학생들은 팔레비와 그가 숨긴 비자금의 반환을 요구하면서 미국의 대사관 직원들을 인질로 잡는다. 인질 사태는 무려 444일간 계속되었으며, 이 사건을 계기로 지미 카터 행정부는 레이건 정부에 정권을 넘겨 주게 된다. 한편 이란의 정치적 소용돌이를 노린 이라크는 이듬해 1980년 가을 이란을 공격하였으

2004년 미국이 이라크를 침공했을 때 미국 시민은 이라크 전쟁을 석유
전쟁이라며 반전 시위를 벌였다. 그러나 미국 정부의 보다 더 근본적인
의중은 석유 주도권보다도 기축통화로서의 달러 수호에 있었다.

사담 후세인 전 이라크 대통령은 2000년 11월 6일 "앞으로 이라크
원유 결제 통화를 달러화에서 유로화로 전환하겠다."라고 선언했다.
베네수엘라의 차베스 대통령도 유로화가 등장한 직후인 2000년 석
유 대금을 유로화로 받겠다고 말했다. 이란은 한술 더 떠서 2006년
이란의 수도 테헤란에 석유 거래소를 만들고는 일종의 물물교환인 바
우처 제도를 도입하겠다고 발표했다.

공교롭게도 이 글을 쓰고 있는 현재 사담 후세인은 공개 처형되었고,
이라크의 수도 바그다드에는 전 세계에서 가장 큰 규모의 미국 대사
관이 들어섰다. 또 2001년 차베스 대통령은 군부 쿠데타를 당해 한
때 유배되기도 했는데 당시 미국 정부는 가장 먼저 쿠데타 세력을 지
지하는 성명을 발표했다. 마지막으로 IAEA가 최근 가장 집요하게 물
고 늘어지는 국가는 이란이며, 미국은 2007년 이란의 정규 군대인 이
란혁명군을 테러리스트로 지목했다.

며, 1983년 이란의 대반격으로 큰 위기에 처하게 된다. 레이건 행정부는 도널드 럼스펠드 전 국방장관을 대통령 특사로 파견, 이라크를 군사적, 경제적으로 지원한다. 1차 걸프전이 일어나기 전까지만 해도 사담 후세인 박물관에 당시 럼스펠드와 찍은 사진 및 레이건 대통령으로부터 받은 선물들이 전시되었다고 한다. 하지만 2003년 이라크 전쟁 직후 후세인은 미군에 의해 공개 처형된다. 역사의 아이러니다.

이런 얘기를 한 이유는 미국의 중동 정책의 목표가 석유 자원의 안정적 확보에 있다는 것을 설명하기 위한 것이다. 하지만 이는 표면적인 것으로 그 이면에는 국제 기준통화로서의 달러화에 대한 위협을 사전에 억제하고자 하는 보다 근본적인 목적이 있었다.

토머스 프리드먼은 아마 전 세계가 미국 달러를 자국 통화처럼 쓰고, 전 세계의 주요 원자재가 달러로 거래되는 것은 시장의 자발적 선택에 의한 것이라고 말할지도 모르겠다. 그렇지만 시장에서 유통되는 화폐의 종류를 누군가는 결정해야 하듯이, 달러가 오늘날의 지위를 누리고 있는 것은 미국의 의지와 무관하지 않다. 당연히 그 이전에는 영국의 파운드화가 이런 지위를 누렸고, 또 그 이전에는 오스만투르크 제국의 화폐가 이런 역할을 했다.

나중에 국제통화 체제의 역사 부분에서 보다 자세히 말하겠지만, 오늘날 국제사회가 원유를 구입하기 위해서는 반드시 달러로 결재해야 하는 것도 1974년에 정치적으로 결정된 사안이다. 당시 미국의 헨리 키신저와 사우디아라비아는 중동 위기를 해결하기 위해 일종의 정치적 협상을 했으며, 그 핵심 내용은 석유산유국OPEC이 석유 결재 대금으로 달러만 받기로 한 것이다. 당연히 사우디아라비아는 미국의 군사

원조와 미국 재무부 채권의 매입과 같은 반대급부를 챙겼다. 그 후, 국제사회에서 달러의 수요는 급속히 증가한다. 국제예탁자산의 현황을 살펴보면 실제 1970년대 초반까지만 해도 금의 비중은 60퍼센트 이상이었지만, 1970년대 중반 이후에는 달러의 비중이 70퍼센트를 차지하고 금은 거의 10퍼센트 대 미만으로 하락한다. 이것이 무엇을 의미하는지 좀 더 살펴보자.

지난 2008년 연말 우리나라는 달러화에 대한 연말 수요로 급작스레 환율이 폭등하는 사태를 겪었다. 우리가 던져야 할 질문은 도대체 달러화가 왜 필요할까 하는 부분이다. 일시적인 투기를 제외하면 미국 달러화는 수입 물품을 결재하고 이자를 지급하기 위해서 필요하다. 하지만 왜 군이 달러여야 할까? 우리나라 통화인 원화로 결재할 수 있다면 교환 비용도 줄일 수 있고, 환율 변화로 인한 손실도 줄일 수 있다. 하지만 사우디아라비아에서 석유를 수입할 경우 그 나라가 원하는 결재 수단은 미국의 달러다. 만약 이 나라가 달러화 대신 유로화를 받겠다고 한다면 우리는 유로화를 외환보유고로 쌓아야 한다.

실제 2002년 단일 통화 유로가 시중에 유통되기 시작한 이후 최소 1000억 달러 이상의 달러가 필요없어졌다. 즉 유로를 쓰는 나라들은 이제 더 이상 석유를 사거나 이자를 지급하기 위해 군이 달러로 바꾸어야 할 필요가 없다. 따라서 유럽 국가들은 필요없게 된 달러를 시장을 통해 매각했다. 이라크, 이란, 베네수엘라 등이 석유 결재 대금으로 달러가 아닌 다른 통화로 받겠다고 하는 것도 동일하게 달러에 대한 수요 감소와 공급 과잉을 불러온다. 간단한 예를 들어 보자. 현재 이란의 석유를 구입하려면 더 이상 달러로는 안 된다. 그 대신 유로화나 다른 물건을 줘야 한다. 현대자동차 1,000대와 원유 100톤을 바꿀 수 있다는 말이다. 둘 다 전혀 달러가 필요하지 않은 경우가 된다. 또 유로화를 벌어들이기 위해서는 유로화를 사용하는 국가들에 수출을 하거나, 국제시장을 통해 유로화를 빌려야 한다. 은행이 돈을 빌려주지 못하면 망한다. 마찬가지로 국제사회가 더 이상 달러를 필요로 하지 않으면 미국 금융회사들은 장사를 할 수 없다. 더욱이 이 경우 달러의 수요와 공급이 영향을 받는다. 달러화의 가격은 당연히 하락할 수밖에 없고, 미국 입장에서 이는 곧 수입 원가의 인상, 이자 지급 부담의 증가, 달러화에 대한 신뢰도 하락 등으로 이어진다. 미국 정부는 이런 이유에서 1994년 '강한 달러 정책'를 공식적으로 추진했으며, 로버트 루빈 장관은 그 이유를 다음과 같이 밝히고 있다.

> 강한 달러는 미국의 국제 구매력을 증대시킬 뿐 아니라 미국 내 인플레이션을 효과적으로 통제할 수 있다는 측면에서 미국의 국가 이익에 부합한다. 즉 이를 통해 미국은 국제 금융시장의 신뢰도를 유지할 수 있는 한편 인플레이션을 억제하고 저금리로 국내 경기를 진작시킬 수 있다. 나아가 강한 달러는 다른 국가들의 중앙은행으로 하여금 지속적으로 방대한 규모의 달러 외환자산을 보유하도록 유도함으로써, 미국이 달러화 채권을 매도하고 이를 통해 저리의 국제 자금을 사용할 수 있게 해 준다.

물론 미국이 일방적으로 달러화의 강세만을 추구하지는 않았다. 1985년 플라자 합의는 정반대로 달러의 약세를 요구했고, 2001년 이후

부시 행정부도 의도적으로 달러화의 약세를 원했다고도 한다. 하지만 미국이 국제사회로부터 하루 최소 40억 달러의 돈을 빌려야 하는 상황에서 달러화의 약세는 결코 미국의 이익이 될 수 없다. 실제 전 세계에서 일어난 모든 통화 위기는 통화가치가 하락할 때(즉, 국가의 경제적 기반이 약해질 때) 발생했다. 더욱이 미국은 현재 미국을 제외한 다른 국가들을 모두 합친 것보다 더 많은 국방비를 지출하고 있는 상황이다.

우리가 미국이었다면 어떻게 했을까? 미국 입장에서 가만히 앉아서 달러화가 하락하는 것을 지켜만 보겠는가? 앉아서 국제 기축통화로서의 달러에서 나오는 엄청난 이익을 포기할 수 있을까? 그리고 군사력 못잖게 중요한 금융 권력을 유지해야 하는 미국에게 다른 선택이 있었을까? 우리는 이렇듯 무서운 시대에 살고 있다.

4 달러와 금융 위기

달러 헤게모니에서 제외할 수 없는 원칙 중 하나는 달러가 들어간 나라에는 외환위기가 온다는 점이다. 마치 코카콜라가 들어간 나라에 민주주의가 도입된다는 말처럼, 달러가 들어간 곳에는 외환위기가 발생했거나 발생할 우려가 있다고 볼 수 있겠다. 과거의 이야기이지만 10년 전 우리에게 IMF가 찾아온 것은 전적으로 우리나라 혹은 아시아의 구조적인 모순으로 인해서 금융 위기가 찾아왔다고 배웠다. 그러나 그것은 진실이 아닐 수도 있다는 생각을 해보아야 한다. 하나의 증거를 보자. 아시아의 문제가 아니라 글로벌 금융 체제에서 비롯된 문제라고 한 번 더 확신할 수 있는 근거로, 2001년 IMF의 처방을 가장 성실하게 수행했던 IMF의 모범생 아르헨티나가 또 한 번 외환위기에 빠지고 이듬해에 터키가 외환위기에 빠진 사건을 들 수 있겠다.

물론 미국은 정반대의 견해를 가지고 있다. 통화시장의 안정이 필요하다는 공감대의 형성에도 불구하고 구체적으로 어떤 정책을 추구할 것인가에 대해서는 패권국인 미국과 다른 국가들 간에 뚜렷한 인식의 차이가 존재한다. 이러한 차이는 무엇보다 거듭되는 국제적 외환위기의 근본적인 문제가 어디에 있는지에 대한 해석에서 발견된다. 먼저 IMF와 세계은행을 통해 국제통화 체제에 대해 주도권을 행사해 왔던 미국 정부로서는 '시스템'의 문제보다는 국제 투자자들과 외환위기를 초래한 개별 국가들이라는 '행위자'에 초점을 맞추기를 원했다. 따라서 투기 자본이나 금융시장의 공황이라는 구조적인 문제를 제기하는 입장에는 부정적인 태도를 견지했다. 이는 아시아 외환위기만이 아니라 멕시코1994년, 러시아1998년, 브라질1998년, 터키2001년 그리고 아르헨티나2002년 등을 대하는 미국 정부의 태도에서도 잘 드러난다. 미국 파워엘리트들은 기본적으로 이러한 외환위기가 특정 국가들에서만 일어나는 '지엽적' 문제이기 때문에 그 원인 또한 철저하게 내부에 있다는 점을 강조했다. 이들의 주장은 따르면 이들 약소국들에는 '정치적 부패', '지도력 부족', '낙후한 사회 체제', '보호주의로 인한 금융시장의 경쟁력 약화' 그리고 이로 인한 '자본의 비효율성'이라는 몇 가지 공통점이 있었다.

예를 들어, 러시아 외환위기를 보도하면서 《뉴욕 타임스》는 "최근의 위기는 결국 정부, 군대를 포함하여 러시아 사회 전반이 갱단, 탐욕, 횡령, 패거리주의 그리고 뇌물에 굴복, 이들이 얼마나 교활하게 국제통화 메커니즘을 악용하는가를 확인해 준" 계기였다고 주장했다. 이러한 주장은 1998년 겨울, 브라질 위기에서도 잘 드러났다. 《뉴스위크》는 경제적 기반이 튼튼한 나라들에서는 외환위기가 일어나지 않는다는 점을 강조하는 한편, 대부분의 라틴아메리카가 반복적으로 위기에 빠지는 것은 결국 그들의 국내적, 정치적 요인에 그 원인이 있다고 보도했다.

하지만 여기서 기억해야 할 것은 그러한 약점들이 위기의 원인인지 아니면 결과인지가 분명하지 않다는 점이다. 더욱이 1997년의 아시아 위기에서 경험한 것처럼 어제까지의 장점도 위기 이후에는 약점이 되어 버린다는 것이 문제다. 문제가 생길 때마다 그 책임을 구조적 문제가 아닌 피해자에게서 찾는 이러한 관행을 '희생자 비난하기blaming the victims'라고 하는 이유가 여기에 있다.

그러나 재무부, IMF, 그리고 FRB의 파워엘리트들 사이에 형성된 이러한 공감대도 점차 도전을 받게 된다. 여기에는 특히 조지프 스티글리츠, 재그디시 바그와티, 마틴 펠드스타인, 제프리 삭스와 같은 미국 내 비판자들의 영향이 상대적으로 크게 작용했다. 예컨대 하버드대 펠드스타인 교수는 IMF가 국제사회의 비난을 계속 무시할 경우 IMF에 대한 국제적 신뢰가 무너지고 이는 결과적으로 미국의 국가 이익에 반한다고 주장했다. 스티글리츠와 삭스 역시 기존의 IMF 체제로는 새로운 형태의 국제적 금융 위기에 대처할 수 없다고 경고했다. 로버트 루빈은 이에 따라 1998년 4월, G22 국가들을 초대하여 그들로 하여금 국제통화 체제를 강화할 수 있는 방안을 마련하라고 권유하기에 이른다. 클린턴 대통령의 제안에 따라서 대외관계위원회 또한 국제통화 질서에 대한 전략팀을 구성하고 1년 뒤 1999년 9월 「국제 금융 체제의 미래」를 발표하게 된다. 실제 개혁의 당사자인 IMF와 세계은행도 투명성 제고와 국제사회에 대한 책임성 증가 방안 등을 중심으로 이 논의에 참가했다.

하지만 여기서 분명히 지적하고 넘어가야 할 부분이 있다. 미국 정부와 이들 국제기구에 의해 주도된 주류적 접근의 근본 목적은 미국 정부와 IMF의 주도권을 인정하는 한도 내에서만 기술적인 개혁을 통해 국제통화 시장의 안정을 도모하는 방안을 찾는 데 있었다. 그 결과 티모시 가이스너가 상원 청문회에서 말한 것처럼, 국제사회의 투명성과 정보 공개를 강화할 수 있는 국제 프로그램을 개발하고 신흥시장의 은행 감독에 대한 국제적 기준을 마련하여 IMF로 하여금 외환위기에 신속히 대처할 수 있게 하는 '긴급융자제도Emergency Financing Mechanism'의 도입 등이 모색된다. 작년 2008년, 이명박 대통령이 미국에 가서 했던 G20의 합의 사항은 사실상 그때 다 나온 것이다. 결국 정확히 당시의 시나리오대로 움직이고 있는 상황이다. 그때나 지금이나 본질적으로 바뀌지 않는 것은 IMF의 주도권을 인정한다는 점이다.

경찰관과 소방관의 비유를 통해 이것이 무엇을 의미하는지 생각해보자. 통상적으로 경찰은 어떤 일이 잘못되는지를 감시하는 역할을 담당하고, 소방관은 불이 나면 불을 끄는 기능을 한다. 이 합의 사항은 따라서 IMF로 하여금 소방관의 기능을 하기 전에 제대로 된 경찰 기능을 하도록 하자는 것을 의미한다. 즉 IMF 프로그램을 받든 안 받든 전 세계 국가들이 외환보유고, 재정 적자 규모, 경상수지 계정 등과 같은 정부 자료를 투명하게 공개하도록 함으로써 위기를 미리 막겠다는 포석이다. 하지만 이와 같은 자료는 한 국가의 경제 주권과 관련된 사항으로, 앞서 밝혔지만 미국 정부조차 국제사회에 풀린 달러의 총 규모와 같은 민감한 정보는 공개하지 않는다. 따라서 만약 미국 정부가 공개적으로 나서서 이것을 요구할 경우 이는 명백한 내정 간섭이 되며, 이에 응할 국가들도 많지 않다. IMF와 같은 국제기구가 전면에 나서서 투명성을 강조하는 것은 이런 이유에서다.

그러나 이와 달리 일본, 말레이시아를 비롯한 아시아와 남미 국가들은, 일련의 통화 위기가 일어나게 되는 근본 이유가 클린턴 행정부에 의해 추진된 급속한 자본 자유화와 미국의 국가 이익을 국제통화 시장의 안정보다 우선시하는 IMF의 태생적 한계에 있다고 봤다. 그래서 이들은 국제 투기 자본에 의한 통화시장 교란을 막고 급속한 자본 자유화의 폐해를 줄이기 위한 정책 마련을 요구하는 한편, IMF를 미국의 지배로부터 독립시킬 수 있는 방안을 모색하기 시작했다. 가령 필리핀대 월든 벨로 교수는 "IMF를 해체하거나, 또는 IMF의 의사 결정 구조를 근본적으로 바꾸기 위한 국제회의"를 제기하기도 했다. 특히 IMF가 가진 비민주성과 비밀주의가 비판의 표적이었다. 조지프 스티글리츠는 "IMF를 보다 민주적이고 국제사회에 책임 질 수 있는 기구로 바꾸지 않고는 근본적으로 국제경제 역학 관계에서 근본적인 개혁은 불가능하다."라고 역설했다. 이들 국가들은 또 미국 정부와 IMF 주도의 국제통화 체제 개편안이 외환위기에 대한 서구 강대국의 잘못에 대해서는 눈을 감아 주고 개도국의 입장은 전혀 반영하지 않은 채 형식적이고 기술적인 개혁에 불과하다고 비판했다. 그러나 IMF를 "미국이 전유한 최선의 전략적 선택이며, 미국의 경제적, 대외 정책 목표 달성에 결정적인 국제기구"로 이해하는 미국 파워엘리트들에게 이들의 비판이 받아들여질 여지는 없었다.

아시아 국가들이 추진하고 있는 2000년의 치앙마이 선언이나 2005

년의 '아시아 벨라지오 그룹'은 이런 국제정치의 현실적 갈등에 그 뿌리를 둔다. 그렇다면 왜 한국 정부는 발등에 불이 떨어진 2008년에 들어서야 공동 펀드 조성에 적극 나서고 있으며, 지금은 그토록 절실해 보이는 지역 금융 협력 문제가 지난 10년 동안 우리 사회에서는 왜 단한 번도 진지하게 논의되지 못했을까?

손쉬운 해답은 어떤 강력한 힘이 우리의 눈과 귀를 가렸다는 것이다. 우리가 제대로 배울 기회가 없었다는 뜻이다. 흔히 자본주의 사회에서 그 힘은 주로 언론을 소유하고 있는 기업이나 광고주가 행사한다. 미국의 석학으로 알려진 노암 촘스키가 쓴 『동의의 생산*Manufacturing Consensus*』이란 책이 이를 잘 설명해 준다. 그에 따르면, 미국 CIA는 1964년 통킹만 사건을 조작함으로써 베트남 전쟁에 대한 국민들의 지지를 얻어냈고, 그 이후에도 이중 삼중의 검열을 통해 정부가 원하는 정보만 국민에게 전달되도록 했다. 그 결과 미국 국민은 당시 전쟁이 점점 더 수렁에 빠져 가고 있는 상황에서도 전쟁이 곧 끝날 것이라고 생각한 것으로 알려졌다. 흔히 선동 모델*Propaganda Model*로 알려진 이 주장은 최근 2001년 이라크 전쟁에 대한 미국 국민들의 지지를 설명하는 데도 유용하게 사용된다. 즉 미국 국민들이 당시 전쟁을 지지한 것은 독재자 사담 후세인이 대량 살상 무기를 보유하고 있었고, 그를 제거하는 것이 이라크를 민주화시키고 중동에 평화를 가져오는 길이라고 믿도록 교육받았기 때문이라는 해석이다.

이 모델을 우리에게 적용하면, 누군가 우리로 하여금 달러 체제의 문제점과 대안을 찾는 대신 구조 개혁과 같은 문제들에 매몰되도록 강제했다는 의미가 된다. 외환위기 이후 김대중 정부가 구조 개혁을 위해 대중 정보 캠페인을 벌인 점을 감안할 때 이 말이 전혀 틀리지는 않다. 그러나 외환위기로 인해 미국이나 IMF에 대한 거부감이 있는 상황에서 국내 정부나 대기업이 이 문제를 의도적으로 감출 이유는 없어 보인다. 또 인터넷을 통해 다양한 시각에 자유롭게 접근할 수 있고, 일반 국민의 학력 수준이 대졸 이상인 현실에서 우리 사회 전반이 일방적으로 설득되었을 것이라는 시각은 무리가 따른다.

우리가 배울 기회가 없어 못 배운 게 아니라 안 배운 것이라는 시각도 가능하다. 가령 고려대의 장하성 교수는 한국의 위기는 멕시코나 러시아 또는 아르헨티나 위기와 무관하게 한국 경제 모델에 의해 불가피하게 일어난 것으로 본다. 그렇다면 당연히 문제의 해결책은 우리 내부에 있으며 달러 체제가 가진 모순은 중요하지 않다. 아시아 국가들 간의 집단적 금융 안보 전략도 일본이 주도했기 때문에 관심사가 아니었다. 굳이 미국과 일본 중의 하나를 택해야 한다면 '잃어버린 10년'을 벗어나지 못하고 있을 뿐만 아니라 과거 우리를 식민지로 삼았던 일본의 지도력을 좇을 이유가 없다는 말이다. 또 미국이 패권을 유지하는 한 이런 식의 문제 제기가 전혀 도움이 되지 않으며, 우리는 그저 '굿이나 보고 떡이나 먹으면 된다.'고 생각한다. 그래서 이 시각에서는 게임의 규칙에 대한 사치스러운 질문 대신 먹고 사는 문제에 집중하는 것이 더 현명한 전략이 된다.

그러나 이 시각 역시 우리의 이러한 생각 자체가 '담론'을 통해 사회적으로 만들어졌을 수 있다는 문제를 안고 있다. 예컨대 퇴근한 남편에게 아내가 집안 청소와 설거지 중의 하나를 택하라고 했고, 남편은 기쁜 마음으로 '설거지'를 선택하는 것과 유사하다. 즉 이 경우 남편은

'휴식을 취하거나 아니면 가사일을 돕는 것' 중에서 하나를 선택하는 것이 아니라 '가사일을 해야 한다.'는 아내가 제시한 틀 안에서 '어떤' 일을 선택하게 된다. 바로 이것이 타인의 선호도를 자신에게 유리하도록 만듦으로써 자발적인 협력을 이끌어 낸다는 '3차원적 권력'이며, 이는 담론을 통해 이루어진다. 먼저 권력과 담론의 관계를 살펴본 다음, 이러한 담론을 통해 실제로 어떤 새로운 현실이 만들어지고 있는지를 살펴보자.

4부 담론과 현실

1 외환위기 담론

담론들의 경쟁

잠깐 엉뚱한 얘기를 해보자. 인간은 왜 동물과 섹스를 하지 않을까? 왜 국가가 감시를 하고 있지 않는데도 불구하고 사람들은 정상적이라고 알려진 섹스만 하는 것일까? 또 왜 남자와 남자끼리, 여자와 여자끼리 하는 섹스는 사회적으로 지탄받아야 하는 것일까? 얼핏 생각하면 너무도 당연한 것에 대해 왜냐고 질문을 던지는 것 자체가 이해가 되지 않을 수 있다. 하지만 과연 인간이 원시시대부터 오늘날과 비슷한 형식의 섹스를 했을까? 그리고 만약 인간이 정상적인 섹스를 하도록 변화해 왔다고 한다면 인간을 이렇게 바꾼 힘은 무엇일까? 미셸 푸코는 동성애자였으며, 자신의 성적 취향이 어떤 메커니즘을 통해 억압되고, 왜 자신과 비슷한 취향을 가진 사람들이 자기 검열을 하며, 나아가 자신의 성적 정체성을 숨기게 되는 것일까를 고민했다.

푸코가 찾은 해답은 크게 두 가지였다. 그중의 하나는 원형 감옥에 갇혀 있는 죄수가 간수가 보든 말든 자신이 감시를 받고 있다는 사실을 받아들이고 이에 따라 행동하게 된다는 설명이다. 즉 국가 기관은 늘 국민들을 감시하고 있으며, 자신이 감시를 받고 있다는 것을 자각한 국민들은 이에 따라 정해진 규칙을 내재화하게 된다는 설명이다. 다른 하나의 설명은 담론에서 찾는다. 푸코의 담론은 일종의 세계관으로 이해할 수 있다. 좀 전의 섹스 얘기를 통해 이를 설명해 보자. 지금도 일탈적인 섹스를 좋아하는 사람들이 있듯이 푸코가 연구했던 당시에는 더 다양한 형태의 섹스가 존재했을 가능성이 높다. 하지만 산업 사회에 접어들면서 국가는 노동력의 안정적 재생산이라는 문제에 직면했으며, 국민보건과 사회보장 제도는 이런 배경에서 탄생했다. 국민보건의 목적은 문제가 될 수 있는 질병으로부터 국민을 보호하고, 올바른 생활 습관을 통해 육체적 건강을 유지할 수 있도록 돕는 데 있다. 따라서 이 과정에는 어떤 형태의 섹스가 건강하고, 어떤 경우에 성적질병이 유발되는지에 대한 임상병리학과 같은 지식이 자연스럽게 동원된다. 그리고 여기에 올바른 섹스의 습관, 성병에 걸렸을 경우에 취해야 할 행동, 공중보건을 담당할 조직들과 관련 법규 등이 합쳐진다. 푸코는 이 과정이 시간을 두고 점진적으로 진행되었으며, 국민들은 때로는 저항하면서 때로는 설득되면서 성에 대한 세계관과 자신의 성 정체성을 형성하게 되었다고 설명한다.

얼마 전 작고하기 전까지 미국 컬럼비아 대학의 교수로 있었던 에드워드 사이드의 『오리엔탈리즘Orientalism』은 1978년에 처음 발간된 이후 지금까지 16개국 이상의 언어로 번역되었다. 이 책은 팔레스타인 출신의 저자가 직접 겪은 경험에서 출발했으며, 이 책을 통해 비로소 푸코라는 이름이 미국은 물론 전 세계에 알려지게 되었다. 그는 서양인들에게 뿌리 깊게 자리 잡고 있는 아랍인들에 대한 정체성이 어떻게 만들어지고 있으며, 이 정체성에 따라 아랍인들은 물론 서양인들이 어떻게 행동하게 되는가에 주목했다.

몇 가지 예를 들어 보자. 우리에게 잘 알려진 『천일야화Les Mille et une Nuits』라는 책에는 「신바드의 모험」이나 「알라딘의 요술 램프」와 같은 이야기들이 들어 있다. 하지만 원작인 『알프 라일라 와 라일라』에 이 두 이야기는 포함되어 있지 않았으며, 1704년 프랑스인 앙투안 갈랑이 번안할 때 추가한 것이다. 그리고 특히 이 두 에피소드에서 아랍의 지도자들은 한결같이 탐욕스럽고 무능력하며 의존적이고 폭력적인 인물들로 그려진다. 최근 할리우드에서 개봉된 「미이라 3: 황제의 무덤」이나 「인디애나 존스: 크리스털 해골의 왕국」과 같은 영화를 보자. 이들 영화에서도 아랍인들은 모두 무식하고 야만적이며, 백인 주인공에 의해 우롱당하는 존재로 부각된다. 에드워드 사이드는 아랍에 대한 이러한 묘사가 왜 정책 담화문, 연구서, 소설책, 영화와 만화책 등에서 동일한 양상으로 반복되고 있는가를 이해하고자 했다.

그에 따르면 오리엔탈리즘이라고 하는 아랍에 대한 서양인의 이해, 인식, 태도, 입장의 뿌리는 멀리는 십자군 전쟁에서부터 보다 근대적으로는 프랑스의 이집트 정복으로 거슬러 올라간다. 당시 프랑스 군대에는 4,000명에 달하는 프랑스의 지식인들이 포함되어 있었으며, 이들의 임무는 이집트의 역사, 문화, 사상, 경험을 프랑스인의 눈으로 재해석, 일종의 참고 문헌을 만드는 데 있었다. 그리고 이들이 만든 방대한 기록은 이집트를 식민지화하고 효율적으로 통제하기 위한 자료로 활용되었다. 담론으로서의 오리엔탈리즘은 이렇게 해서 유럽에 전파되었으며, 서양의 지배적인 담론의 하나로 자리를 잡은 이 오리엔탈리즘은 중동의 막대한 석유 자원을 관리하고자 했던 미국의 대외 정책을 통해 보다 정교화된다.

실제 미국 주요 대학의 중동학과는 석유 기업의 후원을 지속적으로 받고 있으며, 오리엔탈리즘은 이들 학과에서 생산되는 중동 관련 지식들의 기본적인 틀로서 기능하고 있다. 뿐만 아니라, 2003년 이라크 전쟁을 주도한 리처드 펄, 폴 울포위츠 등 네오콘의 상당수를 포함해 서유럽과 아랍 간의 '문명 충돌론'을 주장해 왔던 버나드 루이스와 새뮤얼 헌팅턴 등도 미국 기업연구소AEI와 깊은 연관을 맺고 있다. 그리고 이 연구소는 1943년 미국 기업의 이익을 대변하기 위해 출범했으며, 헤리티지 재단과 더불어 미국의 대표적인 보수적 싱크탱크들이다.

물론 지식은 담론을 구성하는 한 부분에 불과하며, 담론에는 지식만이 아니라 가치, 태도, 제도, 사회적 실천 등이 두루 포함된다. 담론은 또 '진리'라는 햇빛을 쪼이면 사라지는 가짜 지식이 아닌 진짜 지식으로 받아들여지며, 논리적인 설득력을 갖는다. 더욱이 담론은 오리엔탈리즘에서 보듯이 특정한 정치적 목적에 의해, 비교적 오랜 시간에 걸쳐 만화책, 교과서, 신문, 방송, 학술 잡지, 정책 보고서 등 광범위한 형태로 표현된다. 반일 담론을 생각해 보자. 우리 사회에 반일 담론은 과연 언제부터 시작되었으며 왜 시작되었을까?

미당 서정주 시인이 고백한 것처럼 일제 식민지 36년을 거치면서 한국의 거의 모든 사람들은 일본을 조국으로 알고 살았으며, 최소한 일본에 대한 적대적인 태도, 감정, 인식을 노골적으로 갖지는 않았을 것으로 짐작할 수 있다. 그렇다면 오늘날 독도 문제, 교과서 왜곡 문제, 일본 수상의 신사참배 등에서 우리 사회가 보이는 '묻지마 식'의 돌팔매질은 해방 이후라는 특정한 시간대에, 그 어떤 정치적 목적을 통해 강화되어 온 것이라고 볼 수 있다. 실제로 해방 이후 남한에 진주한 미국 군정은 한국 국민들의 의식 속에 스며든 일본식 가치와 생활양식을 바꾸기 위해 노력했으며, 이는 1948년 건국 이후 새로운 국가 정체성을 확립할 필요가 있었던 국내 정치권의 이해관계와도 일치했다. 따라서 비록 가설이긴 하지만 우리 내부에 빙산처럼 떠다니다가 독도 문제와 같은 것이 불거지면 집단적으로 표출되는 일본에 대한 이러한 정서적 반발감의 출발점은 미국 군정과 한국 정부의 의식적인 문화 정책과 무관하지 않다.

그렇다면 이러한 집단 정서와 인식은 어떻게 만들어지고, 강화되거나 약화되는 것일까? 그 1차적 재료는 서대문형무소, 독립기념관, 이순신 장군 동상과 같은 물리적인 기억의 장치들에서 엿볼 수 있다. 국민들의 집단적 정서는 또 3·1절과 8·15 광복절 행사, 3·1절이면 어김없이 방영되던 반일 드라마와 「한반도」와 같은 영화를 통해 강화된다. 하지만 담론이 이데올로기가 아니라는 점에서 반일 담론에는 논리적 설득 부분이 있어야 하며, 이는 국사책, 일본에 대한 학술 서적 및 언론의 보도 등을 통해 이루어진다.

이번에는 담론의 차원을 살펴보자. 가령 미국의 부시 대통령은 지난 2001년 9·11 테러 이후 전 세계를 상대로 "미국과 한편이 되든가 아니면 적이 되라."는 지극히 단순한 구호를 주장했다. 당시 이 발언을 두고 많은 사람들은 대통령이라는 사람이 순진한 흑백 논리로 국제적 문제에 접근한다고 비판을 한 적이 있다. 하지만 그건 담론의 성격을 몰라서 하는 말이다. 담론은 가장 단순하게는 슬로건 또는 구호로 나타난다. 즉 '나를 따르라.' '잘살아 보세.' '때려잡자, 공산당'과 같이 한두 마디로 요약된다. 그리고 그 밑에 다양한 차원의 담론들이 따라온다. 'With US or Against US'라는 부시의 슬로건 밑에는 국제정치를 보는 현실주의적 시각이 깔려 있다. 물론 부시도 이것이 지나친 단순화라는 것을 안다. 하지만 궁극적으로 봤을 때 국제사회의 선택은 미국과 협력하거나 아니면 적대적 관계에 서야 한다는 것을 명확히 계산한 말이다. 다만 왜 같이 가야 하고 가지 않으면 어떤 피해를 보게 되는지는 그 슬로건의 하부에서 논리적으로 연결되는 전문 지식과 대중 지식을 통해 보완된다.

담론은 또한 살아 있다. 담론은 사람처럼 태어나고 경쟁하고 성숙하고 강화되거나 아니면 소멸한다. 가령 반일 담론은 해방 이후라는 역사적 상황에서 태어나서, 한민족이라는 정체성 확립 차원에서 문화 정책을 통해 성숙되고, 1990년대 외환위기와 김대중 정권의 화해 정책을 통해 약화되었다가, 고이즈미 일본 수상의 신사참배 사건 등으로 다시 강화된다. 외환위기에 대한 세계관, 외환위기 담론도 비슷하다. 1997년 외환위기가 일어나기 전까지 우리는 외환위기에 대한 지식, 태도, 느낌은 아예 존재하지 않았다. 그러다가 IMF 구제금융을 받은 이후 외환위기 담론이 봇물 터지듯 생산되기 시작했다.

하지만 오늘날 우리가 당연하다고 생각하고 있는 외환위기 담론은 1998년 초기만 하더라도 미국 음모설과 같은 대안적인 담론과 경쟁을 해야 했으며, 브라질과 러시아로 위기가 번짐에 따라 약화되기도 했다. 그러나 미국, IMF, 국내 전문가를 통해 생산되고, 서방 언론과 국내 언론을 통해 유포된 다음, 국민들이 기존에 알고 있던 상식과 결부되는 과정을 거치면서 이 담론은 그 이후 우리 사회에서 지배적인 세계관으로 자리를 잡게 된다. 그 결과 '결국은 내 탓이오.'로 압축되어 나타나는 이 담론은 보편적인 진리 또는 상식으로 자리를 잡게 되고, 초등학교 교과서, 대학 교재, 정책 보고서, 학술 서적, 드라마, 영화, 소설 등에 스며들게 된다. 즉 외환위기가 왜 일어났고, 어떻게 해야 문제를 해결하고, 누구를 비난해야 하고, 이 위기를 통해 우리가 어떻게 변화해야 할지에 대해 대통령, 정치인, 대학 교수, 직장인, 가정주부, 학생들 모두가 일정한 공감대를 가지게 되었다는 말이다.

그럼 여기서 이런 질문을 한번 해보자. 만약 당시의 위기가 한국적 경제 모델의 실패에 의한 것이고 미국식 모델만이 답이라고 한다면, 2008년 미국의 위기는 어떻게 해석해야 할까? 또 당시 IMF가 그토록 못 하게 했던 그 많은 정책들을 왜 미국은 너무도 당연하게 하고 있는 것일까? 어쩌면 외환위기에 대해 우리가 알고 있는 것은 진리였다기보다는 만들어진 '선호'는 아니었을까? 지금부터 이야기하는 외환위기 담론, 신자유주의 담론, 영어 담론 그리고 글로벌 스탠더드 담론을 통해 우리가 왜 이렇게 살게 되었는가를 좀 더 깊이 고민해 보자.

나쁜 정책론 vs. 금융공황론

들기 좋은 꽃 노래도 여러 번 들으면 바로 싫증이 난다. 외환위기가 발생한 해가 1997년이니 이 말만 나와도 벌써 식상한 느낌이 든다. 그러나 우리는 정말 외환위기에 대해 제대로 알고 있을까? 어쩌면 우리가 알고 있다고 생각하는, 너무도 친숙한 이야기는 외환위기 자체에 대한 것이 아니라 외환위기 담론에 대한 것은 아닐까? 만약 우리가 아는 것이 하나의 담론에 불과하다면 그렇게 봐야 할 근거는 무엇이며, 이 담론은 그간 우리 사회에서 어떤 역할을 해 왔던 것일까? 외환위기의 급박함이 어느 정도 가라앉은 1999년 IMF의 자문위원이기도 했던 배리 아이켄그린 버클리대 교수는 "외환위기가 일어난 지 2년이 지난 지금도 여전히 금융공황에 주목하는 입장과 아시아의 금융과 산업 시스템의 구조적 문제를 비판하는 입장이 공존한다."라고 말했다. 『역사의 종언』으로 유명한 프랜시스 후쿠야마 존스홉킨스대 교수 역시 2005년 "미국인들은 아시아 위기의 원인을 태국, 인도네시아, 한국을 포함한 아시아 국가들의 패거리 자본주의, 기업 규제 장치의 미비, 잘못된 외환 정책에서 찾고 있다. 하지만 동아시아인들은 당시 위기를 자국의 투자은행을 위해 아시아 금융시장을 개방하려는 미국과 그 영향권에 있는 IMF의 이기심 때문에 비롯된 것으로 본다."라고 밝혔다.

경제학에서 이 두 시각은 각각 '나쁜 정책bad policy'과 '금융공황 market panic' 모델로 불리며, 이는 외환위기에 대한 객관적 진리는 여전히 없다는 것을 잘 보여 준다. 그러나 1998년 9월 실시된 자유기업센터의 조사에 따르면, 우리 국민들은 외환위기를 초래한 가장 큰 원인으로 정경 유착의 경제 구조³⁹·⁶퍼센트를 꼽고 있으며, 정부의 경제 정책 실패²⁶·⁰퍼센트, 재벌의 중복 투자²⁰·³퍼센트와 과소비⁷·¹퍼센트가 그 뒤를 잇고 있다. 이러한 시각은 지난 10년간 거의 바뀌지 않았으며, 2008년 초등학교 교과서에 당시의 IMF 위기는 다음과 같이 설명되어 있다.

> 우리나라는 경제 개발을 추진하는 과정에서 외국 자본에 많이 의지하였다. 1997년 말, 주변 국가들의 경제가 어려워지자 우리나라의 경제도 곧 어려워질 것이라고 생각한 외국인들은 우리나라에 투자했던 돈을 한꺼번에 찾아갔다. 정부는 이러한 세계 경제의 흐름에 미처 대비하지 못하였다. 또 기업은 많은 빚을 지고 있는 데다가 수출에 한계가 있었고, 국민들은 무분별하게 해외여행을 하거나 값비싼 외국 제품을 사용하는 등 지나친 소비를 하였다. 이러한 일들이 원인이 되어 우리가 가지고 있던 외화가 부족해지자 우리 경제는 심각한 위기를 맞게 되었다.
>
> — 초등 6년 『사회과학탐구』, 131쪽

앞서 담론은 특정한 역사적 배경에서 특정한 정치적 목적을 달성하기 위해 만들어진다고 했다. 또 이 담론을 통해 다수의 자발적이고 능동적인 협력이 유도된다고도 했다. 비록 증명할 수는 없지만 외환위기 이후 우리 사회의 변화가 담론의 영향을 받았다는 증거는 많다. 몇 가지 예를 들어 보자. 1997년 이전까지만 하더라도 우리 사회에서 비정규직, 정리해고, 계약직과 같은 말은 거의 사용되지 않았다. 하지만 이 책을 쓰고 있는 지금 비정규직은 너무도 당연한 말이고, 노동자들의 정당한 파업조차 귀족 노조의 밥그릇 다툼으로 돌팔매질당하기 일쑤다. 재벌에 대한 부정적 여론이 있긴 했지만 외환위기 이전까지만 하더라도 국민 대부분은 족벌 경영이라고 비난하지도 않았고 재벌을 해체하라고까지 말하지도 않았다. 하지만 IMF 프로그램 이후 많은 국민들이 재벌 해체를 요구했으며, 가족 경영은 이제 더 이상 용납될 수 없는 기업 관행으로 여겨진다. 정부의 시장 개입에 대해서도 많은 변화가 있었다. 외환위기 이전에는 주식시장이나 외환시장에 대한 정부의 개입은 당연시 되었다. 하지만 어느 순간부터 국민들은 관치금융이라는 말을 알게 되었고, 정부의 시장 개입은 과거로 회귀하는 구태로 받아들여지고 있다.

만약 이러한 노동 관행, 재벌 문제, 정부에 대한 우리의 인식, 태도나 정서가 바뀌지 않았다면 어떻게 되었을까? 또 1998년, 2001년, 2008년의 위기에서 드러났듯이 당시 위기가 아시아만의 문제가 아니었다는 것이 보다 일찍 알려졌다면 어떤 상황이 벌어졌을까? 모르긴 몰라도 IMF가 제안하고 DJ 정부가 집행한 구조 개혁은 상당한 난관에 부닥쳤을 가능성이 높다. 하지만 이런 정황 증거만으로 외환위기 담론이 특정한 시기에 특정한 목적을 위해 만들어지고 지배적인 담론으로 키워졌다고 단정지을 수는 없다. 몇 가지 예를 더 들어 보자.

해방이라는 역사적 사건 이후 우리 사회에서 반일 담론과 친미 담론 등이 필요했다는 것은 앞서 말한 바 있다. 박정희 대통령이 새마을 운동을 추진하기 위해 가장 많은 공을 들인 부분도 국민 의식 개혁 운동이었다. 전국의 새마을 지도자를 양성하고, 교육시키고, '잘살아 보세.'라는 구호를 만들었고, 학자들을 동원해 논리를 개발했다. 따라서 외환위기 담론을 말하고자 하면 최소한 누가 왜 이 담론이 필요했는가를 살펴봐야 한다. 아이오와대 로드니 홀 교수는 그 주체를 크게 IMF, 미국 정부와 김대중 정부로 구분한다. 한국에 구제금융을 해 준 당사자니까 IMF가 어떤 식으로든 대중 정보 캠페인에 일정한 역할을 했다는 것은 이해할 수 있다. 남미 외환위기 상황에서 IMF가 워싱턴 컨센서스를 통해 사회적 합의를 이끌어 낸 것과 동일하다. 하지만 이 과정에서 미국 정부는 어떻게 관여하고 있으며 왜 이렇게 되는 것일까? 우선 공공외교에 대해 잠깐 살펴보자.

1930년대 독일의 나치즘에서 시작된 것으로 알려진 선전 선동의 역사는 아주 오래다. 『초한지』에서 유방이 항우의 군대를 상대로 「망향가」를 부른 것도 전형적인 프로파간다의 한 유형이다. 이러한 프로파간다는 1950년대 이후 시작된 냉전을 거치면서 더욱 정교화되었으며, 풀브라이트 장학금, 문화 교류, VOA Voice of America와 같은 전 세계를 상대로 한 대중 정보 캠페인도 여기에 포함된다. 냉전이 끝난 이후 1990년대 들어 프로파간다는 퍼블릭 디플로머시 Public Diplomacy * 라는 이름으로 변모되었으며, 이는 국제사회의 여론을 유리하게 형성함으로써 미국의 대외 정책 목표를 달성하려는 문화적 노력을 의미한다. 국무부 산하 미국 정보국 USIA이란 곳에서 이 일을 총괄하고 있으며, 《뉴욕 타임스》, 《월 스트리트 저널》과 CNN 같은 언론사들도 필요한 경우 이 노력에 참가한다. 2009년 1월 이스라엘에 의한 팔레스타인 공격이나

---

* 외교는 통상 상대국 정부를 대상으로 하는데 최근에는 상대국 국민을 대상으로 하는 퍼블릭 디플로머시 개념이 중요한 키워드로 부상하고 있다. 이 용어는 1965년 터프츠 대학교 플레처스쿨에 퍼블릭 디플로머시 센터가 만들어지면서 사용되기 시작했다.

2003년 이라크 전쟁에 대한 미국 언론의 보도는 이를 잘 보여 주는 사례다.

물리적으로 IMF의 본부는 재무부 옆에 있다. IMF의 실력자인 부총재는 미국 대통령이 임명한다. IMF의 핵심 부서인 연구팀과 정책팀의 소장 역시 실질적으로 재무부에 의해 선임된다. 더욱이 미국은 IMF에서 유일하게 거부권을 행사하는 나라이다. 실제로 한국과 IMF 간 협상이 진행되는 동안 당시 허버트 나이스 협상 단장은 수시로 같은 호텔에 머물고 있던 데이비드 립턴 미국 재무부 차관보를 만나고 왔다. 공교롭게도 그때마다 새로운 조건이 부과되었다. 정리해고제 도입과 같은 것이 그 대표적인 경우다. 나중에 스티글리츠, 펠드스타인, 바그와티와 같은 미국 학자들이 이러한 조항들을 공개적으로 비난한 것을 보면 분명 정상적인 요구 사항은 아니었던 것 같다. 또 당시 IMF는 외환시장의 안정을 위해서는 고금리 정책을 택해야 하며, 정부의 재정 지출을 줄이고, 부실 은행을 즉각 정리해야 한다고 요구했다. 한국 경제의 구조적 문제점을 시정하지 않고서는 위기를 극복할 수 없다는 말이었다.

그리고 이러한 요구 조건이 충족되지 않았다고 판단한 IMF는 1997년 12월 중순까지 약속했던 자금을 보내지 않았다. 1997년 12월 10일까지 IMF로부터 입금되기로 한 총 600억 달러 중에서 실제 입금된 돈은 56억 달러에 불과했다. 미국은 또 한국 정부가 요청한 150억 달러의 지급도 거부했으며, 일본이 직접 지원하기로 한 자금의 송금도 막았다. 박태준 전 포항제철 회장이나 김종필 총리 등이 부랴부랴 일본으로 가서 돈을 구걸한 것도 그 때문이었다. 한국 정부는 돈을 주기로 했으면 빨리 달라고 했고, 일본 정부는 "워싱턴의 허락이 없는 상황에서 어쩔 수 없다."라고 말했다. 일본의 지원금 20억 달러는 김대중 대통령이 정리해고제 도입을 포함한 IMF의 모든 요구를 무조건 수락한다는 발표가 난 직후인 12월 23일 겨우 들어오기 시작했다. 그 직후 12월 24일 한국의 단기외채 상환 연기가 결정되었으며, 언론은 이를 두고 '산타클로스의 선물'이라고 대대적으로 보도했다.

미국 언론의 표현처럼 "자기가 잘못해서 집에 불을 저질렀다."는 측면에서 IMF의 최대 출자국인 미국이 여러 요구 조건을 내건 것은 어쩌면 당연하다. 하지만 이런 요구 조건은 국민소득의 30퍼센트를 저축하고 재정 흑자를 기록하고 있던 한국에는 적절하지 않았다. 더욱이 나중에 밝혀졌지만, 그 위기가 한국의 잘못만도 아니고 한국 모델의 축적된 문제가 표출된 것도 아니었다. 당시 세계은행의 부총재였던 스티글리츠가 "한국이 구조적으로 심각한 문제를 가졌다면 6개월 남짓한 시간 안에 외환위기를 회복할 수는 없었을 것"이라고 말한 이유는 이 때문이다.

당시 IMF의 정책에 문제가 있었다는 것은 다른 곳에서도 발견된다. 가령 2003년 로버트 루빈 전 재무장관의 회고록이나《워싱턴 포스트》의 기자였던 폴 블루스타인의 회고록에도 IMF의 정책에 대한 내부적 비판이 많았다는 얘기가 나온다. 컬럼비아 대학의 재그디시 바그와티 교수는 정확히 이런 이유에서 과거 1940년대 군산복합체에 빗대어 월스트리트-재무부 복합체 때문에 미국과 IMF가 무리한 정책을 추진했다고 주장했다. 더욱이 나중에 미국의 대외 전략에서 보다 자세히 언급하겠지만 당시 정책들은 미국의 이기심과도 결코 무관하지 않았다.

한국 정부의 전략

　1997년 김대중 대통령의 당선은 1948년 대한민국 정부가 수립된 이래 처음으로 야당이 정권을 잡은 역사적인 사건이었다. DJ 정부의 출범은 또 국내 파워엘리트의 축이 흔들리는 계기로 작용했다. 전통적으로 국내 엘리트는 육사 중심의 군부 세력, 고등고시 출신의 관료 사회, 서울대와 일부 명문대 중심의 재계, 학계, 언론계와 문화계로 구성되어 있었다. 특히 박정희 정부 이후 호남권에 대한 차별은 뿌리 깊은 정치적 유산이었으며, 목포 출신인 김대중 대통령의 당선은 지역 간 권력 균형에 큰 변화를 가져왔다. 또 DJ 정부의 정치적 후원자 집단은 그동안 정치 과정에서 소외되었던 중소기업, 노동조합과 진보 진영이었다. 따라서 외환위기라는 국가적 위기 상황을 넘어서고 그간의 권력 불균형을 시정하기 위한 작업은 너무도 당연한 수순이었다. 위기를 극복하기 위해 DJ 정부가 가장 우선해야 했던 작업은 부실기업 정리, 정리해고제의 법제화, 자본시장의 추가 개방 등이었으며, 이 사항들은 IMF 프로그램의 핵심 내용들이었다.

　이를 위해 DJ 정부는 우선 외국 기업에 의한 국내 기업 인수와 공기업의 해외 매각에 대해 반발하는 국민적 정서를 무마해야 했다. 외국 자본에 의한 인수와 합병을 원활히 하기 위해서는 대량의 인원을 해고할 수 있는 방안도 필요했다. 또 부실기업 정리 등에 있어 해외 자본에 동등한 기회를 주기 위해서는 입찰 조건 등을 투명하게 공개해야 했고, 회계 기준도 미국식으로 전환해야 했다. 그러나 당시 일반 국민들의 정서는 이러한 것들에 대해 강한 거부감이 있었으며, 환란 이전 미국의 슈퍼 301조의 위협 등은 오히려 반미 감정을 부추기는 촉매제가 되기도 했다.

그러자 DJ 정부와 언론은 이를 극복하기 위한 방편으로 대중 정보 캠페인을 하게 된다. 정부의 담론 전략은 먼저 경제 민족주의를 해체하는 데 집중되었으며, 위기를 극복하기 위해 외국 자본의 유치는 불가피할 뿐만 아니라 자본에는 국적이 없다는 점이 강조되었다. 정리해고제의 도입을 위해서는 노동조합의 반발은 물론 일반 국민들의 저항도 극복해야 했다. 노동유연성이라는 개념은 그 필요에서 등장했으며, 노동시장의 경직성으로 인해 국민 경제의 효율성이 떨어진다는 점과 정리해고 등을 자유롭게 할 수 있도록 함으로써 외국 자본을 적극적으로 유치해야 한다는 논리였다.

DJ 정부의 재벌 개혁도 미국 정부의 의도는 물론 국내 정치와 무관하지 않았다. 뒤의 신자유주의 담론에서 더 자세히 설명하겠지만, 외환위기 이전만 하더라도 미국의 제너럴모터스GM와 같은 다국적 기업들은 아시아 기업 연합(일본의 카이라슈, 한국의 재벌 등)의 등장을 본격적으로 경계하기 시작했다. 미국 기업들의 불만은 특히 대우의 폴란드 자동차 산업 진출을 계기로 표면화되기 시작했으며, 아시아 기업들에 대한 정부의 특혜 지원과 재벌 계열사 간 교차소유 문제를 거론했다. 이 시기 족벌경영, 정경유착, 관치금융과 같은 개념들이 언론을 통해 본격적으로 등장했으며, 소액주주 운동은 정의로운 경제 민주화 운동으로 소개되었다. 그리고 우연의 일치처럼, 당시 외국계 자본의 대부분은 미국계였고, IMF가 요구한 사항들이 미국 정부가 오랫동안 요구했던 것과 거의 동일했다. 그러나 흥미롭게도 이에 대한 국민적 반감은 크지 않았다.

　로버트 웨이드 존스홉킨스대 교수는 이런 이유에서 당시 위기는 "주식과 채권 발행, 채무 조정, 사유화, 그리고 인수 및 합병에 있어 국제적 경쟁력을 가진 미국 금융기관들에 신규 시장을 열어 줌으로써, 국제수지 개선의 효과를 얻고자 했던 미국 정부에게 매력적인 기회"였다고 말한다. 또 DJ 정부의 개혁을 주도했던 이들이 전통적인 관료 그룹이 아닌 새로이 이식된 미국 유학파였다는 것도 주목할 필요가 있다. 예컨대 DJ 정부의 경제고문으로 활동했던 유종근 지사는 《월 스트리트 저널》이 한국의 구조 개혁을 위한 최선의 인물이라고 극찬했던 학자다. 소액주주 운동으로 널리 알려진 장하성 교수가 유명세를 타게 된 것도 《월 스트리트 저널》의 보도 이후였다. 또 김태동 경제수석 역시 김대중 대통령의 이름을 딴 중경회 회원으로 재벌 개혁의 주도자 중 한 명이었다. 공교롭게도 이들은 모두 당시의 위기를 '나쁜 정책'에 의한 것으로 보고 있으며, 미국에서 교육을 받은 경제학자들이라는 공통점을 갖고 있다.

　더욱이 당시 전통적인 경제 관료들은 위기가 눈앞에 닥쳐왔음에도 불구하고 경제의 체질이 좋다고 거짓말했다는 비판에서 자유롭지 못했고, 이들이 주도했던 한국식 경제 모델은 이미 파산 선고를 당한 상태였다. 따라서 급작스레 응급실을 찾게 된 환자가 어제까지 아무 문제가 없다고 해 왔던 주치의 대신 다른 의사를 찾는 것처럼, IMF 경제학자, 미국 유수 대학의 교수들, 미국 유학파 경제학자들은 자연스럽게 우리 사회의 새로운 권위자로 부상했다. 미국의 일개 주립대 MBA 출신의 증권사 직원에 불과했던 스티븐 마빈 같은 사람이 한국 경제를 가장 잘 아는 전문가로 유명세를 타게 된 것도 이런 배경과 무관하지 않다.

그렇지만 수전 스트레인지 교수가 지적한 것처럼 기존 체제에 매몰되어 있던 이들이 달러 헤게모니에 대한 의문을 제기하고, 한국의 위기를 거듭되는 국제통화 위기와 연결지어 생각하기는 어려웠다. 실제 베리 아이켄그린, 프레드 벅스텐, 스탠리 피셔, 로렌스 서머스, 로버트 루빈, 앨런 그린스펀, 제프리 가튼 등 국내 언론이 신처럼 떠받들던 많은 석학들 대부분은 한국의 잘못을 지적하기 바빴고, IMF 프로그램의 정당성을 적극 지지했다. 가령 IMF 부총재였던 스탠리 피셔는 1999년 IMF의 정책이 틀렸다는 것이 알려진 이후에도 "당시 한국의 기업 금융에 심각한 문제가 있다는 것은 언론을 통해 잘 알려진 사실이었기 때문에, IMF의 대응책은 이러한 구조적 문제를 바로잡는 데 주안점을 두었다."라고 강조했다. 당시 재무부 차관이었던 로렌스 서머스 역시 아시아 국가들이 가장 시급하게 해야 할 작업은 "투명성 제고와 국민에 대한 공공기관들의 책임성 증대, 카르텔기업 연합 금지, 정부 보조금 폐지, 그리고 무역 제한과 기타 시장 왜곡 장치들을 제거함으로써 단기간 안에 패거리 자본주의와 부패한 정책들을 추방시키는 것"이라고 주장하게 된다.

물론 미국의 학위 그 자체가 이들로 하여금 특정한 시각을 수용하고 의도했든 안 했든 간에 결과적으로 미국의 입장을 대변하도록 만들었다고 주장하기는 어렵다. 하지만 "미국 내 해외 유학생의 경우, 특히 정치와 경제 인식에서 미국의 주류 시각을 받아들이고 미국식 가치에 보다 쉽게 동화된다."라고 했던 스티븐 월트 교수의 지적은 틀리지 않다. 또 미국에서 유학한 이들의 전공이 압도적으로 미시경제, 경영, 금융 등에 치중되어 있다는 것도 이들의 이해가 경제학적 시각에 편향되었다는 개연성을 보여 준다. 외환위기와 아시아통화기금과 같은 문제를 경제학자의 입장에서 바라본다는 것이 반드시 정치적, 사회적 맥락을 전혀 고려하지 않는다는 의미는 아니다. 그러나 경제학자들이 "금융시장의 안정과 경제 안보는 경제적 개혁만이 아니라 정치적 투쟁을 통해서 달성된다."라는 시각을 갖기는 어렵다.

그렇다면 당시 위기 이후 언론을 통해 권위자로 부상한 이들 경제학자들이 실제 미국 정부와 동일한 시각을 갖고 있었는가를 한번 살펴보자.

미국의 앵무새들

흔히 경제학에서 아시아 위기는 '나쁜 정책bad policy' 입장과 '금융공황market panic' 입장, 또는 아시아의 내부 문제에 집중하는 1세대, 금융공황의 가능성에 주목하는 2세대, 이 둘을 같이 고려하는 3세대 모델로 구분된다. 그리고 여기서 특정한 '입장'이나 '모델'은 '당시 위기를 어떻게 규정짓고, 주요한 원인을 어디에서 찾으며, 그에 따른 대책과 당시 위기를 어떻게 평가할 것인가에 대한 논리적이고 일관성 있는 체계적인 설명'을 의미한다. 비록 외환위기와 같은 경제학적 현상을 설명하는 데 잘 사용되지는 않지만, 이와 유사한 개념이 사회과학에서 쓰는 '프레임frame'이란 개념이다. 즉 인간이 특정한 사물이나 사건을 인식하기 위해 부득이 '스키마schema'에 의존해야 하는 것처럼 우리는 프레임을 통해 우리 자신에게 닥친 외부 환경을 인식하고, 입장을 확인하며, 나아가 일련의 대응책을 찾게 된다. 그리고 학자들의 연구 논문이나, 정부 당국자의 담화문이나, 언론의 뉴스는 이러한 프레임에 담겨 우리에게 전달된다. 따라서 이들의 인터뷰 기사, 자서전, 논문이나 책 등에 포함된 프레임을 분석해 봄으로써 미국에서 교육받은 경제학자들이 실제 특정한 방식으로 당시 위기를 이해했는가를 이해할 수 있다.

김성해의 연구2007년에 따르면 1997년부터 2005년 사이에 국내 언론에서 2회 이상 인용된 국내 출신 외환위기 전문가는 약 쉰여섯 명에 이른다. 이들 중 미국에서 박사학위를 딴 사람의 비중은 약 80퍼센트이며, 나머지는 유럽, 일본 및 국내에서 공부를 했다. 전공별로 구분해 보면 이들의 89퍼센트가 경제와 금융을 전공한 사람들이며, 정치학과 사회학 전공자는 11퍼센트에 불과하다. 그리고 이들 중 압도적인 75퍼센트가 '나쁜 정책' 프레임을 채택했으며, '금융공황' 프레임을 택한 비중은 불과 25퍼센트에 불과하다.

'나쁜 정책' 프레임을 택한 경우를 보다 구체적으로 보자. 먼저 미국 하버드대 출신의 경제학 박사인 박대권과 이창녕은 "환란의 근본 원인이 한국 경제의 구조적 모순에 있었기 때문에, 구조 개혁이 수반되지 않은 거시경제 정책은 외환위기를 방지할 수 없었다."라고 주장했다. 미국 프린스턴대 출신의 정운찬 교수 역시 "그동안 성장 일변도의 정책으로 인해 경제의 불균형이 심화되고, 게임의 룰은 변질되어 강자 또는 대자 생존의 원리가 지배하면서 과잉투자 등 거품 현상이 만연하였고, 이로 인해 한국 경제가 취약해질 대로 취약해져 대내외 환경 변화에 적응하지 못한 데다가 정부의 정책 실패까지 겹쳐 지금의 외환위기가 발생한 것이다."라고 말했다.

미국 정부 및 지식인과 교류가 많은 정부 관료들 중에서 이런 시각은 빈번하게 발견된다. 예컨대 1998년 1월 19일 한 강연회에서 남덕우 전 국무총리는 "외환위기의 주요 원인은 중소기업의 희생을 바탕으로 한 대기업 중심의 자원 배분, 금융권의 악성 및 부실 채권의 증가 그리고 기업과 금융기관의 투명성 부족"에 있다고 말했다. 1997년 당시 한국 경제의 기초 체력은 문제가 없었다는 점을 인정하면서도, 당시 경제수석이었던 김인호 역시 "환란은 외환 정책의 실패가 아닌 한국식 경제 모델의 구조적 모순에서 비롯되었다."라고 주장했다. 마찬가지로 '내 탓이오mea culpa' 시각에서, 강경식 전 부총리는 김영삼 정부의 지도력 부재와 정치인들의 인기 영합주의 정책, 그리고 정부 및 민간 기업의 투명성 부족을 집중적으로 비난했다. 외환위기가 아시아만이 아니라 브라질과 러시아 등 다른 나라에도 쉽게 전이되었다는 사실 또한 이들의 시각을 크게 바꾸지는 못했다.

그 결과 이들 대부분은 한국이 IMF 관리 체제를 졸업한 2001년 이후에도 환란의 원인은 금융기관의 취약성으로 대표되는 '한국 경제의 허약한 체질'과 '투명성'이 부족했던 한국식 정경유착 모델에서 비롯되었다는 진단을 버리지 않았다. 그 예로, 전직 경제수석이었던 김태동 교수는 금년 2월 6일 한 칼럼을 통해 한국의 천민자본주의가 외환위기의 원인이었다고 지적하면서 "은행이 부실을 떨어내고 싶어도 정권의 독재 관치금융 압력 때문에 그러지도 못한다. 금융위원회를 만들어 한국은행을 무력화시키고, 그것도 모자라 연거푸 환란의 책임자를 경제 수장으로 임명하고 있다."라고 비난했다.

물론 국내 지식인들 중에서도 일부는 '금융공황' 시각을 택하고 있다. 예컨대 외환위기 당시 대우경제연구소 소장을 역임한 이한구 한나라당 의원은 외환위기의 발발 시점부터 이 프레임을 채택했다. 그는 먼저 당시 위기를 일시적인 유동성 위기로 진단했으며, IMF식 구조조정이 해답이 될 수 없다고 주장했다. 그러나 외환위기의 주범으로 알려진 재벌 그룹의 경제연구소 소장이라는 지위로 인해 그의 주장은 언론의 주목을 받지 못했다. 또 '금융공황' 프레임을 선택한 사람들 대부분이 미국이 아닌 벨기에, 스페인, 영국 및 일본 등에서 학위 과정을 마쳤고, 그들의 전공이 정치학, 사회학 또는 마르크스 경제학이라는 것도 흥미롭다.

미국에서 공부를 하고 또 경제학을 전공했으면서도 이 프레임을 채택한 경우도 있다. 그러나 이들의 경우 외환위기를 초래한 장본인으로 알려진 정부, 재벌 등 한국 내 파워엘리트에 속했다는 공통점을 가지고 있다. 예를 들어, 박세일, 윤영관, 최병일 모두 정부에서 일한 경험이 있고, 이한구와 박영철도 각각 대우경제연구소와 한국개발연구원KDI 근무 경력이 있다. 이러한 이유들로 인해, 국내 언론들은 미국 출신 경제학자, IMF 관료 및 한국 경제의 구조적 문제점을 지적해 온 학자들을 권위자로 내세웠다. 이런 상황에서 우리 사회가 '나쁜 정책' 프레임이 아닌 다른 방식으로 문제를 이해할 수 있는 여지는 극히 제한적일 수밖에 없었다.

물론 1998년 브라질로 위기가 확대되고 국내 상황이 급속히 개선되면서 '금융공황' 측면이 있었음을 인정하는 관료들과 경제학자들이 점차 늘어났다. 가령 1998년 중반 이후부터 일부 경제학자들을 중심으로 당시의 위기가 금융공황과 한국의 구조적 모순이 복합적으로 작용한 결과라는 주장이 등장하게 된다. 또 『뉴 금융 라운드』라는 책을 출간했던 인천대학교의 이찬근 교수는 투기 자본에 대한 국제적 공동 대응을 모색하기 위해 1999년 대구라운드를 개최하기도 했다. 그렇지만 '나쁜 정책' 프레임에 기반한 외환위기 담론은 이 시기 이미 지배적인 담론의 지위를 거쳐 우리 사회의 상식으로 자리를 잡기 시작했다. 뿐만 아니라, 이미 IMF식 구조조정을 통해 외환위기를 극복했다고 주장해 온 DJ 정부 입장에서 대안적인 시각을 적극 옹호할 이유는 없었다. 그 대신 1998년 이후 DJ 정부는 재벌 개혁을 뒤로 미루는 한편, 중국과 일본과의 협력을 통한 집단 금융 안보 체제의 구축에는 보다 적극적으로 참여하게 된다. 그러나 어렵게 출범한 아세안+한중일 간의 정상회담과 아시아가 주도하는 경제 블럭의 형성은 2002년 중국에 대한 미국의 전략적 경쟁자 선언과 뒤이은 민족주의적 갈등으로 심각한 타격을 입게 된다.

2 신자유주의 담론

일본식 모델 vs. 영미식 모델

외환위기를 거치면서 우리는 너무도 빈번하게 세상이 변했다는 말을 들었다. 압축성장형 한국 모델은 더 이상 글로벌 시대에 적합하지 않다는 말도 귀에 못이 박히도록 들었다. 일본이 1980년대 이후 잃어버린 20년을 보내는 이유도 일본 정부의 무능력과 일본 경제 모델의 후진성 때문이라고 배웠다. 그래서 우리는 서둘러 일본식 모델을 폐기 처분하고 영미식 모델을 적극적으로 수용했다.

하지만 흥미롭게도 일본과 말레이시아는 글로벌 시대에는 더 이상 적합하지 않은 것으로 판명이 난 이 모델을 여전히 고수하고 있다. 한국은 1994년 선진국경제협력기구OECD 가입을 위해 경제기획원을 해체하고 재정경제원으로 통합했다. 그렇지만 일본의 무역통산성MITI은 여전히 일본 경제의 사령탑으로 기능하고 있다. 또 관치금융이라는 비난을 받으면서도 일본 정부는 은행의 주요 의사 결정 과정은 물론 외환 시장에도 빈번히 개입한다. 게다가 시중은행의 절대 다수를 외국 자본에 넘긴 우리와 달리 일본 은행들은 정부, 대기업과 긴밀하게 협조하고 있다. 국내 기업과 달리 일본의 대기업들은 여전히 계열사 간 주식을 교차소유하고 있으며, 가족경영도 포기하지 않고 있다.

그런데도 이번 2008년 글로벌 위기 상황에서 보듯 우리가 반드시 일본보다 낫다고 할 수 있는 근거는 안 보인다. 한국의 원화는 외환위기의 두려움으로 폭락하는 동안, 달러화의 하락을 우려한 국제 투자자들은 일본 엔화로 몰려들고 있다. 이것이 단순히 일본의 외환보유고가 우리보다 압도적으로 많기 때문인 것 같지도 않다. 일본의 재정 적자는 GNP의 100퍼센트가 넘는 수준이며, 이는 선진국 중에서도 상당히 높은 편에 속한다. 반면 한국은 무역, 재정 수지 모두 흑자를 기록하고 있으며, 외환보유고도 2400억 달러 이상에 달한다. 더욱이 우리가 그토록 열심히 모방하고자 했던 미국식 모델이 이상적인 것 같지도 않다. 미국의 재정과 무역수지 적자는 끝이 안 보이고, 기라성 같은 투자은행들이 줄줄이 문을 닫았고, 달러화의 하락세도 쉽게 멈출 것 같지 않다. 외환위기 이후 우리 사회에서 지배적인 담론으로 자리를 잡은 신자유주의 담론을 통해 이 당혹스러움을 좀 풀어 보자.

우리 사회에서 신자유주의 담론은 1993년 김영삼 정부의 세계화 추진과 더불어 본격적으로 도입되어, 외환위기를 거치면서 지배적인 담론이 된 것으로 알려진다. 그리고 워싱턴 컨센서스와 영미식 모델을 그 핵심 내용으로 포함하고 있다. 워싱턴 컨센서스는 앞서 멕시코 사례와 관련해 설명했다. 여기서는 아시아 모델과 영미식 모델이 무엇인가를 살펴보자. 1993년 세계은행이 발간한 『동아시아의 기적』이라는 책에서 지적된 것처럼 1980년대와 1990년대에 걸쳐 아시아의 경제 발전은 눈부셨다. 당시 세계은행은, 아시아의 경제 성장은 아시아적 가치를 바탕으로 정부와 기업의 성공적인 연대를 통해 가능했다고 분석하는 한편 남미와 아프리카 국가들도 아시아를 적극 벤치마킹해야 할 것이라고 강조했다. 브라운 대학교의 로버트 웨이드나 프린스턴 대학교의 로버트 길핀과 같은 학자들도 비록 정부에 의한 자본의 분배 방식, 관치 금융이 완벽하진 않지만 아시아 경제 발전에서 상당히 긍정적인 기능을 했다고 말했다. 종신고용제나 정리해고제에 대한 반대도 기업에 대한 종업원들의 충성도를 높이고 사회적 안정에 기여한다는 의미에서 긍정적으로 받아들여졌다. 재벌기업 간 교차소유나 가족경영도 경영권의 안정을 통한 장기적 발전이 가능하다는 점에서 사회적으로 용인되었다.

하지만 1997년 아시아 위기로 인해 어제까지의 장점은 순식간에 치명적인 약점으로 변했다. 특히 IMF, 미국 정부와 서방 언론이 발 빠르게 움직였다. 아시아 위기가 발발하자마자 이들은 관치금융, 정부-기업-학계 간 연대, 은행 중심의 자본 조달 시장, 정부에 의해 독점화된 의사 결정 구조 등이 문제의 주된 원인이라고 말했다. 미국의 로버트 루빈 재무장관은 "위기의 본질은 정부, 기업 그리고 은행 간의 유착이며, 이는 은행의 무분별한 대출에 힘입은 기업들의 무모한 투자를 불러왔다."라고 주장했다. 또 IMF 부총재였던 스탠리 피셔도 "경제 위기의 핵심은 허약한 금융기관들, 은행에 대한 규제 및 감독의 소홀, 그리고 정부, 은행, 기업 간의 불투명한 관계"에 있다고 말했다. 비록 돌려 말하긴 했지만 이들의 주장은 이구동성으로 문제의 원인 제공자는 일본식 모델에 있으며, 영미식 주주 중심 모델만이 유일한 해결책이라는 것으로 요약된다. 왜 그랬을까? 이 문제를 살펴보기 전에 도대체 이 두 모델 간에 어떤 차이가 있는지부터 알아보자.

주주share-holder 중심 모델과 이해관계자stake-holder 모델은 국가관, 기업관, 가치관에서 뚜렷한 차이점을 보인다. 먼저 주주 중심 모델은 경제정책 결정과 집행, 자본 분배 및 민간 영역과의 관계에서 국가의 역할을 최소화하는 대신 시장의 자율성을 최대한 보장한다. 이 모델에서 정부에 의한 특정 산업 보호, 자본 배분에서 정치적 고려 또는 정부와 은행 간의 유기적 협력을 통한 전략 산업 육성 등은 고려 대상에서 제외된다.

물론 영미식주주 중심 모델을 채택한다고 할지라도 국가가 산업 정책을 완전히 포기하는 경우는 드물다. 미국의 GE, IBM 등이 오늘날의 글로벌 기업으로 성장하게 된 배경에는 펜타곤, MIT, 군수산업 간의 긴밀한 협력이 있었다는 점을 부정할 수 없다. 장하준 교수가 『사다리 걷어차기』에서 지적하는 부분이 이 대목이다. 하지만 일본식이해관계자 모델과 비교했을 때, 이 모델이 민간 기업 간의 자율 경쟁과 직접 금융 시장을 통한 자본의 효율적 분배 및 국가 개입에 따른 왜곡, 즉 국가 실패에 특히 민감했다는 점은 인정될 수 있다. 그 결과 민간 기업의 경쟁을 통한 자율 조정을 중시하는 이 모델에서는 한국의 경제기획원이나 일본의 MITI와 같은 권력 집중형 정부 기구 대신 국가경제협의회NEC와 같은 느슨한 형태의 협의체가 일찍부터 활성화되었다. 더욱이 이 모델은 민간 기업들이 주식과 채권시장을 통해 자금을 직접 조달하도록 함으로써, 정부가 수출입은행, 장기신용은행 및 중소기업은행 등을 통해 자본의 전략적 분배를 유도하는 일본식 모델과도 구분된다.

두 모델은 기업관에서도 차이가 난다. 주주 중심 모델에서 기업의 최우선 목표는 이익 실현이다. 이해관계자 모델에서 기업의 주안점은 국가 경제의 발전과 사회적 안정이다. 미국식 모델은 단기적 성과와 이윤의 극대화에 유리한 전문 경영인 체제를 선호한다. 반면 일본식 모델에서는 장기적 비전과 브랜드 가치를 중요시하는 가족경영 체제가 더 보편화되어 있다. 이에 따라 미국식 모델에서 기업의 주인은 주식을 소유한 주주라는 인식이, 일본식 모델에서는 종업원, 하청업체 및 지역사회 모두가 기업의 주인이라는 생각이 지배적이다. 또한 실적과 수익성 실현 정도에 따라 자금 조달 능력이 결정되는 미국식 모델이 단기 이익의 극대화를 우선시 하는 것과는 달리, 일본식 모델에서 기업은 시장점유율과 매출액 확대를 우선으로 한다. 그 이유는 후발주자의 경우 단기적인 이윤을 희생하지 않고 국제적 경쟁력을 가진 기업들과 경쟁할 수 없기 때문이며, 한국의 대기업들이 5퍼센트에 불과한 이윤율로 세계시장을 적극 공략한 것도 이 전략에서 비롯된 것이다.

나아가 기업의 경쟁력을 확보하는 방안에서도 이 두 모델은 서로 상반된 입장을 취한다. 미국식 모델에서 적대적 인수합병은 기업의 경쟁력 확보에 꼭 필요한 수단으로 인식된다. 반면 일본식 모델에서 이는 기업들의 불안감을 증폭시켜 안정적인 투자를 위축시킬 뿐만 아니라 불필요한 경영권 보호 비용을 초래하는 것으로 이해된다. 우리가 흔히 재벌 총수 일가가 5퍼센트도 못 되는 지분으로 마치 100퍼센트를 가진 사적 기업인 것처럼 경영권을 좌지우지한다고 비판하는 것은 이 차이를 모르기 때문이다. 쉽게 말해, 일본식 모델에서는 계열사끼리 순환출자 방식으로 주식을 교차소유함으로써 우호 지분을 확보하고 이를 통해 경영권의 안정과 장기적인 투자를 기획한다. 반면 이는 외부에서 경영권을 견제하고 투명성을 확보하는 데는 불리하게 작용할 뿐만 아니라, 유통되는 주식의 비중이 줄어듦에 따라 금융시장을 통한 자금 조달이 여의치 않게 된다. 그래서 미국식 모델을 주장하는 학자들은 지주회사Holding Company 등을 통해 지배 구조를 개선하고자 했으며, IMF 위기 직후인 1998년 '독점 규제 및 공정 거래에 관한 법률'의 개정으로 재벌 계열사 간 상호출자는 완전히 금지되었다. 그러나 그 부작용으로 포스코, SK, KT&G와 같은 국내 핵심 기업들이 칼 아이칸과 같은 기업 사냥꾼의 위협에 수시로 시달리게 되었다. 가령 포스코의 최대 주주는 SK 텔레콤으로 보유 지분은 2.85퍼센트이며, 국민연금2.76퍼센트, 포항공대2.77퍼센트 등 우호 지분은 25퍼센트에도 못 미친다. 반면 외국인 지분은 미국계 펀드인 얼라이언스번스타인의 5.74퍼센트를 포함해 2006년 기준으로 약 62.24퍼센트에 달한다.

끝으로, 두 모델에서 중요시되는 가치도 다르다. 미국식 모델은 개인의 자유를 보장해 줌으로써 자율성, 창의성과 동기를 유발하는 데 강조점을 둔다. 일본식 모델은 약자에 대한 사회적 보호와 공공이익을 위해 개인적 자유를 일정 부분 제한하고 사회적 조화를 더 중요시 한다. 소비자 복지를 최우선으로 하는 미국식과는 달리 일본식에서는 또한 국가 경제 및 기업의 발달을 위해 소비자 복지는 어느 정도 제한될 수 있다는 입장이다. 이것은 국제적 무한 경쟁에서 약자일 수밖에 없는 후발 개도국의 입장이 반영된 결과다. 만약 국산품 애용 운동 같은 것을 통해 가격이나 품질 면에서 일본 차보다 못한 국산차를 사 주지 않았다면 현대자동차는 오늘날과 같은 글로벌 기업으로 성장할 수 없었다.

그 밖에 일본식 모델에서 경제 민족주의는 국가 경제의 발전과 자국 기업의 보호를 위해 불가피한 것으로 인식된다. 그러나 미국식 모델에서 이는 글로벌 시장의 효율적인 자원 분배를 왜곡하는 요인이다. 따라서 단일 글로벌 시장의 효율적 운용이라는 측면에 주목하는 미국식 모델은 국제화된 표준을 옹호하며, 이 연장선에서 경영 구조의 투명성, 규격화된 재무제표의 도입 및 추가적인 시장 개방 등이 강조된다.

IMF 위기 이후 우리 사회에는 많은 변화가 있었다. 그중에서도 경제 분야에서 가장 많은 변화가 일어났으며, 사회 전반의 변화가 그 뒤를 따랐다. 몇 가지 사례를 살펴보자. 관치금융으로 낙인이 찍힌 이후 정부의 금융과 산업 정책은 이제 시장의 자율성을 뒷받침하는 수준으로 밀려났다. 외환시장에 대한 정부의 개입조차 무디스의 공개 경고를 받는 상황이 되었다. 일상적인 M&A 위험에 놓인 기업들은 경영권 방어를 위해 막대한 현금을 묵혀 두고 있는 상황이며, 과거와 같은 공격적인 투자는 더 이상 찾아볼 수 없다. 정부의 직접적인 개입에 따른 자본 분배(간접 금융 시스템)는 이제 불가능해졌고, 기업들은 유가증권 시장(직접 금융 시스템)을 통해 직접 자본을 확보해야 한다. 그 결과 자본시장에서 대기업과 중소기업 간의 격차는 더욱 벌어졌으며, 대기업 중에서도 해외 투자 자본이 좋아하는 몇몇 선발 그룹만이 금융시장의 자원을 독차지하는 기형적인 상황이 지속되고 있다. 전체 상장기업의 70퍼센트 이상이 외환위기 이전의 주가 수준에도 미치지 못하고 있으며, 외국인의 지분이 50퍼센트에 육박하는 초우량 기업들의 주식만 몇 배로 올랐다. 주주의 이익을 우선적으로 실현하는 것이 사회적 선이라는 인식이 확산되면서 소액주주 운동은 경제 민주화 운동으로까지 승격했다.

반면 고용 안정이 전혀 보장되지 않는 상황에서 노동조합은 정규직과 비정규직으로 분열되었으며, 전통적인 노사 협력 관계는 찾아보기 힘들어졌다. 국민들이 저축을 하고, 정부가 보증을 한 다음 대기업의 신규 투자를 유도했던 순환 구조가 무너졌고, 은행의 주된 고객은 신용도가 높은 개인 고객으로 바뀌었다. 투자처를 찾지 못한 은행은 자연스럽게 아파트를 담보로 한 개인 금융에 몰입했고, 선진 금융 기법을 도입한다는 명목으로 파생금융 상품에 발을 들여놓았다. 국민 전체의 저축 수준은 3퍼센트 대 이하로, 부채 비율은 60퍼센트 대로 치솟았다.

신흥 파워엘리트의 선택

그렇다면 외환위기 이후 우리는 왜 일본식 모델을 그렇게 쉽게 포기하고, 미국식 모델을 그토록 비판 없이 선택한 것일까? 아니, 우리 사회는 이 두 모델의 진정한 차이를 제대로 알고나 있었던 것일까? 그것이 우리의 집단적 자각에 따른 것일까? 아니면 비록 증명할 수는 없지만 글로벌 권력 구조 아래서 우리의 선호도가 특정 방식으로 만들어졌기 때문일까? 담론의 정치성을 고민해야 하는 이유는 여기에 있다.

일본 정부에게 1992년 유럽의 통화 위기와 1994년 남미의 데킬라 효과는 귀중한 학습 기회를 제공했다. 일본은 이에 따라 1997년 9월 태국발 위기가 다른 지역으로 번지기 전 1997년 9월 12일 300억 달러 규모의 아시아통화기금AMF을 제안하게 된다. 표면적으로 미국은 IMF가 있는 상황에서 이 기금은 필요하지 않으며, IMF와 달리 구조조정을 요구하지 않는 이 기금으로 인해 도덕적 해이가 생길 수 있다고 주장한다. 하지만 당시 미국의 반대는 IMF의 주도권을 유지하고, 미국에 대한 역차별을 방지하고, 나아가 일본 중심의 아시아 단일 통화를 막기 위한 조치였다.

말레이시아의 마하티르 총리 역시 일찍부터 아시아 연합을 주장해 왔으며, 1990년 그가 주장한 동아시아경제협력그룹EAEC은 미국의 반대로 무산된 바 있다. 마하티르 총리는 또 약소국의 통화를 투기 수단으로 삼는 국제 핫머니에 대해 비판적이었으며, 그 역시 당시 아시아 위기는 아시아 모델과는 본질적으로 무관한 것으로 보았다. 그는 아시아 모델이 그토록 문제였다면 지난 1990년대 아시아의 눈부신 경제 성장을 어떻게 설명할 수 있느냐고 묻곤 했다. 이를 고려할 때, 만약 당시에 일본식 모델을 공격하기 위한 담론 전략이 있었다고 한다면, 이 모델을 불편해했던 정치적 후원 세력에 의해 이 작업이 주도되었을 개연성이 아주 높다.

이 세력에는 미국 정부, 다국적기업, 국제기구, DJ 정부 등이 모두 포함되어 있다. 그렇지만 앞서 설명한 것처럼 가령 IBM의 신용등급조차도 본사가 위치하고 세금을 내는 미국의 영향을 받는다는 점과 IMF 나 세계은행의 의사 결정이 실질적으로 미국 재무부에 의해 이루어진 다는 점은 부정할 수 없다. 담론 전략의 당사자로 미국 정부를 지목하는 것은 이런 이유에서다.

필리핀대 월든 벨로 교수는 정확히 이런 이유에서, 구소련에 대한 체제 경쟁에서 승리한 이후 미국의 전략적 목표는 경제적 라이벌의 부상을 억제하는 것이었으며, "동아시아의 금융 위기를 계기로 미국은 '국가가 개입하는 자본주의 체제'인 아시아 경제를 자유시장 체제로 바꿀 수 있었다."라고 말한다. 냉전이 끝난 직후부터 미국이 경제 라이벌의 부상을 억제하는 데 전략적 우선순위를 두었다는 것은 새뮤얼 헌팅턴의 주장에서도 드러난다. 1991년 『생존Survival』에서 헌팅턴은 "미국은 한때 소련 때문에 고민했던 것과 똑같은 이유로 일본 때문에 고민을 했다. 경제 냉전이 미국과 일본 사이에서 시작되고 있으며 미국이 그 경쟁에서 비참한 결과를 당하지 않을까 염려할 만한 충분한 이유가 있다."라고 주장했다. 외환위기가 일어나기 전 당시 재무부 차관이었던 데이비드 립턴도 "한국과 미국 간 통상 마찰의 핵심에는 일본식 모델이 있으며 이로 인해 미국 기업의 시장 진입이 어려워지고, 비경제적 투자가 이루어지며, 특정 산업에 대한 국제적 집중과 생산 과잉이 초래된다."라고 말하곤 했다.

그렇다면, 미국 정부가 실제 그렇게 했을까? 몇 가지 사례를 살펴보자. 먼저 로버트 웨이드 교수의 말처럼, 1993년 집권한 클린턴 행정부는 "금융시장 개방을 미루는 아시아 국가들에 대한 제재 수위를 높이고" 이들로 하여금 "자본시장 자유화가 결국 그들의 국가 이익이라는 점을 받아들이도록 끈질긴 설득"을 했다. 가령 로널드 브라운 상무부 장관의 주도로 상황실이 설치되었으며, "아시아 10개국을 선택해서 미국 기업이 이들 나라에서 자유로운 영업을 할 수 있도록 이들 정부를 압박하는 것"을 목표로 삼았다. 미국은 특히 일본의 시장 개방을 적극적으로 요구했으며, 당시 국가경제위원회NEC의 의장이었던 로라 타이슨은 "아시아 시장 특히 일본 금융시장이 정책의 타깃이 된 것은 그것이 월 스트리트의 은행들과 투자자들에게 황금 어장으로 여겨졌기 때문"이라고 말했다. 그래서일까? 로버트 루빈 전 재무장관에게 "문제의 가장 본질은 정부, 기업 그리고 은행 간의 유착"이었으며, 스탠리 피셔 IMF 부총재에게 아시아 경제 위기의 핵심은 "허약한 금융기관들, 은행에 대한 규제 및 감독의 소홀, 그리고 정부, 은행, 기업 간의 불투명한 관계"였다. 그렇지만 미국의 담론 전략만으로 일본 모델이 한국에서 자발적으로 폐기되었다고 보기는 어렵다. 한국의 정치인, 지식인, 언론인과 일반 국민들이 논리적으로 설득되기 위해서는 뭔가 더 필요했다.

1998년 이후 약 10년간 한국의 신흥 파워엘리트로 등장한 그룹의 핵심에는 미국 유학파 출신의 전문가 집단, 민주화의 주역으로 알려진 386 세대, 비주류의 설움을 받았던 충청과 호남인들이 있었다. IMF 위기는 이들에게 권력의 정통성을 확보할 수 있는 좋은 명분이었으며, 그 출발점이 한국 판 일본식 경제 모델인 박정희 모델압축 성장 모델 또는 독재 모델에 대한 부정이었다는 것은 어쩌면 자연스러웠다. 그 예로, 2006년 청와대는 "외환위기로 압축 성장은 지속 불가능한 성장 모델이었음이 입증됐다."면서 "그것은 서강학파의 종언을 의미한다."라고 주장했다. 그리고 흥미롭게도 남덕우, 김만제, 이승윤, 김용환 등 서강학파는 대부

필리핀 대학교의 월든 벨로 교수(사진)는 미국이 구
소련에 대한 체제 경쟁에서 승리한 이후의 전략적 목
표를 경제적 라이벌의 부상을 억제하는 데 두었다고
분석한다. 실제로 미국은 경제 대국 일본을 두려워
했고, GM과 같은 미국의 다국적 기업들은 한국 재
벌기업들의 해외 진출을 경계하기 시작했다. 벨로 교
수는 "동아시아의 금융 위기를 계기로 미국은 '국가
가 개입하는 자본주의 체제'인 아시아 경제를 자유
시장 체제로 바꿀 수 있었다."라고 말한다.

분 TK^{대구·경북} 출신이면서 DJ 정부 이전에 정부의 요직을 두루 거쳤다. 반면 신흥 권력으로 등장한 중경회 소속의 김태동, 전철환, 이진순 등은 TK 출신이 아니면서 1998년 이후 정부에서 비로소 활약을 시작했다. 과거 서강학파에 속했던 분들이 현재 이명박 정부의 싱크탱크 역할을 하는 한반도선진화재단 등에서 일을 하고 있으며, 중경회 출신들이 MB 정부에 가장 비판적이라는 것도 재미있다.

영미식 모델의 수용 또는 일본식 모델의 폐기는 또 우리 사회 전반에 뿌리 깊이 박힌 반일 담론에도 깊은 영향을 받았다. 독도 문제, 교과서 문제, 위안부 문제 등이 불거질 때마다 우리가 묻지마 식 분노에 빠지게 되는 것처럼 외환위기 이후에도 이 문제는 지속적으로 우리를 혼돈에 빠뜨렸다. 몇 가지 사실만 적어 보자. 1983년 한국이 남미식 외채 위기에 처했을 때 40억 달러라는 차관을 지원해 준 나라는 일본이다. 1997년 아시아통화기금을 통해 외환위기를 미리 막자고 나선 것도 일본 정부였다. 1997년 11월 IMF 구제금융에서 한국에 대해 직접 지원해 주기로 한 나라도 일본과 호주 두 나라뿐이었다. 일본은 또 1998년에는 미야자와 선언을 통해 30억 달러의 차관을 지원했고, 작년 2008년에도 한중일 통화스와프에 적극 협조했다. 1997년 외환위기 이후 지속적으로 아시아 금융 협력의 필요성을 강조했던 것도 일본이었고, 정작 이 문제에 소극적이었던 것은 줄곧 우리 정부였다.

하지만 우리 사회에서 일본의 이러한 노력들은 너무도 쉽게 잊히고 만다. 그리고 겉으로 드러난 일본의 행동에만 분개한다. 가령 1998년 당시 중앙대학교의 안충영 교수는 "일본이 한국의 위기를 방관했기 때문에, 한국은 일본식 모델을 폐기하고 미국식 모델을 전면적으로 수

냉전이 끝난 직후부터 미국이 경제 라이벌의 부상을 억제하는 데 전략적 우선순위를 두었다는 것은 새뮤얼 헌팅턴(사진)의 주장에서도 드러난다. 헌팅턴은 "미국은 한때 소련 때문에 고민했던 것과 똑같은 이유로 일본 때문에 고민을 했다. 경제 냉전이 미국과 일본 사이에서 시작되고 있었으며 미국이 그 경쟁에서 비참한 결과를 당하지 않을까 염려할 만한 충분한 이유가 있었다."라고 주장했다. 아시아 외환위기가 일어나기 전 당시 재무부 차관이었던 데이비드 립턴도 "한국과 미국 간 통상 마찰의 핵심에는 일본식 모델이 있으며, 이로 인해 미국 기업의 시장 진입이 어려워지고, 비경제적 투자가 이루어지며, 특정 산업에 대한 국제적 집중과 생산 과잉이 초래된다."라고 말하곤 했다. 월든 벨로의 말대로 미국은 1997년 아시아 외환위기를 통해 아시아 모델을 미국에게 유리한 자유시장 체제로 바꿀 수 있는 기회를 잡은 것이다.

용해야 한다."라고 주장하기도 했다.

물론 일본에 대한 경계가 이유가 없지 않고, 일본이 실제 믿을 수 없는 국가일 수도 있다. 가령 1983년 나카소네 일본 수상이 전두환 정부의 요구를 받아들여 차관을 승인한 것은 미국 레이건 행정부와의 협력 강화를 위한 전략과 무관하지 않았고, 1998년 일본의 미야자와 선언도 아시아에서 영향력을 확대하려는 전략에서 비롯된 측면이 있다. 하지만 국제경제연구소IIE의 프레드 벅스텐 소장의 말처럼 "당시 아시아 국가들의 분열은 비싼 대가를 지불해야" 했으며, 동아시아 국가들 간의 민족주의적 대립이 미국에 어부지리를 주고 있다는 점은 엄연한 현실이다.

3 영어 담론

영어 광풍, 어디서 시작한 걸까?

우리 눈에는 잘 안 보이지만 사물을 보는 관점과 물질적 이해관계는 긴밀한 관련이 있다. 누구나 자기가 보고 싶은 것을 본다는 말은 자신의 이해관계가 우리의 인식에 어떤 형식으로든 영향을 미치고 있다는 뜻이다. 현재 우리가 보고 있는 영어 광풍은 참 독특하다. 물론 어떤 사람들은 우리가 해방 이후부터 계속해서 영어를 배워 왔기 때문에 이것이 새로운 현상은 아니라고 말하기도 한다. 그러나 이 광풍이 1997년 외환위기 이후에 본격화되었을 뿐만 아니라 다른 나라와 비교해 보더라도 그 정도가 지나치다는 점에서 과거와는 구분된다. 먼저 최근 영어 광풍의 배경을 살펴보자.

광풍의 배경으로는 무엇보다 우선 1997년 외환위기 이후에 우리 사회의 권력 지형이 바뀌었다는 점을 들 수 있다. 1997년 이전까지만 해도 미국은 우리를 도와주는 그저 그런 나라였다. 그러나 우리가 IMF의 보호관찰 대상이 되면서부터 미국과 보다 구체적인 권력 관계가 생기게 됐다. 소위 말하는 '갑을甲乙 관계'가 되었다. 우리는 IMF의 실질적인 리더가 미국 정부라는 것을 새삼 깨달았으며, 미국과 직간접적인 거래를 하는 기업들이 어떻게든 살아남게 된다는 것을 배웠다. 왜냐하면 달러가 필요했기 때문이다. 전 세계를 상대로 한 사업도 좋긴 하지만 달러를 가장 확실히 벌 수 있는 길은 미국 수출이었다. 물론 미국에 대한 수출이 획기적으로 늘지는 않았다. 그렇지만 수출 의존도는 더욱 높아졌으며, 달러를 더 모으기 위해 수입은 대폭 줄었다.

또 외환위기 이후 국내에 들어온 외국 자본은 압도적으로 미국계 자본이었으며, 무디스와 S&P와 같은 신용평가 회사들은 이들 투자 자본에 막대한 영향력을 행사했다. 블룸버그 통신과 같은 미국계 금융 매체가 본격적으로 등장한 것도 이 시기 이후였으며, 한국 정부의 정책은 물론 기업의 투자 결정 모두가 이들 언론의 관심사가 되었다. 그 결과 그 전까지는 군사적인 권력 관계만 존재했던 한국과 미국 사이에 경제적, 상징적 권력 관계가 형성되게 된다.

결론적으로 미국 유학파 또는 영어 잘하는 사람이 날개 달린 듯이 출세하게 되었다. 그런데 그 출세의 정도가 재미있다. 이제는 단순히 유학을 다녀온 것만으로는 안 된다는 현실이다. 다시 말해, 미국에서 유학한 사람이 아니라 미국에서 태어난 1.5세나 2세가 유입되는 세상이 된 것이다. 그들이 우리 사회에서 웬만한 회사, 꽤 괜찮은 회사의 한자리를 차지하게 된다. 그리고 외국계 컨설팅 회사와 외국계 은행 등이 들어오자, 미국 경제계와 네트워크를 갖고 있으면서 영어에 능숙한 사람들에 대한 수요가 커졌다. 그 자리를 놓고 우리 사회에서 일종의 엘리트들 간 대이동이 일어난 것은 당연했다. IMF 이전까지만 하더라도 한국 사회에서는 서울대를 포함한 토종 엘리트와의 네트워크가 가장 중요했다. 하지만 새로운 권력 엘리트가 등장했고, 이들에게는 가장 미국적인 것이야말로 가장 세계적인 것이었다. 그러니 미국의 모든 것을 배워야 하는 구조가 되고 말았다. 먼저 엘리트들이 앞서 미국을 배우고, 그 뒤를 중산층과 일반 서민들이 따라왔다. 묻지마 영어 교육이 확산된 배경이다.

하지만 냉정하게 국제사회를 한번 돌아보자. 우선 가까운 이웃 일본은 우리나라보다 훨씬 먼저 서양의 문화를 흡수했고 세계적인 경제 대국이면서 우리가 열망하던 미국에 대해서는 비자까지 면제된 나라다. 만약 우리 식으로 생각한다면 미국에는 엄청난 수의 일본인이 거주해야 하고 공부하고 있어야 한다. 우리나라의 인구와 일본의 인구를 대비해 보더라도 쉽게 답이 나온다. 그런데 과연 미국에는 그렇게 많은 일본인이 있을까? 실상은 그렇지 않다. 일본은 영어에 미쳐 있지도 않다. 일본 내부를 본다면 우리나라보다 영어 신문은 더 많다. 영어를 잘하는 사람들은 매우 잘하는 고급 인력이지만 대부분 영어에는 관심이 많지 않다. 아마 일본을 여행해 본 사람들이라면 일본 식당에서 "Water please!"라고 말해도 못 알아듣는 종업원이 많다는 것을 잘 알 것이다. 한국은 다르다. 웬만한 식당에서도 웬만큼 영어는 다 한다. 오랜 기간 동안의 영어 광풍의 결과다. 하지만 그 광풍이 이웃 나라 일본

보다 건강해 보이지는 않는다. 물론 일본에서도 엘리트나 관심 있는 사람은 영어를 열심히 파고든다. 그러나 중국어, 한국어, 프랑스어를 배우는 사람들도 많다. 물론 우리나라도 관심 영역에 따라 언어를 배우기는 하지만 영어가 대부분이다. 영어가 제일 중요한 수단이기 때문이다. 심지어 공무원 시험에도 영어가 나온다. 대학원을 졸업하기 위해서도 영어 점수를 내든가 영어 시험을 봐야 한다. 기업에 들어가거나 승진하기 위해서도 영어라는 관문을 통과해야 한다. 글로벌 지수를 높이기 위해 영어로 강의하고 수업도 영어로 들어야 하는 현실이다.

영어라는 성역, 계속되어야 할까?

우리 사회에서 대부분 사람들은 '글로벌=영어'라고 생각한다. 그러나 '우린 왜 이렇게 열심히 영어 공부를 하고 있지?'라고 물어보면 대부분은 '몰라, 남들 하니까, 안 하면 안 되니까.'라고 대답한다. 어느 순간부터 우리는 왜라는 질문도 사치스러울 만큼 영어를 해야 한다는 것을 너무도 당연하게 받아들였다는 말이다. 그렇다면 이제 이 현상을 영어 담론과 결부시켜 생각해 보자. 과연 모두가 영어에만 매달리는 이 현실이 정말 우리에게 도움이 되는 것일까를 먼저 질문해 보자. 너무도 당연한 것이라 질문을 던지는 것 자체가 우스울지도 모르겠다. 글로벌 시대니까 글로벌 언어인 영어를 배워야 하고, 영어를 못 하면 더 이상 생존할 수 없고, 국제사회에서 경쟁력을 확보하기 위해서는 전 국민의 영어 사용이 필요하다는 너무도 확고한 대답이 기다린다. 그래서 소설가 복거일 씨는 공개적으로 영어를 제2의 모국어로 하자고까지 주장한다. 하지만 영어는 더 잘살기 위한 수단이지 그 자체가 목적은 아니다. 게다가 우리에게 결정적인 여러 이해관계를 지키는 데 영어가 가장 중요한 도구 같지도 않다. 변화한 우리의 이해관계를 고려할 때 이 의혹은 더 커진다.

분명 외환위기 이후 우리는 미국의 영향을 더 많이 받고 있다. 하지만 그것이 반드시 미국과의 이해관계가 더 긴밀해졌거나 양국 간에 공동의 이해관계가 더 많이 생겨났다는 것을 의미하지 않는다. 오히려 그 반대일 수도 있다. IMF 위기는 물론 최근의 금융 위기에서도 보다 분명해진 것은 아시아의 집단적인 목소리를 내지 않고서는 우리는 거듭 당할 수밖에 없다는 점이다. 하다 못해 기름 한 방울을 수입해도 유럽처럼 집단 협상을 할 수 없는 아시아 국가들은 더 비싼 값을 치러야 한다. 하지만 아시아를 더 배우고 같이 공존할 수 있는 길을 찾아야 한다는 필요에도 불구하고 권력 관계의 작용으로 인해 우리는 거꾸로 가고 있다. 중국이라는 자꾸 커져만 가는 시장에서 어떻게 살아남을 수 있는지를 연구하기 위해서는 중국어를 해야 한다. 이미 미국보다 EU와의 무역량이 더 많은 상황에서 당연히 EU의 핵심 세력인 프랑스어와 독일어를 배우지 않으면 안 된다. ASEAN과의 무역과 교류가 보다 더 중요해지는 상황에서 영어만이 아니라 이들 국가의 나라말도 배워야 한다. 그럼에도 불구하고 우리 사회에서 미국과 영어는 이미 절대로 침범할 수 없는 성역이다.

개인적인 호적은 옮길 수 있을지 몰라도 국가가 위치한 지리적 위치는 옮길 수가 없다. 그런 의미에서 본다면 우리에게 미국은 외계인처럼 멀리 떨어져 있다. 2008년 하반기에 투자한 외국인들이 철수하는 것을 봐도 알 수 있다. 자기들이 필요하면 투자를 하려고 달려들지만 떠날 때는 한국의 미래나 경제 불안정 같은 것은 전혀 고려하지 않는다. 미국이 주장하는 글로벌 자본의 속성은 이렇게 냉정하다. 하지만 일본이나 중국은 우리에게 미국처럼 그렇게 행동할 수는 없다. 한반도가 불안해지면 중국도 불안해지기 때문이다. 만약 한국이 금융 위기가 나서 무너진다면 중국의 그 많은 수출업자들은 어떻게 될까? 문을 닫을 수밖에 없다. 북한과 한국에서 피난민들이 넘어와도 그 비용을 고스란히 지불해야 한다. 일본도 마찬가지다. 외환위기 당시 미국이 아닌 일본이 발 벗고 나서서 직접 구제금융을 제공하고 차관을 제공한 이유가 바로 여기에 있다. 그러나 이러한 경제적, 군사적, 지리적으로 공동의 이해관계가 부상하고 있는데도 불구하고 우리는 미국과 영어 배우기에만 몰입하고 있다.

과거에도 우리는 이런 실수를 무수히 반복했다. 고려 말기에는 꺼져가는 등불인 원나라에 집착하느라 명나라의 등장을 보지 못했다. 조선 말기에는 명나라에 대한 사대주의를 극복하지 못해 결국 병자호란이라는 참혹한 대가를 지불해야 했다. 또 구한말에는 청나라에 대한 종속을 극복하지 못했고, 심지어 청나라가 일본은 물론 영국에 패배한 이후에도 변화한 현실을 받아들이지 못했다. 그 결과 당시 우리 사회를 이끌었던 엘리트만이 아니라 일반 국민들까지 고통스러운 세월을 보내야 했다. 그 점은 지금도 크게 다르지 않고, 권력 관계의 속성에서 비롯된 자연스러운 현실이기도 하다.

외환위기 이후 우리 사회의 새로운 권력층으로 자리 잡은 사람들은 엄밀하게 말하면 토종 엘리트와는 다르다. 굳이 적당한 비유를 찾자면 프란츠 파농의『대지의 저주받은 사람들』에 나오는 '까만 얼굴을 한 백인'에 가깝다. 글로벌 기술 관료들에 해당하는 이들이 생각하는 국가 이익과 대한민국 다수의 국가 이익은 다르다. 이들에게 가장 중요한 것은 기득권을 유지하고, 자기가 속한 회사의 주주 이익을 극대화하는 데 있다.

물론 과거와 달리 영어는 이미 국제적인 언어이며, 이를 통해 보다 적극적으로 세계화를 수용하는 것이라고 말할 수 있다. 미국의 패권이 최소한 100년은 간다고 할 때 미국과의 관계 강화가 득이면 득이지 손해 볼 것은 없다. 또 영어만이 아니고 다른 언어도 다 잘하면 된다고 한다. 하지만 인간은 누구나 한정된 자원을 가지고 살아갈 수밖에 없다. 초등학교에 들어가기도 전에 영어에 매달리면 당연히 다른 것은 소홀히 할 수밖에 없다. 모든 나라와 관계를 돈독히 하면 좋긴 하지만 현실적으로 전략적 선택을 해야 하는 것이 냉혹한 국제 현실이다. 더욱 슬픈 것은 게임의 법칙이 변할 경우 이 노력은 무용지물이 되고 만다는 것이다. 인류의 역사가 이를 잘 말해 준다. 20세기 가장 강대한 제국이었던 오스만투르크를 기억하는 이는 없다. 구소련에 유학을 다녀온 사람들이 제대로 된 일자리 하나 못 찾고 있는 실정이다.

프랑스나 독일 사람과 영어로 이야기하면 더 좋다고 말하는 이도 있다. 순진한 발상이다. 우리가 왜 영어를 배우는지를 생각해 보자. 물론 프랑스 사람들도 엘리트들은 영어를 한다. 하지만 엘리트 아닌 사람들은 굳이 영어를 배우지 않는다. 평범한 미국인이나 일본인이 굳이 다른 나라 말을 적극적으로 안 배우려는 것도 마찬가지다. 그럼 영어를 못 하는 프랑스인이나 일본인과는 아무것도 못 하는 결과가 된다. 그렇기 때문에 제대로 된 사회라면 과연 우리에게 무엇이 도움이 되는지, 우리의 이해관계를 지키기 위해서는 어떻게 해야 하는지를 묻고 그에 맞는 전략을 국가적으로 모색해야 한다. 정부가 나서서 영어만이 아니라 라틴어, 스페인어, 독일어와 프랑스어를 배우도록 장려해야 한다. 공무원, 기업체, 학교의 어학 시험도 다양화시켜야 한다. 그래서 우리 중약 30퍼센트는 영어를 하고, 10퍼센트는 프랑스어를 하고, 10퍼센트는 독일어를 하고, 나머지는 중국어와 일본어를 할 수 있어야 한다. 그래야 환경의 변화에 탄력적으로 적응할 수 있다.

4 글로벌 담론

'글로벌'의 정체

'글로벌global'이라는 단어는 국가와 국가가 서로 연결되어 있다는 의미의 '인터내셔널international'이라는 단어를 대체하며 나왔다. 글로벌이 되면 'We are the world.'가 된다. 누군가의 노랫말처럼 그냥 하나의 지구촌이 된다는 뜻이다. 그 속에선 국가 간의 차별과 불평등, 인종 대립이나 갈등 또는 피부색의 문제, 가진 자와 못 가진 자의 갈등이 사라져 버린다는 것이 글로벌의 이상이다. 아름답고 좋은 이미지다.

그렇다면 글로벌이란 단어가 어떻게 생겨났고 왜 이렇게 유행되고 있을까? 많은 주장이 있지만 그중의 하나에 따르면 글로벌이라는 단어는 IBM의 마케팅 전략사업부에서 처음 만들었다고 한다. 당시 IBM

은 국제시장을 겨냥하고 있었고, 미국 기업이라는 이미지는 경영 측면에서 유리하지 않았다. 우리처럼 미국을 사랑하는 나라도 있지만 유럽이나 아랍권에서 미국의 이미지는 그리 좋지 않았다. IBM 입장에서는 다국적 기업이라는 말도 불편했다. 국가, 민족, 인종, 종교, 계급과 무관하게 지구촌을 상대로 하는 중립적인 기업 이미지가 필요했다. 글로벌 기업이라는 용어는 그런 면에서 가장 적격이었다. 만약 미국이 1948년 브레튼우즈에서 협상할 때 이런 생각을 했다면 분명히 국제international 통화기금이 아닌 글로벌통화기금으로 이름을 지었을 것이다. 실제 국제부흥개발은행International Bank for Reconstruction and Development의 이름은 세계은행World Bank으로 바뀌었다.

우리나라에서 '글로벌'이라는 단어는 거의 한국말처럼 쓰이고 있다. 그래서 대한민국에서 가장 유명하다는 포털사이트에 들어가서 이 단어를 검색해 보았다. 검색 결과 첫 번째는 검색이 안 된다고 나왔다. 회사 이름들만 나올 뿐 '글로벌'의 뜻도 나와 있지 않았다. 한글로 검색해서 그런가 싶어서 이번에는 영문으로 'global'을 검색해 보았다. 2004년에 등록된 신조어로 '전 세계적인', '전 지구적인'이라는 뜻풀이만 나온다. 이번에는 '위키백과'에서 '세계화'라고 검색해 보니 "세계화globalization 또는 globalisation란, 그동안 달랐던 사회가 전 세계적으로 서로 밀접한 관계를 갖게 되는 과정을 이른다. 이 과정은 경제적, 과학기술적, 사회문화적, 정치 권력과 맞물려 있다. 문명과 사회는 교류하고 충돌하면서 이익과 손해를 보기도 한다. 강대국 중심의 재편이라는 비판도 있다."라고 나온다. 그리고 그 아래 쪽에는 부연 설명으로 "세계화는 강대국 중심의 세계 질서의 재편이다. 이미 정치적, 경제적 권력을 지닌 강대국들이 구조적으로 취약한 제3세계를 비롯한 타 국가들과 장벽을 허물고 시장을 확대한다. 이는 결국 제3세계의 구조적 취약성을 더욱 강화한다."라고 설명되어 있다.

이렇게 사전에도 정확히 명시되어 있지 않은 '글로벌'이라는 단어가 도대체 어떻게 우리 머리와 마음속에 자리 잡게 된 것일까? 그 메커니즘을 조금 더 깊이 들여다보자. 글로벌에 대한 지식들, 태도, 이미지, 상징들이 만들어지는 과정에 대해서 말이다. 먼저 생각해야 할 것은 한국 사회 내부에 권력의 피라미드가 있듯이 국제사회도 마찬가지라는 점이다. 즉, 국제사회에도 권력 관계가 있고 여론 지도층도 있다. 예를 들어, 한국의 신문, 방송, 인터넷은 미국에서 일어나는 일이라면 아무리 사소한 것이라도 안 놓치고 전달하려고 한다. 우리의 집단적인 의식 구조 속에서 미국은 이미 큰 집이 되어 있다는 말이다. 항상 거기서 무슨 일이 일어나는지, 어떤 내용이 논의되는지가 중요한 관찰 대상이 된다. 뭔가 무지 낯이 익은 풍경이다. 과거 고려의 귀족들이 몽고족이 세운 원나라의 의상, 풍습, 문화를 열심히 배우고 모방했다는 '몽고양'과 크게 다르지 않은 것 같다.

권력 관계는 회사, 가정, 국가, 국제사회 어디서나 비슷하게 적용된다. 우리 사회에서 아버지가 가진 권력을 한번 생각해 보자. 얼핏 보면 아버지가 무슨 힘이 있을까 생각할 수 있다. 겉으로 보면 그렇지만 대부분 생활비와 용돈은 아버지로부터 나온다. 가족들의 물리적인 안전도 결국 아버지가 있어 가능하다. 아버지가 집에서 나가라면 나가야 한다. 그래서 아버지를 구조적 권력이라고 하고 어머니를 상대적 권력이라고 한다. 국제사회로 치면 미국은 구조적 권력이고 일본이나 영국은 상대적 권력이다. 상대적 권력은 구조적 권력이 정해 놓은 규칙 안에서만 영향력을 행사할 수 있다. 다시 말해서 어머니의 결정은 아버지의 승인 아래에서만 움직인다는 말이다. 바뀔 수 있는 여지는 많지 않다. 그래서 집안에서 자녀들은 자연스럽게 아버지의 눈치를 가장 많이 살피게 된다. 만약 아버지의 기분이 안 좋거나 분위기가 심상찮으면 정신을 바짝 차리게 된다. 미국이 국제사회에서 행사하는 권력도 정확히 이러하다. 북한이 미사일 쏘는 것과 미국이 핵무기 연습하는 것은 질적으로 다르다. 그래서 미국의 무력은 최후의 보루여야 하고, 미국이 이 권력을 남용하면 국제사회는 재빨리 이를 보고 따라하게 된다.

이러한 권력 관계로 인해 특정한 담론이 지배적이 되기도 하고 밀려나기도 한다. '정보 고속도로information highway'란 개념을 생각해 보자. 이 개념은 이미 1970년대 프랑스와 1980년대 일본이 제기한 바 있다. 그러나 1990년대 중반 미국이 주도권을 행사한 이후에야 비로소 전 세계적인 개념으로 알려지게 된다. 국제적 권력 관계가 담론의 확산에도 영향을 미친다는 말이다. 그렇다면 어떤 과정을 통해 글로벌이란 담론이 지배적인 담론이 되는 것일까? 그 첫 단계는 미국의 지식인들, 정책 담당자들, 언론과 싱크탱크들이 이 담론을 생산하는 데서 시작한다. 그 다음, 이 담론은 국제 정보 질서를 통해 유통되는 단계에 들어선다. 노스캐롤라이나 주립대 로버트 엔트먼 교수는 이를 폭포수에 빗대어 '캐스케이드 효과cascade model'라고 했다.

IBM에서 글로벌이라는 단어를 만들었던 시점으로 돌아가 이를 설명해 보자. 위에서 말한 것처럼 IBM이 글로벌이라는 단어를 만든 이유는 많다. 하지만 이 단어를 미국 사회만이 아니라 국제사회에 퍼뜨리지 않으면 의미가 없다. 미디어가 등장하는 것은 이 단계다. 우선 미국에서 유통되기 시작하고, 미국을 주목하는 국제사회에 자연스럽게 '폭포수의 물'처럼 흘러 내려간다. 물론 처음에 다른 나라 기자가 안 받아들일 수도 있다. 왜 글로벌인데? 인터내셔널, 멀티내셔널 쓸래. 그게 맞잖아. 그런데 국제적인 전파력을 가진 미국의 언론 매체들이 이 용어를 계속 사용하면 점점 더 많은 참고 문헌들에서 이 단어가 쓰이게 된다. 참고 문헌에서 쏟아져 나오고, 미국의 유명 석학들과 대학들 그리고 언론들이 주장을 하면 이것을 거부할 수 있는 국제부 기자는 많지 않다. 게다가 이 과정에는 약소 국가들의 엘리트들이 가세한다. 항상 미국에 레이더를 고정시키고 있는 이들에게는 미국에서 유행하는 단어를 안다는 것은 그 자체로 자산이 되기 때문이다.

외환위기 당시 로렌스 서머스 재무차관이 한국의 문제는 거시경제가 아닌 미시경제의 문제라고 말한 이후 많은 경제학자들이 이 말을 사용했다. 조지프 나이 교수의 '소프트파워'란 개념도 마찬가지다. 이 말이 왜 사용되고 있는가는 중요하지 않고, 이 단어를 아는 것 자체가 지적인 우월성을 보장해 준다. 글로벌이란 단어는 이렇게 확산되었다. 국내 엘리트들이 사용하는 단어는 그 다음 단계에서 자연스럽게 언론, 학교, 강연회 등을 통해 일반 국민에게 전달되는 순서를 거친다. 그 결과 글로벌은 우리 사회의 지배적인 담론이 되고, 우리는 그에 맞춰 살아갈 것을 요구받고, 그에 맞는 생활 양식으로 우리들 스스로를 변화시키게 된다.

'global'이 '글로벌'로 바뀌는 과정

문제는 이 과정에서 이 단어를 만든 배경, 즉 글로벌 논리들이 함께 전달된다는 데 있다. 글로벌이라는 단어가 단순히 말장난이라고 생각하면 안 된다. 일단 하나의 담론으로 전파된 이상 사용하지 않는 것이 쉽지 않을뿐더러 다른 용어로 대체하기도 힘들다. 왜냐하면 왜 글로벌이라고 하는지, 그 특징은 무엇인지에 관하여 계속 누군가에 의해 지식으로 만들어지기 때문이다.

한국에 있는 어떤 똑똑한 사람이 '나는 글로벌 대신 지역연합 regionalism이란 단어가 좋다.'라고 하면 지역연합 담론과 글로벌 담론이 서로 경쟁부터 해야 한다. 먼저 지식 생산 면에서 경쟁한다. 상대적으로 소규모인 지역연합 담론을 생산하는 세력이 이 경쟁에서 밀리는 것은 당연하다. 더군다나 진짜 경쟁은 글로벌의 담론을 확대 재생산하는 유통 측면에 있다. 전 세계 통신사와 언론사를 활용할 수 있는 미국과 경쟁하기는 거의 불가능에 가깝다. 뿐만 아니라, 같은 말이라도 누가 어떤 상황에서 하는가에 따라 파급력이 달라지는 게 담론의 속성이다. 예를 들어, 미국 하버드대의 교수가 말하는 주장과 국내에서 학위를 받은 학자의 주장이 담론 경쟁을 할 경우, 하버드대 교수의 담론이 주로 살아남기 마련이다. 글로벌 담론을 쉽게 이기지 못하는 이유가 여기에 있다.

또 글로벌 담론에는 특정한 태도, 실천과 가치들이 포함되어 있다. 그래서 어느 순간 글로벌하게 놀지 않으면 촌놈이라는 소리를 듣게 된다. 그런데 그 개념이 위험할 때가 많다. 우리 경우를 한번 생각해 보

자. 한국에서 글로벌은 1997년 외환위기를 계기로 급속히 전파되었다. 외환위기 담론, 신자유주의 담론, 영어 담론 및 글로벌 담론이 구분도 없이 뒤섞인 채 들어왔다. 당연히 구체적인 실천들도 뒤따라왔다. 가장 쉽게는, 정부가 모든 면에서 손을 떼고 시장의 자율을 최대한 보장해야 한다는 인식이 확산된다. 정부가 잘못 개입해서 금융 위기가 왔고, 지금은 글로벌 시대이기 때문에 국가는 더 이상 필요없다는 논리다. 또 글로벌 시대니까 국가 엘리트는 필요없다는 논리도 전개된다. 글로벌은 단일한 통치 시스템만 있으면 된다. 회사로 치면 초거대 기업으로 합병된 상태다. 예전에는 구멍가게가 여러 개 있었으니까 사장도 여러 명이 필요했다. 그러나 글로벌 시대에는 규모의 경제가 필요하고 구멍가게는 다 문을 닫아야 한다. 더욱이 후진국의 국가 엘리트들은 국제 기준에서 봤을 때 능력도 부족하고 타락하기까지 했다. 그래서 정부 관료들을 포함한 토종 엘리트들에 대한 국민적 불신은 커지고, 그 자리를 글로벌하게 교육받은 새로운 엘리트들이 자연스럽게 차지한다.

그러나 여기서 문제가 발생한다. 과연 글로벌의 유지와 확대, 운용, 효율적인 시스템 관리에 더 주안점을 두는 이들 글로벌한 엘리트들이 한국 사람들의 이해관계를 얼마나 챙겨 줄 것이냐 하는 문제가 생긴다. 결론부터 말하면, 이 사람들에게는 대한민국의 공공이익이나 국가 이익은 그다지 중요하지 않다. 미국에 있는 A라는 회사가 지금 당장은 한국 사람이 필요해서 왔지만 여러 가지 이유로 떠나 버리면 우리는 순식간에 굶어 죽게 된다. 글로벌에 반대되는 개념으로 지역연합이라든가 민족주의와 같은 개념이 여전히 유효한 것은 이 때문이다. 그런데 글로벌이 우리의 생각 틀을 바꿔 놓았기 때문에 지역연합이나 민족주의를 얘기하는 것은 촌스럽거나 비정상이 되어 버린다. 우리 모두의 집단적인 정서와 인식이 담론의 작용에 의해 완전히 바뀌었다는 말이다.

인터넷을 뒤져 보면 글로벌이란 이름을 달고 있는 회사들이 정말 많다. '글로벌'하게 보이고 싶다는 욕구가 반영된 것으로 보인다. 그러나 박정희 대통령이 1970년대 민족 정체성을 회복하기 위해 경주의 불국사 등을 재건축할 당시 가장 아름다운 단어는 '전통'이었다. 오늘날의 삼성전자, 현대자동차, 포항제철을 만드는 데 큰 역할을 했던 '국산품 애용'도 한때는 너무도 좋은 말이었다. 이렇듯 우리가 의식하든 못하든 담론은 우리 삶의 구석구석에 들어와 있다. 뿐만 아니라, 비록 담론과 현실의 변화가 반드시 인과관계는 아닐지라도, 담론은 사람의 의식에 영향을 미치고, 의식은 일상적 실천과 제도적 변화를 가져오고, 이는 궁극적으로 새로운 사회 구조로 이어진다.

그렇다면 우리가 우리 스스로 만들어 놓은 '현실' 속에서 살아가는 동안 다른 사회도 우리와 동일하게 살고 있는지를 한번 살펴보자. 만약 우리가 믿고 있는 것처럼 전 세계가 동일하게 글로벌을 추구하고 영어를 공부하고 미국식 모델을 택하고 있다면, 우리가 만든 자기 최면은 아주 좋은 전략일 수 있다. 그러나 남들은 다른 전략을 추구하고 있을 뿐만 아니라, 우리의 전략이라는 것 자체가 보다 더 큰 힘의 영향에 의해 틀 지워졌다면 문제는 심각하다. 보다 더 큰 힘에 의해 틀 지워진다는 것은 무엇을 의미할까?

위에서 몇 번 나왔던 로렌스 서머스는 30대에 MIT 교수로 부임했고, 40대 초반에 세계은행 부총재를 거쳐 재무부 차관까지 된 신화적인 인물이다. 그는 아시아 위기를 잘 해결했다는 공로로 그 이후 재무부 장관을 거쳐 하버드대 총장으로 임명된다. 그러나 그런 그가 총장직을 물러나게 된 계기가 재미있다. 한 사석에서 그는 "수학자 중에 여자가 적은 것은 여자들이 선천적으로 수학적인 머리가 부족하기 때문"이라고 했다. 당연히 여성계의 엄청난 비난이 이어졌다. "여자가 수학적인 머리가 나쁜 것은 유전적인 것이 아니라 사회적 학습에 의한 것"이며, 여성 수학자를 길러내기 위해서는 보다 적극적인 '사회적 배려'가 필요하다는 게 비난의 핵심이었다. 우리가 주변에서 흔히 볼 수 있는 것처럼 미국만이 아니라 전 세계적으로 여자애들이 태어나면 수학, 경제학, 정치학 대신 교육, 예술, 심리학을 권한다. 그 결과 특별한 경우가 아니면, 여자들이 경제, 정치, 군사 등과 같은 게임의 법칙을 결정하는 분야에 진출하기란 쉽지 않다. 이러한 사회적 학습을 무시하고 이 분야에 여성이 적은 것을 유전학적이라고 설명했다는 점에서 하버드대 총장의 자격은 없어 보인다.

그런데 정작 문제는 그의 이런 시각이 단순히 여성에게만 국한되지는 않았다는 점이다. 지난 1997년 아시아 위기가 발생하고 일본이 AMF를 설립하고자 했을 때, 서머스는 복잡한 통화 체제를 아시아 스스로 감당할 만한 능력도 의지도 없다고 말한 것이다. 50년 가까이 미국의 보호 아래서 돈만 밝힌 일본이나, 자기 나라 수도 한복판에 외국 군대를 주둔시키고 있으면서도 반미 구호를 외쳐 대는 한국에 대해 미국 엘리트들이 이런 생각을 하는 것도 무리가 아니라는 생각이 든다. 그래도 오늘날 아시아가 가진 정체성이 예전부터 그랬던 것은 아니었다는 점과 이러한 정체성 형성에 권력 관계가 작용했다는 점은 지적할 필요가 있다. 그리고 위의 사례들은 권력이 담론을 통해 어떻게 작용하며 그 결과가 현실에서 실제 어떻게 드러나는가를 보여 주고 있다.

5부 도전과 응전

1 유로의 실험

통화 권력은 발언권

작년 2008년 미국의 금융 위기 이후 흔하게 들을 수 있는 이야기 중의 하나는 미국의 패권이 저물고 다극화 시대가 온다는 말이었다. 달러화가 세계 기축통화로서의 기능을 상실했으며, 조만간 유로화, 위안화, 엔화 등에 의해 도전받는 '다극' 체제가 온다는 주장이었다. 쑹훙빙宋鴻兵의 『화폐 전쟁』과 애디슨 위긴의 『달러의 경제학』 등이 이러한 분위기를 타고 베스트셀러 반열에 올랐다. 그러나 약 20년 전 1989년만 하더라도 우리는 미국을 중심으로 한 일극주의uni-polar 시대가 도래했다고 말했다. 그리고 1990년 1차 걸프전은 단극 체제의 위력을 유감없이 보여 주었다. 다들 알겠지만 여기서 말하는 '극polar'의 개념이 무엇인가를 살펴볼 필요가 있다. 단극, 양극, 다극과 같은 개념에서 핵심 부분은 게임의 규칙을 정하고 강제하고 유지하는 데 있어 얼마나 많은 국가들이 참여하는가의 문제다. 국제 안보, 금융, 신용과 생산 질서를 통해 이를 살펴보자.

2009년 현재 UN에는 미국, 영국, 프랑스, 러시아, 중국 등 5대 상임이사국이 있다. 얼핏 보면 5극 체제로 보인다. 하지만 현실적으로 상임이사회에서 거부권을 행사한 나라는 미국과 러시아 정도밖에 없으며, 미국이 압도적으로 많이 행사했다. 또 '위키피디아' 자료에 따르면 2008년 기준으로 전 세계의 군사비 지출 규모는 8950억 달러이며, 미국은 이 총액의 58퍼센트인 5470억 달러를 군사비로 지출하고 있다. 유럽 단일 통화가 2002년부터 성공적으로 유통되고 있지만 유럽의 안보는 북대서양조약기구NATO에 의해 유지되고 있으며, 나토의 지휘권은 미국에 있다. 미국과 소련에 이어 영국은 세계에서 세 번째로 먼저 핵을 보유한 국가지만 영국의 핵무기 사용권도 미국의 통제 아래 있다. 일본과 한국의 안보도 미일 방위조약과 한미 방위조약에 의해 유지되고 있으며, 한국 군대의 작전권이 미국 태평양함대 사령관에게 있다는 것도 부정할 수 없다. 하지만 블라디미르 푸틴 대통령 이후 러시아의 군사력은 지속적으로 강화되어 왔으며, 2008년에는 미국의 미사일방위시스템MD을 무력화시킬 수 있는 차세대 대륙간탄도미사일ICBM의 개발에도 성공했다. 중국 역시 1964년 핵 실험에 성공한 이후 지속적으로 군 현대화를 추진하고 있으며, 미국은 이에 대한 대응으로 2002년 중국을 전략적 경쟁자로 규정하기도 했다.

그렇다면 안보 측면에서 봤을 때 현 상황을 어떻게 봐야 할까? 미국의 독주 시대인 단극으로 봐야 할까, 아니면 러시아에 의해 견제되는 양극으로 봐야 할까? 아니면 그보다 더 확대된 다극으로 봐야 할까? 해답은 각자의 몫이다. 그러나 미국에 대한 군사 라이벌의 등장을 허용해서는 안 된다고 했던 레이건 독트린이 쉽게 해체될 것 같지는 않다. 유럽에서 러시아를 지속적으로 자극함으로써 나토의 필요성을 유지하고자 한다는 것과, 아시아 지역에서 중국을 지속적으로 자극함으로써 미국의 균형자적 역할을 유지하려는 것 모두가 군사적 단극주의를 유지하려는 전략에서 비롯되었다.

유로 통화를 출범시킨 직후, 자크 시라크 프랑스 전 총리는 유로의 진정한 목적은 국제 금융시장에서 유럽이 미국과 동등한 발언권을 갖게 하는 데 있다고 말했다. 또 로버트 먼델 컬럼비아 대학교 교수도 미국이 국제사회의 주도권을 확보하는 데 있어 달러 헤게모니의 유지는 군사적 절대 우위만큼 중요하다고 지적했다. 따라서 국제 금융 질서에서 1999년 출범한 유로의 의미는 각별하다. 물론 최근 2008년 기준으로 국제 예탁 자산에서 유로화가 차지하는 비중은 달러화의 67퍼센트에 비해 턱없이 부족한 30퍼센트 대에 머물고 있다. 글로벌 금융 위기가 발발했을 때 달러화에 대한 수요가 오히려 증가한 것을 봐도 달러 중심의 단극 질서가 여전히 유효함을 알 수 있다. 신국제통화 질서가 논의되고 있지만 IMF나 세계은행의 의사 결정에서 미국만이 누리고 있는 거부권을 다른 국가들에게 확대할 것 같지도 않다. 잘 알려진 바처럼 무디스, S&P, 피치 등을 대체할 신용평가 회사가 설립될 가능성도 낮아 보인다. 따라서 금융 질서에서 단극을 의미하는 달러 패권은 당분간 더 지속될 가능성이 높다.

하지만 2001년 9·11 테러와 닷컴 버블의 붕괴 이후 유로화에 대한 달러화의 가치는 약 50퍼센트 가까이 하락했다. 베네수엘라와 이란을 시작으로 석유 결제에 있어 달러화 대신 유로화를 요구하는 국가들도 늘어나고 있는 추세이며, 유로화의 유통으로 인해 달러화에 대한 수요는 큰 폭으로 줄어들 것으로 예상된다. 아직은 실험 단계에 있지만 2008년 1월부터 아시아 통화 단위가 아시아개발은행에 의해 발표되고 있으며, 아시아통화기금과 관련한 논의도 다시 활성화되고 있다. 국내총생산GNP 규모에서도 미국은 이미 유럽은 물론 ASEAN+3보다도 적은 규모이다. 미국의 무역 적자는 최근 더욱 확대되고 있는 추세이며, 천문학적인 구제금융으로 인한 재정 적자 확대도 우려할 만한 수준에 이르고 있다. 우리가 2008년 글로벌 위기의 파장에 주목하는 것은 이 때문이다.

그렇다면 과연 지금 현재 국제사회는 어떻게 움직이고 있을까? 과연 우리는 이 거대한 조류를 제대로 읽고 있기는 한 걸까? 그렇지 않으면 우리가 만든 현실에 갇혀 '우리가 보고 싶은 것'만 보고 있는 것은 아닐까? 유럽, 아시아 및 미국이 추구한 도전과 응전의 역사를 살펴봄으로써 이에 대한 실마리를 찾아보자.

유로 vs. 달러

한국, 중국, 일본 간의 협력이 불가능하다는 주장을 하는 사람들은 흔히 이들 국가 간 감정의 골이 너무도 깊다는 점을 지적한다. 또 역사적으로 이들 국가 간 평화보다는 분쟁이 더 많았다는 점도 말한다. 하지만 모든 사실은 상대적이다. 동아시아 국가들 간 알력의 역사는 우선 프랑스, 독일, 영국과 비교할 바가 못 된다. 더욱이 국제관계에서 전략적 협력은 특정 국가를 좋아하고 싫어하는 감정과는 무관할 때가 많다. 9·11 테러가 터지기 전만 해도 적대국으로 배척했던 파키스탄을 미국이 전략적 협력자로 받아들인 것이나, 중국과 러시아가 과거의 앙금을 털고 미국의 전략에 대응하기 위해 상하이협력기구SCO를 조직한 것이 그 증거다. 1951년 독일과 프랑스의 주도로 타결된 유럽석탄철강공동체ECSC도 이러한 전략적 필요성에 의한 '정치적' 결정이었다. 만약 당시의 결단이 없었다면 오늘날 단일 통화나 정치적 공동체로서의 유럽연합에 대한 비전은 요원했을 것이다.

단일 통화 유로화의 구상은 1967년 독일의 콘라트 아데나워 수상과 프랑스의 드 골 대통령 간의 합의를 통해 시작된 것으로 알려졌다. 하지만 유럽, 특히 프랑스와 독일이 달러 체제의 문제점에 대해 고민하기 시작한 시점은 이보다 훨씬 전인 1960년대 초반으로 거슬러 올라간다. 이 시기는 IIE 프레드 벅스텐 소장이 말하는 것처럼, 전쟁 직후의 달러 부족 사태가 해결되고 유럽 국가들의 통화들이 국제 금융시장에서 정상적으로 거래되고, 미국의 국제수지가 점차 악화되기 시작한 시기였다. 그리고 이 기간 동안 드 골 프랑스 대통령은 미국의 유럽 투자 및 유럽 내 자산의 매입이 더 이상 축복이 아니라, 종이에 불과한 달러를 통해 미국이 유럽 경제를 실질적으로 장악하고 있는 것이라고 공개적으로 비난하기 시작했다. 그리고 이 시기를 즈음해서 프랑스는 핵실험에 성공한다.

유럽 각국의 화폐는 이제 단일 통화 유로화로 대체
되었다. 유로 통화를 출범시킨 직후, 자크 시라크 프
랑스 전 총리는 유로의 진정한 목적은 국제 금융시
장에서 유럽이 미국과 동등한 발언권을 갖게 하는
데 있다고 말했다. 또 로버트 먼델 컬럼비아 대학교
교수도 미국이 국제사회의 주도권을 확보하는 데 있
어 달러 헤게모니의 유지는 군사적 절대 우위만큼
중요하다고 지적했다. 따라서 국제 금융 질서에서
1999년 출범한 유로의 의미는 각별하다.

또 당시 유럽은 트리핀의 딜레마에 직면해 있었으며, 이는 미국의 베트남전 참전과 이를 위한 재정 적자 확대로 더욱 가속화되었다. 그래서 드 골 대통령은 수출 대금에 대한 결제를 달러가 아닌 금으로 해줄 것을 요청하기에 이른다. 그리고 한 발 더 나아가 달러 대신 국제적인 결제 통화 기능을 할 수 있는 특별인출권SDRs을 사용할 것을 제안하게 된다. 그러나 미국 주도의 NATO북대서양방위조약를 통해 안보를 보장받고 있는 서독은 미국의 압력을 거부할 수 없었고, 1967년 달러 대신 금으로 결재를 하지 않겠다고 공개적으로 선언하게 된다. 독일과 프랑스의 두 정상이 1967년 유럽통화협력에 합의하게 된 데에는 이런 배경이 작용한 것이었으며, 당시 논의는 1973년 유럽통화협력기금의 설립으로 이어지게 된다.

그 후 1970년대 후반 국제사회는 석유 가격의 폭등과 달러화 하락이라는 또 다른 급변기를 맞는다. 이때부터 유럽은 본격적인 대안을 모색하게 되고, 그 첫 열매는 1979년 유럽통화 체제의 출범으로 드러났다. 하지만 당시 이 체제에 참가한 국가들은 프랑스, 독일, 이탈리아와 그리스 등을 포함한 12개국에 불과했고, 유럽에서 가장 앞선 금융 강국 영국은 1990년에야 가입하게 된다. 조금 더 진보된 형태로 단일 통화 유로화에 대한 비전은 1989년 들뢰즈 보고서의 채택으로 더욱 구체화되었고, 결국 이 보고서를 통해 처음으로 3단계 단일 통화 계획안이 확정되었다. 특히 독일은 이 과정에서 프랑스와 더불어 주도적인 역할을 수행했으며, 1989년 베를린 장벽의 붕괴로 때 이른 통일을 맞은 독일에 단일 통화는 단순한 경제적 이익을 넘어 정치 및 안보적 이익을 동시에 함축하고 있었다. 그러나 1992년 유럽 통화 위기로 인해 유럽 국가들의 스네이크 체제공동 환율 변경 제도는 실패로 돌아갔으며, 뒤늦게 유럽통화 체제에 가입했던 영국은 이 위기를 계기로 탈퇴하게 된다. 영국과 달리 독일과 프랑스는 이 위기를 계기로 단일 통화의 필요성을 더욱 절감했고, 결국 이들의 주도로 유로는 1999년 공식적으로 출범하게 된다.

하지만 미국 달러화에 대한 경쟁 통화로 출발한 유로화에 대한 신뢰는 높지 않았다. 2002년 공식적으로 유통되기 직전까지 유로화의 가치는 한때 1달러당 0.8대로 가격이 하락하기도 했다. 하지만 2001년 미국이 9·11 테러를 당하고 미국의 재정 적자 문제가 심각해진 데다 닷컴 버블의 붕괴 및 아프가니스탄 전쟁, 이라크 전쟁의 발발 등으로 인해 달러화의 강세는 저물기 시작했다. 유로화는 그 이후 급속히 안정기에 접어들었다. 그리고 2008년 미국발 금융 위기는 유로화가 달러화를 대신할 수 있는 대안 통화로서의 지위를 확고히 하는 계기로 작용했다. 유로화는 2004년 1.26달러, 2005년 1.32달러, 2007년 10월에는 1.44달러를 기록한 데 이어 2009년 1월 현재 1.6달러에 이르고 있다.

이러한 외형적인 성공에도 불구하고 유로화의 장래가 반드시 밝은 것만은 아니다. 먼저 달러화와 달리 유로화는 단일 정부가 아닌 느슨한 형태의 국가연합에 의해 공동으로 관리된다는 약점이 있다. 즉 정치적 구심점이 없는 상태에서 유로화에 대한 시장의 신뢰는 제한적일 수밖에 없으며, 구성원 간 분쟁이 있을 경우 유로화 자체가 붕괴될 수도 있다. 미국의 통신사였던 UPI는 이런 이유로 "정치적인 동기에서 비롯된 유로화는 성공 여부가 불확실한 실험이며, 근본적 모순을 내재한 이 통화로 인해 향후 유럽에서 되돌릴 수 없는 정치적 분열이 초래

단일 통화 유로화의 구상은 1967년 독일의 콘라트 아데나우어 수상
(오른쪽)과 프랑스의 드 골 대통령(왼쪽) 간의 합의를 통해 시작되었다.
하지만 유럽, 특히 프랑스와 독일이 달러 체제의 문제점에 대해 고민
하기 시작한 시점은 이보다 훨씬 전인 1960년대 초반으로 거슬러 올
라간다. 이때 드 골 대통령은 미국의 유럽 투자 및 유럽 내 자산의 매
입이 더 이상 축복이 아니라, 종이에 불과한 달러를 통해 미국이 유럽
경제를 실질적으로 장악하고 있는 것이라고 공개적으로 비난하기 시
작했다.

될 것"이라고 경고한 바 있다.《뉴욕 타임스》역시 유로화의 실험은 "유럽 판 미국을 지향하는 동시에 독일을 유럽 국가들에 온전히 묶어 두기 위해 채택된 정치적인 의도"일 뿐만 아니라 "단일 정부에 의해 보증되지 않는 종이 화폐에 바탕을 둔 거창한 실험"에 불과하다고 폄하했다.

유럽연합은 또 미국이 지휘하는 NATO를 통해 안전을 보장받고 있다는 치명적인 약점을 갖고 있다. 미국의 군사 패권이 달러 패권과 같이 성장해 왔다는 것을 감안할 때, 독자적인 방위력에 의해 뒷받침되지 못하는 유로화가 달러화의 진정한 경쟁 통화가 되기는 어렵다. 실제 2003년 이라크 전쟁 당시 유럽 국가들 내부의 분열은 그 위험성을 잘 보여 주었다. 당시 프랑스와 독일은 이라크 전쟁을 강하게 비판한 반면 영국, 폴란드, 스웨덴 등은 미국의 입장을 지지했다. 그 틈새를 미국은 잘 이용했으며, 럼스펠드 당시 미국 국방장관은 프랑스와 독일을 늙은 유럽이라고 공개적으로 비판하기도 했다. 정치적 구심점이 없다는 것과 군사적인 뒷받침이 없다는 것과는 별도로 개별 국가의 경제 주권이 침해된다는 우려도 많다. 이에 따라 덴마크는 국민투표를 통해 유로화 가입을 거부했으며, 영국도 여전히 유로화를 채택하지 않고 있다. 물론 아이슬란드와 같이 유로화를 채택하지 않은 국가들이 2008년 글로벌 금융 위기의 희생양이 됨에 따라 유로화 가입에 대한 여론은 좋아지고 있다. 하지만 유로화가 단일 통화를 넘어 정치적 연합으로 발전하기 위해 넘어야 할 산은 여전히 험난하다.

2 아시아의 도전

아시아통화기금(AMF), 왜 못 만들까?

아시아 위기가 발발한 직후부터, 말레이시아의 마하티르 총리와 일본 재무부 차관 사카키바라 에이스케현재 와세다대 교수와 같은 이들은 IMF가 처방한 구조조정과 긴축 재정 정책에 오류가 있다고 주장했다. 먼저 그들은 아시아의 경우는 남미 국가들과는 달리 정부의 재정 적자가 거의 없었다는 점을 지적했고, 높은 저축률과 안정적인 수준의 국제수지 적자를 기록하고 있다는 점을 강조했다. 따라서 한편으로는 IMF식 긴축 재정 정책과 고금리 정책은 위기를 오히려 심화시킬 뿐이라고 주장했다. 그리고 다른 한편으로, 아시아의 위기는 국제 투기 자본에 의해 촉발된 금융공황이기 때문에 아시아 경제 모델을 근본적으로 수술해야 한다는 IMF와 미국 정부의 입장은 받아들이기 어렵다고 말했다. 특히 마하티르 총리는 미국의 요구대로 금융시장을 개발할 경우, 자국 금융 산업의 심각한 붕괴를 우려하지 않을 수 없다고 했다.

그러나 국제 무대에서 그들의 주장은 미국 정부와 IMF에 의해서만 아니라 서방 언론과 미국 출신의 경제학자들에 의해 효과적으로 봉쇄되고 만다. 예를 들어, 마하티르 총리가 국제 환투기의 통제를 주장했을 때,《월 스트리트 저널》은 그를 국제사회의 변화에 둔감한 지극히 비현실적인 정치인으로 비난했다. 사카키바라도 비슷한 수모를 겪었다. 일본 정부에서 그를 IMF 총재 후보로 추천하려고 했을 때《아시아 월 스트리트 저널》은 그가 일본식 자본주의 모델을 옹호했다는 점을 지적하면서 그를 역사의 수레바퀴를 뒤로 돌리려는 무모한 실험가로 비난했다. 또 이들에 대한 견제는 미국 정부와 IMF에 의해서도 조직적으로 이루어졌으며, 이들은 마하티르 총리가 자신의 정책적 실패를 은폐하고 국민 여론을 호도하려고 한다고 연일 비난했다. 그러나 미국의 이러한 태도는 미국 정부가 자신들의 곤경을 이용해서 대외 정책의 목표를 달성하려 한다는 의혹을 키우는 계기가 되고 말았다.

이런 상황에서 일본이 나섰다. 일본 정부는 1997년 9월 10일, 300억 달러를 출연하면서 아시아통화기금AMF을 제안했다. 그동안 일본의 영향력 확대를 우려하던 중국과 한국도 적극적인 협력을 약속하게 된다. 그러나 이들 아시아 국가들, 특히 일본과 말레이시아는 AMF가 가져올 국제 역학의 변화와 IMF의 영향력 상실을 우려한 미국 정부의 강력한 반발을 예상하지도 못했고 효과적으로 제지할 준비도 되어 있지 않았다고 한다. 물론 공식적으로 미국 정부는 일본 주도의 AMF에 대해 특별한 반응을 보이지 않았다.

하지만 당시 미국 재무부, 특히 로렌스 서머스 같은 이는 이 사태를 미국 헤게모니에 대한 일본 정부의 도전으로 간주했고 즉각적인 대응책 마련에 착수했다. 미국 정부는 일본이 AMF를 제안한 직후인 9월 17일에 당시 재무부 소속이자 현 오바마 정부의 재무장관이 된 티모시 가이스너와 테드 트루먼을 아시아로 급파하는데, 이들은 일본이 AMF를 통해 아시아 지역에서 영향력을 행사하려 한다는 점을 강조하고 위기에 처한 아시아 국가들에 대한 미국 정부의 적극적인 협조를 약속한다. 그리고 이와 비슷한 시기에 일본 정부 또한 미국의 압력에 굴복하고 AMF를 IMF와 독립적으로 운영하고자 했던 당시의 제안에서 후퇴하여 IMF의 보조 기관으로 활동할 수도 있다고 공식적으로 밝히게 된다. 결국 그해 11월 20일 캐나다 뱅쿠버에서 열린 아시아태평양경제협력체APEC에서 AMF 창설은 공식적으로 연기되었다.

물론 당시 미국 정부는 AMF를 반대하면서 나름의 이유를 제시했다. IMF와 같은 이행 조건을 부과하지 않는 AMF는 외환위기에 처한 나라들로 하여금 위기 극복에 필요한 구조조정을 회피하게 하고 나아가 이들의 정책적 오류를 덮어 주기 때문에 외환위기에 처한 나라들의 도덕적 해이를 강화시킬 것이라는 게 그것이다. 그러나 미국 정부와 IMF의 이런 주장은 나중에 허위임이 드러났다. 당시 재무부 장관이었던 로버트 루빈은 2003년 출간한 『글로벌 경제의 위기와 미국』에서 외환위기에 처한 국가들의 파워엘리트가 실제 가장 심각한 타격을 입었다고 지적했는데, AMF나 IMF에 의한 국제적인 지원이 도덕적 해이를 불러온다는 당시 주장은 사실 받아들이기 어렵다고 고백했다. 프레드

아시아 위기가 발발한 직후부터, 말레이시아의 마하티르 총리와 일본 재무부 차관 사카키바라 에이스케(사진)와 같은 이들은 IMF가 처방한 구조조정과 긴축 재정 정책에 오류가 있다고 주장했다. 그들은 먼저 아시아의 경우 남미 국가들과는 달리 정부의 재정 적자가 거의 없었다는 점을 지적했고, 높은 저축률과 안정적인 수준의 국제수지 적자를 기록하고 있다는 점을 강조했다. 따라서 IMF식 긴축 재정 정책과 고금리 정책은 위기를 오히려 심화시킬 뿐이라고 주장했다. 게다가 아시아의 위기는 국제 투기자본에 의해 촉발된 금융공황이기 때문에 아시아 경제 모델을 근본적으로 수술해야 한다는 IMF와 미국 정부의 입장은 받아들이기 어렵다고 했다. 그러나 국제 무대에서 그들의 주장은 미국 정부와 IMF에 의해서만 아니라 서방 언론과 미국 출신 경제학자들에 의해 효과적으로 봉쇄되고 만다.

벅스텐도 미국 정부가 당시 일본 정부의 제안을 반대한 이유는 아시아인에 의해 운영되는 통화 기구가 현실화될 경우 미국의 국가 이익이 심각한 타격을 입을 것이라는 우려에서 비롯되었다고 밝혔다. 또 그는 미국 정부가 1990년 말레이시아 정부의 주도로 추진되던 동아시아경제협력그룹EAEG을 APEC을 통해 무력화시켰던 것처럼, AMF도 아시아태평양통화기구APMF를 통해 저지하여 미국의 국가 이익을 보호해야 한다고 주장했다.

생각해 보면, 십여 년이 지난 지금도 당시 뱅쿠버 회의 직후 IMF에 구제금융을 신청한 한국이나 1998년 5월 전국 규모의 폭동으로 인해 30년 권좌에서 물러나야 했던 인도네시아 등이 왜 당초의 약속을 뒤엎고 AMF를 폐기하는 데 동의했는지는 의문이다. 하지만 프레드 벅스텐이 지적한 것처럼 당시 아시아 국가들의 분열은 그 이후 값비싼 대가를 치르게 된다. 당시 이들이 받아들인 IMF의 처방, 특히 고금리와 정부 보조금 삭제는 결과적으로 기업들의 연쇄 도산을 가져왔고, 이들 기업들이 헐값으로 해외로 매각되었으며, 경제 주권을 상당 부분 상실하는 결과를 초래했다. 사실 인도네시아는 살인적인 고금리와 부실 은행의 강제 처분 등의 결과 약 70퍼센트의 기업이 도산했고, 한국에서도 외환위기 이후 약 80퍼센트 이상의 은행들이 외국인에게 팔렸다. 또 당시 IMF가 주도한 고금리 정책은 실제 환율 안정과는 무관하게 진행된 것으로 밝혀졌다. 가령《워싱턴 포스트》의 폴 블루스타인 기자가 2001년 쓴『바로잡기*The Chastening*』란 책에 따르면 당시 그 결정은 월 스트리트의 이익을 고려했던 미국 재무부의 강권에 따른 것이었다. IMF 프로그램의 문제점은 또한 실제 자매 기관이라고 할 수 있는 세계은행의 1998년 보고서에서도 잘 드러나 있다.

말레이시아, IMF를 걷어차다

아시아의 금융 연합을 이야기하면서 말레이시아의 사례를 이야기 하지 않을 수 없다. 1998년을 고비로 한국과 말레이시아를 포함한 대부분의 아시아 국가들은 외환위기를 벗어나 급속한 회복기로 접어들었다. 하지만 외환위기를 극복하기 위해 채택된 정책들에 있어서 말레이시아의 대응은 한국, 인도네시아, 태국 등 다른 국가들과 뚜렷한 대비를 보였다. 한국의 경우 DJ 정부는 외환위기의 원인이 아시아 개발 모델에 있으며 이를 해결하기 위해 재벌 해체, 금융시장 개방과 과감한 구조조정이라는 IMF의 진단을 적극 수용했다. 미국이 하자는 대로 한 것이다.

반면 말레이시아의 마하티르 총리는 문제의 근원이 아시아 시장의 잠식을 노리는 미국 주도의 제국주의와 국제 환투기 세력에 있다고 봤다. 따라서 그 해결책 또한 아시아 경제 모델의 포기가 아니라 자본 자유화를 늦추고 투기적 목적의 단기 자본의 이동을 억제하는 데 있다고 강조했다. 무엇보다 그는 외환위기 직전까지 보여 준 아시아 경제의 역동성을 강조했다. 사실 그의 말대로 아시아 모델이 그토록 심각한 문제를 가졌다면 1997년 이전 아시아의 비약적 경제 성장과 그 이후의 신속한 회복을 달리 설명할 길은 없다. 마하티르는 이에 따라 미국을 포함한 서방 국가들이 자국 기업의 이익을 도모하기 위해 자본 통제에 대한 국제적 압력을 무시하고 있다는 점을 오히려 비난했다. 그리고 이를 위해 아시아 국가들에 의해 운영되고 아시아 국가들의 이해관계를 우선 반영할 수 있는 아시아를 위한 통화 기구가 절실하다고 주장했다. 하지만 그가 1990년 주장한 동아시아경제협력기구가 미국에 의해 좌절된 것과 마찬가지로 일본이 제안한 AMF에 대한 말레이시아의 지원 또한 1997년 11월 APEC 회의에서 좌절되고 만다. 그가 제기한 투기 자본의 통제 방안 역시 아시아 경제 모델의 문제점을 부인하고, 자신의 정책적 실패를 은폐하기 위한 정치적 책략으로 비판받게 된다.

더욱이 미국 정부와 IMF 등에 대한 그의 비판은 말레이시아 경제에 대한 국제 금융 시장의 정서를 악화시키는 결과를 초래했다. 한마디로 미운 털이 박힌 것이다. 말레이시아 국민들의 여론은 이에 따라 점차 악화되어 갔고, 말레이시아 통화 링기트의 가치도 지속적으로 폭락했다. 마침내 1997년 12월, 말레이시아는 IMF의 권고안에 따라 정부 재정 지출의 축소와 국책 사업의 연기를 결정하게 된다. 하지만 여기서 분명히 지적하고 넘어가야 할 것이 있다. 당시 말레이시아는 한국, 태국, 인도네시아처럼 IMF의 긴급융자를 요청하지 않았고 구조 개혁조차도 IMF의 주장이 아닌 말레이시아 정부의 정책적 지도 아래 진행시켰다는 점이다.

1998년 중반을 넘어서면서 한국과 태국의 외환시장이 안정을 찾게 된다. 그러나 말레이시아의 통화 시장은 여전히 안정되지 않았으며, 링기트화의 하락도 그치지 않았다. 자연히 마하티르에 대한 정치적 압력이 증가했다. 설상가상으로 《뉴욕 타임스》와 《워싱턴 포스트》 같은 미국 언론은 말레이시아의 통화가 지속적으로 폭락하는 원인은 바로 패

말레이시아의 마하티르 총리(사진)는 문제의 근원이 아시아 시장의 잠식을 노리는 미국 주도의 제
국주의와 국제 환투기 세력에 있다고 봤다. 따라서 그 해결책 또한 아시아 경제 모델의 포기가 아니
라 자본 자유화를 늦추고 투기적 목적의 단기 자본의 이동을 억제하는 데 있다고 강조했다. 무엇보
다 그는 외환위기 직전까지 보여 준 아시아 경제의 역동성을 강조했다. 사실 그의 말대로 아시아 모
델이 그토록 심각한 문제를 가졌다면 1997년 이전 아시아의 비약적 경제 성장과 그 이후의 신속한
회복을 달리 설명할 길은 없다. 마하티르는 이에 따라 미국을 포함한 서방 국가들이 자국 기업의 이
익을 도모하기 위해 자본 통제에 대한 국제적 필요성을 무시하고 있다는 점을 오히려 비난했다. 그
리고 이를 위해 아시아 국가들에 의해 운영되고 아시아 국가들의 이해관계를 우선 반영할 수 있는
아시아를 위한 통화 기구가 절실하다고 주장했다. 하지만 그가 1990년 주장한 동아시아경제협력
기구가 미국에 의해 좌절된 것처럼, 일본이 제안한 AMF에 대한 말레이시아의 지원 또한 1997년
11월 APEC 회의에서 좌절되고 만다.

거리 자본가의 수장인 마하티르 총리와 그를 추종하는 이익집단의 개혁 반대에 있다고 주장하면서, 말레이시아에서의 민주주의 혁명을 공개적으로 요구하기에 이른다. 거기에 무디스와 S&P 등 미국 정부의 통제권에 있는 신용평가 사들도 가세한다. 이들 신용평가 회사들이 말레이시아의 국가 신용등급을 지속적으로 낮추자 말레이시아 정부는 1998년 9월 국제 채권단을 상대로 한 국채 판매를 포기할 수밖에 없었다.

이러한 전방위적인 압력에도 불구하고 마하티르 총리의 대응은 IMF나 미국 정부의 의도와는 전혀 다르게 나타났다. 마하티르 총리는 그간 IMF의 프로그램을 주도해 온 최 측근이자 말레이시아 정부의 대표적 친미 관료였던 안와르 이브라임을 부총리에서 해임해 버렸다. 독자적인 노선을 가겠다는 것을 다시 한 번 명시적으로 선언한 것이나 다름없었다. 그리고 자신이 직접 경제 부총리를 겸했으며 IMF 긴급융자 대신 1990년대 초 칠레 정부가 채택한 것과 같은 일시적인 자본 통제를 단행했다. 그의 이러한 조치는 당연히 미국 정부, IMF, 서방 언론, 그리고 서방 학자들의 집중적인 비난을 초래했다. 그들은 대체로 자본 통제가 자본 자유화라는 국제 현실에서 성공할 수 없다는 점과 자본을 통제할 경우 말레이시아가 결국 국제 금융시장에서 고립될 것이라는 둥의 악담을 퍼부었다.

역사는 누구의 편에 섰을까? 말레이시아의 자본 통제는 실제 외환시장을 안정시켰고, 국제 투자자들은 말레이시아를 떠나지 않았고, 말레이시아 정부는 중장기적인 안목으로 구조조정을 할 수 있는 시간적 여유를 벌었다. 그 결과 다른 아시아 국가들과 다르게 말레이시아는 사회적 안전망의 붕괴에 따른 사회정치적 위기로부터 자유로울 수 있었을 뿐만 아니라 경제, 정치적 자립을 위한 전략적 산업을 외국인의 지배로부터 지킬 수 있었다. 당시 말레이시아의 자본 통제를 연구한 하버드대의 이선 카플란과 대니 로드릭 교수는 "만약 말레이시아가 좀 더 일찍 자본 통제를 했다면 그들이 겪어야 했던 고통의 크기 또한 현저히 줄었을 것"이라고까지 주장했다.

결국 말레이시아는 그들 나름대로의 대응 전략을 만들었기 때문에 IMF 위기를 슬기롭게 넘길 수 있었던 것이다. 말레이시아의 마하티르 총리는 1999년 이 상황을 다음과 같이 설명한다.

먼저 말레이시아 통화의 폭락을 통해 이윤을 추구하는 환투기 세력이 있고, 그 뒤에는 우리의 시장을 개방시키고자 하는 IMF가 버티고 있으며, 또 그 뒤에는 민주적인 절차에 의해 성립된 정부를 무너뜨리기 위해 사람들을 선동하는 세력이 있다. …… 이들은 나아가 우리의 위기 극복을 가로막기 위해 부정적인 언론 보도를 통해 말레이시아에 대한 국제 투자를 제한하고, 또한 우리들이 국가 채권의 발행과 같은 대안 노력을 시도하면 무디스와 같은 신용회사를 통해 일방적으로 국제 신용을 떨어뜨리고 그 결과 15퍼센트 이상의 추가 비용이 발생하도록 한다.

그러나 인도네시아는 불행하게도 말레이시아와 달리 정반대의 길을 걸었고 결과는 참혹했다. 잘 알려진 것처럼 인도네시아는 석유, 고무와 같은 천연자원이 아주 풍족한 나라다. 다민족 국가의 특성으로 인해 수하르토의 1인 독재도 대체로 용납되는 분위기였다. 이 나라는 특히 민족주의 성향이 강했으며, 외환위기가 닥치기 직전까지 항공 산업, 자동차 산업 등 국가 기간 산업에 막대한 투자를 하고 있었다. 인도네시아는 또 냉전 기간 동안 미국의 가장 가까운 우방국의 하나였다. 그러나 IMF 위기 상황에서 태국과 마찬가지로 미국에 대한 인도네시아의 짝사랑도 보답을 받지 못했다. 미국은 우선 태국이나 한국과 마찬가지로 직접 원조를 바라는 인도네시아의 요구를 끝까지 거부하고, 그 대신 IMF를 내세웠다. 당연히 IMF의 융자에는 받아들이기 어려운 조건들이 있었으며, 금리 인상과 재정 축소, 환율 하락, 기업 매각 등이 포함되어 있었다. 뿐만 아니라 수하르토 대통령이 특별히 초대했던 제프리 삭스 교수는 IMF 프로그램이 옳은 처방이 아니라고 강변하고 있었다. 인도네시아 정부가 갈피를 못 잡는 것은 당연했다.

그러나 인도네시아 정부의 이런 어정쩡한 태도는 IMF와 서방 언론의 거센 비판을 초래했다. 이들은 먼저 인도네시아가 정치적 이유 때문에 IMF의 구조조정 계획을 거부한다고 보도하기 시작했다. 인도네시아의 은행이나 국영 기업들이 모두 대통령의 친인척들의 것이기 때문에 정부가 이를 거부한다는 논리였다. 그 와중에 인도네시아의 루피화는 연일 떨어지기 시작했고, 여론은 점점 더 대통령을 몰아붙이기 시작했다. 마침내 수하르토 대통령은 1998년 5월 국가 비상 사태를 선언하고 IMF의 요구를 모두 들어주게 된다. 그중에서도 석유에 대한 정부 보조의 삭감은 엄청난 부메랑으로 돌아왔다. 1,000원 하던 석유가 3,000원 하는 사태를 당한 국민들은 대규모 폭동을 일으켰으며, 거리는 순식간에 5,000명 이상의 시신으로 뒤덮혔다. IMF의 요구에 따라 부실 은행이 일제히 정리되었으며, 금리는 폭등했고, 기업의 75퍼센트는 도산하고 말았다. 만약 당시 인도네시아가 지금의 미국처럼 했더라면 이런 일은 결단코 일어나지 않았다. 퇴임한 수하르토 대통령이 자기 생애 가장 큰 실수는 당시 "IMF와 미국을 너무 믿은 것이었다."라고 고백한 충분한 이유가 있었던 셈이다.

게다가 IMF의 자매 기관인 세계은행조차 1998년 IMF와 미국의 입장을 상당히 곤혹스럽게 만드는 보고서를 발표한다. 인도네시아의 정치 위기는 IMF의 잘못된 정책에서 비롯되었음을 지적하는 한편, 인도네시아가 IMF의 정책을 따랐는데도 수출은 전혀 회복되지 않았다고 보고한 것이다. 이미 기업의 75퍼센트가 부도가 난 상황에 수출이 늘어날 리가 없었다. 당시 세계은행의 보고서 작성에 깊숙이 개입했던 조지프 스티글리츠는 이런 이유에서 "만약 미국 정부나 IMF가 당시의 정책들이 정말 인도네시아에 도움이 되리라고 믿었다면 도대체 그 증거가 어디에 있는가?"라고 묻게 된다. 10년이 지난 지금 우리 사회도 똑같은 질문을 던지고 싶다.

당시 세계은행의 보고서를 주도한 이유로 해임된 스티글리츠는 본격적인 IMF 비판자로 돌아서게 된다. 2002년 나온 『세계화와 그 불만』은 이러한 배경에서 나왔다.

미국 눈치 보기

여기서 적어도 두 가지 점을 기억해 두자. 먼저 우리가 기억해야 할 점은 말레이시아 정부가 취한 자본 통제라는 정책이 국민적 합의나 지식인들의 지원에 의해서가 아닌 마하티르 총리의 지도력에 의한 결단이었다는 점이다. 이를 위해 실제 마하티르 총리는 자신의 오른팔이었던 안와르 부총리를 구속 수감함으로써 자신의 정치적 위기까지 초래했다. 이는 1999년 마하티르가 미국 PBS와 가진 인터뷰를 통해서도 드러나는데, 그는 "그 결정이야말로 내 인생에서 가장 고독하고 어려운 결정"이었다고 밝혔다. 그리고 비록 당시에는 알려지지 않았지만 말레이시아의 위기 극복에는 일본 정부의 직접적인 지원, 그리고 미국 정부의 간접적인 승인이 있었다는 점도 기억할 필요가 있다. 다시 말해서, 당시 미국 정부는 외환위기가 러시아로 확산되자 자국의 롱텀캐피털매니지먼트LTCM가 부도 위기에 처함에 따라 이 기업에 대한 구제금융을 하지 않으면 안 되는 상황에 놓였다. 또 아시아 위기 때와는 달리 브라질에 대해서는 신속한 긴급 융자를 해야 했고 이 과정에 일본의 암묵적인 동의가 필요했던 것이다.

말레이시아와 브라질에 대한 이야기를 조금 더 해보자. 이것을 이해하려면 국제정치의 속성을 이해해야 한다. 요즘은 미국에서 금융 위기가 발생했기 때문에 이제 미국의 이중성이 드러났다고들 하지만, 미국의 이중성은 1997년에도 이미 드러난 바 있다. 1997년 아시아에 이어 1998년 브라질에서 레알화가 폭락하는 사태가 발생했다. 똑같은 외환위기가 아시아 모델과 전혀 상관없는 남미에서 재연된 것이다. 러시아의 루블화도 폭락했으며, 러시아 정부는 곧바로 국가 부도를 선언했다. 이 모든 것이 1998년 가을에 일어난 일이다. 그때야 비로소 한국 정부를 포함해서 그동안의 외환위기가 아시아만의 문제라고 생각했던 많

IMF의 자매 기관인 세계은행조차 1998년 IMF와 미국의 입장을 상당히 곤혹스럽게 만드는 보고서를 발표한다. 인도네시아의 정치 위기는 IMF의 잘못된 정책에서 비롯되었음을 지적하는 한편, 인도네시아가 IMF의 정책을 따랐는데도 수출은 전혀 회복되지 않았다고 보고한 것이다. 가혹한 구조조정의 결과 이미 기업의 75퍼센트가 부도가 난 상황에 수출이 늘어날 리가 없었다. 당시 세계은행 보고서 작성에 깊숙이 개입했던 조지프 스티글리츠(사진)는 이런 이유에서 "만약 미국 정부나 IMF가 당시의 정책들이 정말 인도네시아에 도움이 되리라고 믿었다면 도대체 그 증거가 어디에 있는가?"라고 묻게 된다. 10년이 지난 지금 우리 사회도 똑같은 질문을 던지고 싶다. 이 보고서를 주도한 이유로 해임된 스티글리츠는 본격적인 IMF 비판자로 돌아서게 된다. 2002년 나온 『세계화와 그불만』은 이러한 배경에서 나온 책이다.

은 사람들이 사건의 진실을 이해하게 됐다. 더 이상 아시아의 문제가 아니라 글로벌 문제라는 것을 말이다.

어쨌든 브라질에 막대한 경제적 이해관계를 갖고 있는 미국은 IMF를 다그쳐서 서둘러 구제금융을 지원하라고 했다. 물론 아시아 국가들에 부과했던 사전 조건은 거의 붙지 않았다. 지난번 멕시코와 마찬가지로 이번에도 파격적인 조치가 취해진 것이다. IMF에서 일정한 지분을 갖고 있던 유럽과 일본이 볼멘소리를 하는 것은 당연했다. 그 대가로 미국은 일본의 미야자와 선언을 승인했으며, 말레이시아와 한국에 대한 일본의 지원은 이렇게 해서 이루어진 것이다. 브라질은 조기에 IMF의 구제금융을 받아서 레알 위기를 끄고 안정을 되찾을 수 있었고, 동시에 아시아도 숨통을 트게 되었다. 일본 재무장관이었던 미야자와가 주도한 정책의 핵심 내용은 통화스와프였다. 말레이시아가 돈이 필요할 때 일본이 지원해 주는 조건이다.

한국도 사실은 그렇게 해서 일본으로부터 30억 달러의 차관을 받아왔는데, 이것이 나중에 한국과 일본의 1998년도 김대중 대통령과 오부치 총리 간의 신한일 동반자 관계 선언의 모태가 된다. 이런 배경에서 1997년 12월 처음 기획되었던 ASEAN+3 정상회담이 1998년 마침내 실현되었다. 그럼 거기서 논의된 것은 무엇이었을까? 어떻게 하면 아시아가 미국의 심기를 건드리지 않고 아시아의 집단 금융 안보를 확보할 수 있을까에 대한 문제가 화두가 된 것은 당연했다.

아시아 연합의 꿈

일본 정부는 아시아 위기가 본격적으로 시작되기 전 1997년 9월 10일, 전격적으로 300억 달러 규모의 아시아통화기금AMF을 제안하기에 이른다. 하지만 미국 정부와 IMF는 이러한 시도가 아시아 국가들의 도덕적 해이를 부추기고 미국과 유럽 주도의 국제통화 체제를 약화시킬 수 있다는 우려에서 이 제안을 곧바로 거부한다. 그렇지만 1998년 금융 위기가 러시아와 브라질로 확대되고, 미국과 IMF의 아시아 책임론이 설득력을 잃게 되면서 한국을 포함한 동아시아 국가들도 집단적으로 금융 안보를 확보해야 할 필요성을 느낀다. 이때 등장한 일본의 미야자와 선언은 일본의 경제적 이익을 보호하고 새로운 금융 질서를 유도하며, 나아가 일본의 경제적 지도력을 강화하는 것을 주요 목적으로 했다.

사실 일본의 아시아 정책을 이해하기 위해서는 일본의 대외 정책에 가장 큰 영향을 미치는 미국을 살펴봐야 한다. 실제 군대가 없는 일본에 대한 안전 보장은 미일 상호방위조약을 통해 이루어지고 있고 한국과 마찬가지로 일본도 미군의 주둔을 허용하고 있기 때문이다. 미국은 이러한 점을 이용해서 군사적 안전 보장을 조건으로 결정적인 순간마다 일본의 대외 정책을 통제해 왔다고 볼 수 있다. 이는 무역 및 금융 정책에서도 예외가 아니었다. 가령 1960년대 후반 일본은 서독과 마찬가지로 달러화 대신 금을 요구하지 않았으며 미국의 무역 적자를 축소하기 위해 미국 주도로 마련된 플라자 합의 등에도 적극 참가하게 된다. 동일한 연장선에서 일본은 1997년 아시아 위기에 대한 대응책의 하나로 내놓았던 미국 재무부 채권 환매 시도와 AMF를 포기했다.

물론 일본 내부에서도 미국에 대한 이러한 지나친 의존성이 비판받고 있기도 하다. 1993년 일본 정치인 오자와 이치로의 보통 국가 개조론이 강한 일본을 주장하며 일본 사회의 우경화를 자극했었다. 그렇지만 1998년 미야자와 선언에 앞서 일본 정부는 미국 정부와 상의를 했고 아시아 국가들 간의 금융 협력이 IMF를 대신하는 것이 아니라 보완하는 것이라는 점을 공개적으로 밝혔다. 따라서 일본의 아시아 금융 협력 정책은 미국과의 협력을 통해 점진적으로 이루어지고 있다. 이는 일본이 말레이시아와 중국이 주장하는 ASEAN 국가들만의 협력 체제가 아닌 미국, 호주 및 뉴질랜드 등이 모두 참여하는 확대된 아시아 경제 블럭을 더 선호하게 된 배경이다.

이 밖에 일본의 대외 정책에서 중국도 큰 영향을 미치고 있다. 가령 중국이 2004년 동남아시아연합ASEAN 국가들과의 자유무역협정FTA을 타결한 직후 2005년 일본도 ASEAN과 FTA 협상에 곧바로 나섰던 적이 있다. 또 일본은 중국이 지역 패권 국가로 부상하는 것을 우려하여 아시아 지역의 주도권을 놓고 치열하게 경쟁하고 있다. 이러한 지역 내 경쟁으로 인해 2000년 치앙마이 선언 이후 아시아 국가들 간의 금융 협력은 아시아 채권시장ABMI 및 역내자유무역협정으로 대체되는 등 점진적으로 후퇴하게 된다.

반면 중국에 대한 일본의 경계심과 경쟁 의식은 2005년 중국에서 대규모 반일 시위가 일어난 이후 더욱 강화되었으며, 중국은 이에 대응해 일본이 주도하는 아시아 단일 통화의 출범에 소극적으로 임하게 된다. 그렇지만 2008년 미국발 금융 위기로 인해 아시아 국가들 간의 협력의 필요성은 다시 증가하고 있다. 특히 한중일 3개국은 2008년 12월 13일 일본 후쿠오카 회담을 통해 금융 협력 강화 등에 합의하기에 이른다. 아시아연합이 실제 어떻게 이루어질지는 두고 볼 일이지만 1997년 외환위기 이후의 상황과는 다른 국면으로 가고 있는 것은 분명하다.

지난 2008년 10월 3일 이명박 대통령은 미국발 금융 위기를 극복하기 위한 방안으로 한중일 공동으로 800억 달러의 아시아 펀드를 조성하자고 긴급 제안했다. 하지만 아시아 펀드의 필요성은 지난 1997년 외환위기 직전 일본에 의해 먼저 제안된 바 있으며, 당시 우리 정부는 일본 엔화의 영향력이 확대될 수 있다는 우려로 인해 이를 반대했었다. 물론 1998년 이후 아시아 위기가 러시아와 브라질로 확대되고, IMF 정책에 대한 비판이 제기됨에 따라 한국 정부도 이 문제를 보다 긍정적으로 검토하기 시작했다. 즉 1998년 이후 아시아 각국은 보다 적극적으로 지역 금융 협력 방안을 모색하기 시작했으며, 미야자와 선언, 아세안+3 정상회담 및 치앙마이 선언 등이 이를 배경으로 등장했다. 한국 정부는 그 이후에도 2003년 아시아채권시장의 참여를 결정하고, 2004년에는 아시아비전그룹을 제안했으며, 또 2005년에는 단일 통화 논의를 위한 비공식 모임인 아시아벨라지오그룹ABG에도 참석했다. 그리고 아시아 국가들 간의 이러한 노력은 2007년 800억 달러 규모의 통화스와프 협정과 2008년 초 아시아 통화 단위의 공식 발표로 이어지고 있다.

그러나 아시아 금융 협력은 장기적인 프로젝트로 진행되어 왔으며, 협력 수준도 합의문 작성 단계를 크게 벗어나지 못했다. 더욱이 외환위기 직후 역내 협력의 추진력으로 작용했던 서방에 대한 강한 반감은 아시아 경제가 정상화 궤도로 진입한 2002년 이후 눈에 띄게 감소했으며, 이는 아시아 정부의 우선순위가 FTA로 전환된 것을 통해서도 알 수 있다. 역내 협력은 또한 미국의 지속적인 견제, 한중일 간의 해묵은 민족주의 갈등의 재연 및 중일 간의 주도권 경쟁 등에 의해서도 더욱 위축되어 왔다. 이에 따라 아시아 금융 협력은 아시아채권펀드와 같은 보다 순수한 경제 협력으로 대체되었으며, 정치적으로 민감한 아시아 공동 펀드나 단일 통화와 같은 쟁점은 소수 정책 관료들을 통해서만 명맥이 유지되고 있는 실정이다. 특히 이 과정에서 한국 정부는 일본과 중국에 비해서도 역내 협력 문제에 소극적이었으며, 일본 고이즈미 수상의 신사참배와 독도 영유권 논쟁 및 중국에 의한 동북공정 논란은 이러한 추세를 더욱 강화시켰다.

그 결과 2002년 제안되었던 한일 FTA는 논의 단계에서 폐기되고 그 자리를 한미 FTA가 채웠으며, 급기야 2005년에는 아세안+3 정상회담이 무기한 연기되는 상황이 발생했다. 한국 정부는 한 발 더 나아가 2006년 일본이 제안한 아시아통화단위ACU의 출범에도 소극적이었으며, 2008년 이명박 대통령이 제안한 한중일 아시아 공동 펀드에 대한 일본과 중국의 미온적인 태도는 이와 무관하지 않다.

3 미국의 응전

아시아의 희생

역사적으로 모든 대외 정책의 기본은 안보의 중요성에서 시작된다. 현실주의 입장에서 패권국도 다른 나라와 마찬가지로 자국 국민과 전략적으로 선택된 동맹국, 그리고 전략적인 가치를 지닌 국제기구를 외부의 침입으로부터 보호하는 것을 가장 중요하게 여긴다. 이런 관점에서 본다면 군사력에서 미국과 경쟁할 수 있는 국가의 등장을 용인하지 않겠다는 부시 행정부의 공식 입장은 군수 산업이나 석유 산업과 같은 특수 이익집단의 로비에 따른 것만은 아님을 알 수 있다. 미국의 국가적 이해에서 기인한다는 말이다. 따라서 미국 정부는 아시아의 외환 위기를 다룸에 있어서 재그디시 바그와티 등이 주장한 것처럼 일방적으로 월 스트리트에 의해 조종된 것도 아니다. 군사적 패권은 물론 달러 헤게모니의 유지라는 큰 틀에서 당시 위기를 이용했을 따름이다. 그럼 미국은 달러 헤게모니를 유지하기 위해 역사적으로 어떤 전략을 취해 왔을까?

달러 헤게모니 전략은 크게 금융 정책과 무역 정책으로 나눌 수 있다. 금융 정책의 목표는 달러 중심의 국제통화 체제 유지에 있는 반면 무역 정책의 목표는 경제적 경쟁국의 등장을 억제하고 미국이 국제시장에서 경쟁적 우위를 유지하도록 하는 데 있다. 이 두 가지 축이 잘 지켜져야만 미국은 달러 패권을 유지할 수 있다. 실제 미국 정부는 금융 정책의 일환으로 자본시장의 자유화, 자유변동환율제, 금융시장의 국제 규격화 그리고 IMF와 세계은행을 중심으로 한 국제기구 강화를 구체적인 정책 목표로 추진했다.

먼저 클린턴 행정부에 의한 자본 자유화 정책은 실제 1980년대 레이건 정부에 의해 추진된 국제무역과 투자의 장애 해소와 자본의 자유로운 유통이라는 목표를 계승했다. 그리고 이를 위해 금융시장 개방을 미루는 아시아 국가들에 대한 제재 수위를 높이면서 자본시장 자유화가 결국 아시아의 국가 이익이라는 점을 받아들이도록 끈질긴 설득을 해 왔다. 즉 미국 기업이 이들 나라에서 자유로운 영업을 할 수 있도록 이들 정부를 압박하는 것이었다고 《뉴욕 타임스》가 보도할 정도였다. 그래서 IMF 당시 자본 자유화를 하지 않고 자본 통제를 한 말레이시아 정부에 대해 미국 정부가 극단적인 반대 의견을 표출한 것 또한 이런 맥락에서 이해될 수 있다.

이번에는 자유변동환율제와 관련한 미국의 정책을 이야기해 보자.

과거로 거슬러 올라가 1971년 닉슨 독트린, 즉 달러에 대한 금태환 조치 이후 자유변동환율제가 도입된다. 그런데 미국 정부와 IMF는 1970년대 이후 거듭되는 외환위기를 오히려 자유변동환율제의 확대를 위한 기회로 삼았고, 이는 아시아 국가들에도 동일하게 적용시켰다. 먼저 그들은 아시아 국가들의 통화가 평가절상된 결과 수입 증가와 수출 악화, 즉 국제수지 악화가 초래되었으며, 환율시장의 이러한 왜곡을 수정하기 위해서는 고정환율제페그제를 포기하고 시장에 의해 환율이 결정되는 '자유환율' 제도를 도입할 것을 요구했다. 하지만 여기서 주목해야 할 점은 아시아 국가들의 경우 대부분 미국 달러를 중심으로 일종의 연동제를 실시했다는 점, 그리고 1990년대 후반 강한 달러 정책으로 인해 이들의 환율이 다소간 고평가되었다는 점이다.

그러나 이들 아시아 국가들의 비극은 단순히 환율이 고평가되었다거나 국제수지가 악화되었다는 것이 아니었다. 자본시장이 개방된 상태에서 미국과 달리 이들 국가의 무역수지 적자는 곧바로 국제 환투기의 표적이 된다는 점이 가장 큰 문제였다. 브라질, 아르헨티나, 멕시코와 같은 개발도상국은 말할 것도 없고 영국과 이탈리아와 같은 유럽 선진국들도 여기서 예외가 아니었다. 그러나 이러한 환투기가 역사적으로 늘 있어 왔던 것은 아니다. 1980년대 이후의 통화 위기가 역사적인 금융 위기와는 분명한 차이가 있다. 바로 인터넷에 의한 단일한 세계시장의 형성과 자본 자유화 및 금융시장의 개방이라는 점이다.

우리는 앞서 1990년대 중반 이후 미국 정부의 강요와 설득을 통해 자본 자유화가 확대된 과정을 살펴봤다. 그리고 통화 위기를 당한 국가들은 선택의 여지 없이 자유변동환율제를 선택해야 했다. 그 결과 이들이 할 수 있는 선택은 환율의 결정을 전적으로 시장에 맡기거나, 외환보유고의 축적을 통해 자국 통화를 방어하거나, 자국 통화를 포기하고 미국 달러를 공식 통화로 하는 달러화를 택하는 길밖에 없었다. 그러나 국내에서 소설가 복거일 씨가 주장하기도 했던 이 달러화 선택은 정부가 거시경제 정책을 포기한다는 것을 의미한다. 게다가 파나마, 에콰도르, 엘살바도르 등 달러화를 택한 국가들이 그 이후에 글로벌 경제 위기의 영향을 덜 받는다거나 경제적으로 더 좋아졌다는 증거도 없다.

대부분의 아시아 국가들은 이에 따라 외환의 추가 보유를 통한 외환시장 안정화 방안을 선택했다. 그렇지만 외환 보유는 이들 국가로 하여금 이중의 짐을 안겨 주게 된다. 먼저 이들은 자국 기업이 벌어들인 달러를 다시 미국 정부에 맡김으로써 이로 인한 이자 차익을 자국 국민의 세금에서 충당해야 했고 나아가 달러화의 평가절하로 인한 손실분을 고스란히 떠안아야 했다. 만약 이들이 달러가 아닌 금이나 대안 기축통화를 보유할 수 있었다면 그들은 달러화의 가치 하락으로 인한 손실을 떠안을 필요가 없었다. 또 미국 재무부 채권TB이나 미국 금융시장에 투자함으로써 결과적으로 미국의 국제수지 적자를 보전하는 일을 하지 않아도 되었다.

국제 규격화의 요구 역시 IMF와 미국 정부의 국제적 기준 수용에 대한 요구와 마찬가지로 미국의 대외 정책이라는 틀 안에서 이해할 필요가 있다. 물론 미국의 이러한 요구는 다분히 은행 및 기업 회계 등에 대한 국제적 기준을 도입함으로써 투명성과 책임성을 높이고 이는 자본시장의 효율성을 극대화시킨다는 측면에서 긍정적인 면이 있다. 미국은 이에 따라 티모시 가이스너가 말하듯이 "재무부 내 은행, 무역, 노동 그리고 환경 관련 전문가들로 구성된 국제 기준 마련을 위한 전략팀을 신설하는 한편, 미국 무역대표부, 노동부, 상무부 그리고 국무부 등의 적극적인 협력"을 유도했다. 그리고 이렇게 마련된 회계 기준과 국제적 기준을 아시아 위기 등을 이용해 효과적으로 강제했다. 그 결과 당시 국제결제은행BIS이나 IMF에 의해 제시된 국제 규격인 자기자본비율BIS 8퍼센트 또는 부채비율 200퍼센트 등을 수용한 아시아 국가들은 자국의 장기적인 국가 전략을 포기해야만 했고, 뉴욕의 거대 은행과 궁극적으로 미국 재무부와 연방준비은행에 의해 주도되는 국제 금융시장에 더욱 종속되고 말았다.

그러나 사실 현 시점에서도 국제적으로 합의된 금융, 회계 그리고 규제 장치는 존재하지 않는다. 심지어 G7 국가들 사이에도 합의된 기준은 없다. 김용덕의 『아시아 외환위기와 신국제 금융 체제』에도 나와 있듯이 EU 중심 14개국이 국제 회계 기준의 전면 도입을 위한 청사진을 발표한 것도 극히 최근인 2007년 3월이다. 헨리 류가 "국제 기준은 미국을 비롯한 서구 선진국에 의해 일방적으로 주도되어 왔을 뿐만 아니라 궁극적으로 이들의 이익을 대변하고 있으며, 이들이 이러한 기준을 항상 준수하지도 않는다."라고 비판하는 것은 이런 이유에서다.

미국의 전략적 양보

미국 정부가 공개적으로 통화 정책을 추진한 것은 1945년의 브레튼우즈 회담, 1970년대의 자유변동환율제 도입, 1985년 플라자 합의, 1987년의 루브르 합의, 1995년의 강한 달러 정책, 그리고 1998년 신국제통화 체제 등에 국한된다. 이런 것들은 모두 공개적으로 공표한 것에 지나지 않는다. 하지만 미국 정부는 시종일관 특정 국가가 발행하는 통화의 교환가치에서 실제 발행 비용을 뺀 차익, 즉 세뇨리지 효과를 극대화하는 방법을 알고 있었고, 이것을 위해 달러를 전 세계 기축통화로 사용하게끔 하는 전략을 펴 왔다. 또 미국은 달러 발행을 통해 이자 없는 자금을 무한정 사용할 수 있으며 외환위기나 지불불능 상태를 우려하지 않아도 되는 특혜를 유지하고자 했는데, 이것이 바로 미국 달러 정책의 핵심이라고 할 수 있다. 결국 이런 달러 정책 아래서 미국은 종이 달러를 찍어 내고 국제사회는 미국 달러로 계산되는 대외 부채를 갚기 위해 달러를 벌어들여야 하는 게임장이 되었으며, 또한 국내 통화 안정을 위해 자국 통화의 가치를 인위적으로 낮추어야만 했다. 그래서 미국은 대안 통화의 등장을 억제하는 한편, 달러에 대한 국제사회의 신뢰를 확보하는 데 주력해 왔다.

하지만 미국 정부의 증가하는 무역 적자를 생각해 본다면 이야기가 달라진다. 미국의 무역 적자는 계속 늘어나서 1985년에는 미국 건국 이후 최초로 채권국에서 채무국으로 전락했다. 대외 부채도 지속적으로 증가, 2007년에는 국제사회로부터 매일 40억 달러를 차입하는 상황에 이르렀다. 총 대외 부채는 2005년 말 기준으로 약 2조 7000억 달러에 이르는 것으로 알려졌다. 따라서 미국의 천문학적인 해외 채무는 달러화에 대한 국제사회의 신뢰 상실로 이어질 수밖에 없다. 만약 그런 경우가 발생해서 달러 하락이 가속화될 경우 미국은 엄청난 경제적

재앙에 직면하게 된다. 앞서 이야기한 세뇨리지 효과는 물론 미국에 대한 투자가 고갈되는 등 막대한 손실이 발생한다는 뜻이다. 잘 알려지진 않았지만 미국 정부는 1995년의 짧은 달러 위기에 이어 2002년과 2003년에도 본격적인 달러 매도를 경험했다. 또 잇따른 전쟁과 2008년 서브프라임 모기지 사태로 인한 재정 적자의 수준도 이미 위험 수위에 이르렀다. 이를 고려할 때, 미국이 현 시점에서 직면한 첫 번째 도전은 미국 달러에 대한 국제적인 신뢰의 붕괴를 어떻게 막을 것인가에 있다.

물론 국제사회에서 달러를 대신할 수 있는 통화가 없다고 할 경우에 미국은 이러한 우려로부터 자유로울 수 있다. 다시 말해서 대안적 저장 수단이나 결제 수단이 없는 상황에서 국제사회는 자신들이 보유하고 있는 달러를 포기할 수도 없을 뿐만 아니라 달러의 하락으로 인한 손실을 감당해야 할 상황을 용납할 수도 없다. 그렇지만 세상이 미국이 바라는 모습으로만 변해 가지는 않는다. 이미 대안 통화로 유로화가 등장했다. 즉 미국이 누리던 기존의 특혜는 1999년 유로화의 등장으로 근본적인 도전에 직면하게 된 것이다. 프레디 벅스텐도 유로의 등장은 전후 미국이 직면한 가장 심각한 도전이라고 말했으며, 로버트 먼델은 미국이 채무국으로 전락한 상황에서, 국제 기축통화로서 달러의 지위는 더 이상 지탱될 수 없을 것이라고 예측했다.

이런 이야기들이 학자들이 만들어 낸 말이라면 오죽 좋을까. 그런데 실제 일어나고 있는 현실이 되었다. 단일 통화로서의 유로가 등장한 이후 이란, 베네수엘라, 러시아 등이 석유에 대한 결제 통화를 달러에서 유로로 바꾸고 있다. 재미있는 것은 2003년 이라크 전쟁이 시작되기 전 사담 후세인은 이라크의 석유 결제 대금으로 달러 대신 유로를 받겠다는 원칙을 발표했었다는 사실이다. 이란 또한 2006년 3월부터 유로화 결제를 선언하는 동시에 테헤란에 석유증권거래소를 설립했다. 이미 달러를 인정하지 않는 나라들이 생겨난 것이다. 그리고 앞서 살펴본 1997년 아시아 위기를 계기로 확대된 아시아통화기금이 실현될 경우 이는 미국의 무역수지 악화와 유로의 등장과 더불어 미국에 엄청난 도전이 될 수밖에 없다.

부시 행정부는 이에 따라 보다 구체적인 대응 전략을 취하게 된다. 미국 정부는 우선 재정 적자 축소를 겨냥했다. 가령 부시 행정부는 2004년 향후 의료보험, 학자금 대출, 저소득층 지원 등에 대한 정부 지출을 300억 달러 이상 대폭 삭감할 예정이라고 밝힌 바 있다. 또 무역 적자를 줄이기 위한 전략도 마련했다. 최근 중국과 아시아 각국에 대한 평가절상 요구 및 금융 서비스와 자본시장의 추가 개방 압력과 설득이 여기에 해당한다. 미국 정부는 또한 경쟁 통화로 부상한 유로화에 대한 견제 작업에도 본격적으로 나서고 있다. 이는 영국에 대한 NAFTA 가입 제안과 영국의 유로화 가입에 대한 미국의 반대를 통해서도 확인된다. 하지만 아시아 단일 통화에 대한 미국 정부의 대응은 이미 유로화에 비해 보다 더 집중적인 형태를 띤다. 왜냐하면 유로화는 이미 만들어져서 어쩔 수 없는 상황이지만 아시아 단일 통화는 아직 만들어지지 않았기 때문에 그만큼 더 압력을 가하고 있는 것이다.

미국은 이미 1997년 일본의 AMF 구상을 무력화시킨 전례가 있다. 미국을 배제한 아시아 단일 통화에 대해 분명한 의사 표명을 한 것이다. 미국 정부는 또한 미국의 노골적인 반대가 오히려 아시아 국가들 간의 단합을 불러올 것을 우려해서 2000년 치앙마이 선언을 묵인하고, 미국의 주도권이 인정되는 아시아태평양통화기금을 제안하고, 또 IMF에서 아시아 국가들의 발언권을 높이는 등 일련의 양보를 단행했다. 실제 2006년 9월, 싱가포르에서 열린 IMF와 세계은행 총회에서 IMF 내에서의 한국, 중국, 멕시코, 터키의 투표권을 상향 조정했고, 저소득국의 투표권을 확대하여 IMF 이사회의 규모와 구성 및 총재 선출 방식을 개선하기로 합의했다. 미국의 배려는 이처럼 전략적인 의도에서 비롯된 것이다.

미국의 무역 정책

미국 경제에서 수출입 비중이 6퍼센트를 밑돌았던 1960년대 이전만 하더라도 미국 정부는 무역 및 관세에 관한 일반 협정GATT을 제외하면 공개적인 무역 정책을 추구한 흔적은 많지 않다. 그리고 당시 무역 정책은 주로 동서 냉전이라는 특수한 안보 상황에 뿌리를 둔 대외 정책의 보조적 수단이었기 때문에 미국 주도의 무역 정책에 대한 유럽의 암묵적 지지에서 잘 확인할 수 있다. 실제로도 무역 정책은 대외 안보 정책의 틀에 종속되어 있었다. 그것은 미국 정부가 인권 유린, 대량 살상 무기 확산 및 불법 마약 거래 국가들에 대한 지속적인 무역 및 금융 제한 조치를 취해 왔다는 역사적 사실에서도 드러난다. 무역 제재를 통해 대외 정책을 하고 있다는 것은 최근 북한을 둘러싼 뉴스에서도 쉽게 확인할 수 있는 일이다.

하지만 미국의 무역 정책은 국제경제에서 서독과 일본의 부상, 미국 경제의 침체 및 미국 국가 경쟁력의 약화와 같은 상황 변화에 따라 점차 변화할 수밖에 없었다. 미국 의회가 1979년 그간 국무부에서 담당하던 무역 정책을 상무부로 이관하고, 특별무역대표부를 미국무역대표부USTR로 개편하고 국제 무역을 전담하게 한 건 변해 가는 국제 구조에서 살아남고자 하는 미국의 노력을 보여 준다. 그렇다면 미국 정부의 무역 정책은 구체적으로 어떻게 진행되어 왔을까?

일반적으로 무역 협상은 국제사회의 다수 국가들이 동시에 협상에 참가하는 다자간 협상, 특정 지역 내 국가들 간의 지역협상, 그리고 개별 국가 간의 쌍무협정 세 유형으로 구분된다. GATT와 WTO 등은 대표적인 다자간 협상으로 지역협상 또는 쌍무협정에 비해 보다 종합적이고 광범위한 협상이 가능해진다. 하지만 미국이 주도했던 WTO 협상은 유럽과 농수산물수출국 모임인 G22의 반발로 큰 성과를 거둘 수 없었다. 그 후 미국은 이에 쌍무협정과 지역협상이라는 카드를 활용하게 된다.

미국 정부는 먼저 1990년 말레이시아의 마하티르 총리가 제안한 동아시아경제협력체와 같은 지역협상이 미국을 배제할 수 있다는 점을 우려하면서 1989년 출범한 아시아태평양협력기구APEC를 정상회담 수준으로 격상시켰다. 뒤이어 멕시코와 FTA 쌍무협정을 체결함으로써 인근 국가들과 북미자유무역협정을 출범시켰다. 그러나 이러한 지역 및 쌍무협정은 시간이 오래 걸릴 뿐만 아니라 미국 정부가 추진하고자 했던 보다 자유롭고 공정한 무역이라는 목표를 달성하는 데는 일정한 제약을 가질 수밖에 없었다. 그래서 미국의 지역 및 쌍무협정은 항상 다자간협상을 유도하기 위한 전략적인 수단으로 활용되었다고 볼수 있다. 그 자체가 미국 무역 정책의 주된 전략이 아니었다는 말이다. 물론 1984년 체결된 미국-이스라엘 FTA와 같은 특수한 경우도 있다. 하지만 당시 FTA는 안보 전략이 우선적으로 고려된 예외적인 경우다. 사실 1949년 출범한 GATT 체제 이후 미국이 특정한 대외 무역 정책을 추구한 경험은 많지 않다. 즉 미국은 1948년 유럽원조계획마샬플랜 등을 통해 서유럽의 경제 재건을 최우선적인 목표로 삼았던 적이 있고, 서유럽과 일본 등은 이 과정에서 급속한 전후 경제 재건을 이루어 낼수 있었다. 하지만 달러 중심의 국제통화 체제로 인해 미국의 무역 적자는 지속될 수밖에 없었다. 그리고 달러화의 가치는 미국 국가 경쟁력의 점진적 하락이라는 역설을 만들어 낸다. 이런 상황에서는 미국도 살아남아야 한다는 생각을 했을 것이다.

  미국이 보다 적극적으로 대외 무역 정책을 취한 것은 클린턴 정부가 들어선 1993년 이후라고 보면 된다. 이는 무역 정책을 위한 비상대책위 설치와 국가경제자문위원회NEC의 신설 등으로 나타났는데 클린턴 정부의 이러한 정책은 전임자인 부시 대통령의 무역 자유화 정책을 그대로 유지한다는 측면 외에도 미국이 국제적 경쟁력을 가진 금융 산업, 지적재산권 분야, 문화 산업 및 농산품 수출을 통한 수출 확대 및 무역 적자 축소라는 목표와 연결되어 있다. 클린턴 행정부는 앞에서 설명한 것처럼 상무부 주도로 일본과 한국을 포함한 아시아 10개국을 구체적으로 지목하고, 이들 국가들로 하여금 구체적인 개방 일정을 제시하도록 압력을 가했다. 그리고 이를 위해 NAFTA 출범과 같은 간접적인 압력 또는 슈퍼 301조의 부활과 같은 직접적인 압력을 행사하기도 했다. 그렇지만 미국의 이러한 압력에도 불구하고 아시아 각국의 시장 개방은 더디게 진행되었으며 때로 이들 국가의 반감만 불러일으키는 부작용을 초래했다.

1997년 아시아 위기는 따라서 미국 정부로 하여금 오랫동안, 그리고 비능률적으로 추진되어 온 대외 무역 정책을 효과적으로 추진할 수 있는 절호의 기회였다. 다시 말해, 미국은 아시아 경제 모델의 파기, 아시아 시장의 추가 개방, 규제 완화 및 정부 간섭의 배제가 핵심인 시장 친화적 정책을 유도하여 미국의 국제수지 개선 등을 한꺼번에 해결할 수 있는 결정적인 계기를 마련할 수 있었다. 당시 국무부 차관보였던 스튜어트 아이젠스타트가 상원 청문회에서 "미국 정부는 IMF를 통해 지난 몇 년간, 어쩌면 몇 십 년간, 우리가 통상 압력을 통해 달성하고자 했던 많은 목표들을 단 몇 달 만에 달성할 수 있었다."라고 말한 것은 이런 이유에서였다. 그리고 여기에는 "무역 관련 보조금의 폐지와 WTO 기준에 따른 수입 인증 절차의 수용, 금융 서비스의 자유화 및 외국인 투자 확대, 수입품 독점 체제의 폐지 및 관세 등급 하향화, 제약적인 수입 면허 제도의 폐지 및 과잉 생산으로 인해 미국 기업들에 위협이 되었던 특정 산업에 대한 정부의 직접 금융 폐지" 등이 포함되어 있었다.

WTO 체제는 1995년 1월 공식적으로 출범했다. 1회 국제회의는 이듬해 싱가포르에서 개최되었다. 그러나 1997년 텔레커뮤니케이션 서비스와 관련한 협상이 타결된 이후 다자간 무역 협상은 1999년 시애틀 회담을 고비로 큰 장애를 만나게 된다. 1999년 단일 통화를 성공적으로 출범시킨 유럽은 미국의 문화 시장 개방에 대한 반대 입장을 분명히 했고, 브라질을 포함한 G20 국가들도 미국 정부가 농산물 보조금 문제를 먼저 해결할 것을 요구했다. 그 결과 도하개발의제DDA로 알려진 다자간 무역협상은 2003년 멕시코 칸쿤 회담을 끝으로 더 이상 진행되지 못하게 되었다. 미국 행정부는 이에 대한 해결책으로 2002년 의회로부터 무역촉진권한TPA(신속 협상권)을 부여받았는데 이를 통해 쌍무 자유무역협정을 적극 추진 중에 있다. 2006년 협상을 시작했던 한미 FTA는 이러한 배경에서 출발한다. 그러나 미국이 2006년이라는 특정한 시점에 한국이라는 특수한 국가를 상대로 FTA를 체결한 것은 1990년대 이후 미국이 직면한 시대적 도전과 무관하지 않다. 다시 역사를 거슬러 올라가서 이와 같은 사실이 어떻게 조합되어 '퍼펙트 스톰Perfect Strom'을 만들었는지 살펴보자.

2001년 출범한 부시 행정부가 직면한 도전은 크게 세 가지로 구분된다. 첫째로 다자간 협상의 거듭된 결렬, 둘째로 미국을 배제한 아시아 경제 블럭 논의의 급진전, 그리고 마지막으로 아시아 지역에서 중국 경제 패권의 등장으로 구분된다. 먼저 미국은 지적재산권 및 무역 분쟁 기구를 핵심으로 1995년 출범한 WTO 체제를 통해 1996년 텔레커뮤니케이션 서비스 분야에 대한 합의를 이루어 낸다. 하지만 1999년 시애틀, 2001년 도하, 2003년 칸쿤 등에서 "개도국의 농산물, 제조업 및 서비스 분야의 무역 장벽 해소"라는 합의 도달에 거듭 실패하는 도전을 맞는다. 다자간 협상의 결렬은 특히 이미 단일 화폐권으로 묶인 유럽연합과 브라질 주도의 G22에 의해 주도되었는데, 미국은 이에 따라 보호주의 강화 및 미국 기업에 대한 차별이라는 현실적인 문제를 고민해야 했다. 이 때문에 미국은 국내적으로는 무역촉진권한의 한시적 확보

2007년 6월까지와 국제적으로는 FTA의 활성화라는 대안을 찾아야 했다. 미국이 요르단2000년, 칠레2004년, 싱가포르2004년, 오스트레일리아2005년, 모로코 및 엘살바도로2005년, 온두라스와 니카라과2006년 등과의 FTA 협상을 본격적으로 진행하게 된 것은 이런 이유에서다. 하지만 이들 국가와의 FTA는 제한적인 것으로 도하개발의제를 포함한 다자간 협상의 활성화에는 큰 도움이 되지 못했다.

부시 행정부는 또 아시아 외환위기 이후 본격적으로 등장한, 미국을 배제한 아시아 경제 블럭의 형성이라는 도전에 직면했다. 다시 말해, 미국은 1990년 말레이시아가 주도했던 동아시아경제그룹EAEG의 움직임이 아시아 위기 이후 재현되는 상황을 맞게 되었다. 그리고 만약 아시아 단일 블럭이 형성될 경우 "미국 기업에 대한 차별, WTO 체제를 중심으로 한 글로벌 기준과 제도적 정비의 훼손, 미국 영향력의 현저한 약화"와 같은 부작용은 불을 보듯 뻔했다. 그래서 프레드 벅스텐은 미국의 전략적 대응책으로 아태자유무역지대FTAAP를 제안했고, 부시 미국 대통령은 2006년 11월 홍콩 APEC 회의를 통해 이를 공개적으로 제안하게 된다. 따라서 2006년 2월 미국이 한미 FTA 협상을 공식 선언한 것은 11월의 FTAAP 제안과 무관하지 않다.

끝으로, 미국은 2001년 중국의 WTO 가입과 2005년 중국과 ASEAN 간 FTA 협정 체결 등을 통한 중국 경제 패권의 등장이라는 도전을 맞게 된다. 물론 2002년 미국이 중국을 전략적 경쟁자로 규정하기 이전까지 중국에 대한 미국의 견제는 본격화되지 않았다. 하지만 2001년 중국과 ASEAN 국가들 간의 FTA 협상이 시작되고 2003년 한일 FTA 협상 및 ASEAN+한중일 간 FTA가 본격화되기 시작한 시점에서부터 미국 정부의 대응은 달라지기 시작한다. 부시 대통령이 2005년 부산 APEC 회담을 통해 한국과의 FTA를 본격화하고 1년이 채 못 되어 2006년 전격적인 합의에 이른 배경에는 이처럼 중국 견제라는 목적이 포함되어 있었다. 그리고 실제, 한미 FTA의 체결로 인해 미국이 구상하는 FTAAP의 가능성은 한결 높아진 반면 유럽이 선호했던 아시아+EU 자유무역지대 설립이나 '미국의 주도권을 배제한 아시아만의 경제 블럭'은 더욱 멀어졌다.

6부 대안을 찾아서

1 지식 주권

생각을 바꿔야 한다

IMF 구제금융을 받기 이전에는 전혀 상상하지 못했던 많은 일들이 우리 사회 전반을 짓누르고 있다. 젊은 세대의 상당수가 결혼을 미루거나, 자녀 낳기를 포기한다. 이미 신생아 출생률은 세계 최저 수준이다. 겨우 젖먹이 시절을 거치면서부터 아이들은 부모 곁을 떠나 생존 경쟁력을 키우기 위한 준비 작업에 들어간다. 늦은 밤, 학원 버스에서 지친 모습으로 내려서는 초등학생의 모습도 더 이상 낯설지 않다. 국제 중학교와 특목고 간판을 달고 새벽부터 운행하는 학원 버스도 흔하게 눈에 띈다. 하버드, 예일, 다트머스와 버클리 등 미국 명문대에 동시 합격했다는 고등학생들의 기사도 자주 눈에 띈다. 고단하게 들어선 대학에서도 휴식은 찾아보기 어렵다. 대부분의 대학이 직업 훈련원으로 전락했고, 취업에 도움이 되지 않는 강의는 하루가 다르게 사라진다. 대학을 아무리 좋은 성적으로 졸업해도 원하는 일자리를 찾기란 쉽지 않다. 괜찮다 싶은 직장의 평균 경쟁률은 100대 1이 넘는다. 직장에서 만나는 선배들의 표정도 밝지 않다. 직장 다니는 동안에도 끝없이 자기 계발을 해야 하고, 어렵게 살아남아도 50대 중반이면 퇴직을 준비해야 한다. 퇴직 이후에도 길은 별로 평탄하지 않다. 자기 사업을 하는 업체 100개 중 한 개만 겨우 살아남는 현실에서 자영업으로 기반을 잡기도 쉽지 않다. 60대가 되어도 휴식은커녕 짐은 더 많아진다. 밤새 경비를 서고 휘청거리는 아침을 맞은 60대 경비 아저씨도 일상이 된 지 오래다. 이 풍경이 반드시 돈이 없거나 못 배운 사람에게만 해당되는 것도 아니다. 극히 일부를 제외하고 이 땅에 사는 대부분이 시대의 무게에 압도당한 채 살아간다.

혹자는 무한 경쟁의 글로벌 시대에 이 모든 질곡은 너무도 당연하고 이를 피해 갈 길은 없다고 한다. 또 혹자는 이 모든 질곡이 돈과 권력을 장악한 소수의 잘못된 정책과 탐욕으로부터 비롯된 것으로 본다. 그러나 양측 모두 속 시원한 답을 제시하지 못하기는 마찬가지다. 고단함의 원인을 찾지 못한 채 묻지마 식 폭력이 난무하고, 자살률은 전 세계에서 가장 높다. 그렇다면 이제라도 왜 우리가 이 지경에 이르게 되었는지 한 번쯤 진지하게 물어봐야 한다.

프랑스 국민은 1년에 30일간의 유급 휴가를 보내도 우리보다 더 잘산다. 국민 1인당 빚이 300퍼센트에 육박하는 미국인들이 누리는 평균적인 삶의 수준은 우리를 압도한다. 잃어버린 20년이라는 비아냥거림을 듣는 일본인들이 우리보다 더 어려워 보이지도 않는다. 지배 엘리트들의 탐욕과 무능력이 문제라고 하지만 우리 사회 민주화의 수준은 그 어떤 기준으로도 낮지 않다. 국가 지도자를 상대로 공개석상에서 인신모독에 가까운 말을 해도 표현의 자유라는 이름으로 용인되고 있는 실정이다. 또 돈이 아무리 많아도, 지위가 아무리 높아도 국민들이 싫어하는 일은 할 수 없다. 그동안 우리는 다른 어느 나라 국민보다 더 열심히, 검소하게, 겸손하게 살았다. 5년에 한 번씩 지도자를 갈아치웠고, 조금이라도 문제가 있는 국회의원은 가차없이 내쳤다. 마음 한구석에는 반발도 있었지만 돈을 빌려주는 당사자의 입장을 고려해 IMF의 처방도 10년 이상 군말 없이 따랐다. 우리 자신의 무식함과 무능력을 인정했고, 미국과 유럽과 같은 선진국의 경험을 남보다 앞서 받아들였다.

그럼에도 불구하고 위기는 다시 찾아왔다. 낡은 영화가 재생되는 것처럼 언론은 정부를 욕하고, 정부는 국민을 탓하고, 국민은 정부, 기업과 언론을 욕하고, 외신은 다시 한국의 잘못을 추궁하고 있다. 만약 토머스 프리드먼이 맞다면, 그리고 우리가 지난 10여 년간 잘못 살지 않았다면, 우리가 당하고 있는 이런 수고로움과 모욕은 없어야 했다. 그래서 더욱 고개를 갸웃거리게 된다. 도대체 어디서 무엇이 어떻게 잘못된 것일까? 정말 이 모든 것이 우리의 잘못일까? 그게 아니라면 문제의 실마리는 어디에서 찾아야 할까? 이를 위해서는 무엇보다 먼저 발상의 전환이 필요하다. 즉 주어진 게임의 법칙 안에서 어떻게 하면 승리할 수 있을까를 고민하는 대신에 새로운 게임의 법칙을 만들어 내기 위한 준비로 현재의 전략을 고민해야 한다는 말이다.

이 말을 올림픽 경기에 한 번 적용해 보자. 육상과 수영에서 금메달이 100개가 나오는 상황에서 한국이 올림픽에서 우승할 수 있는 전략은 무엇일까? 박태환 같은 선수가 나오도록 전국에 시설 좋은 수영장을 만들고 우리 아이들을 어릴 때부터 수영선수로 육성하는 길이 과연 최선일까? 발상의 전환이 필요하다는 것은 바로 이 대목을 말한다. 지금까지 우리 사회는 제2의 박태환, 제2의 박세리, 제2의 반기문 총장을 길러 내는 데 전력을 쏟았다.

그러나 이제는 다르게 생각해 보자. IMF는 미국이 만들었고, 그래서 워싱턴에 본사가 있다. 당연히 그곳에서 근무하는 청소부, 경비원, 일반 행정직 대부분은 미국 사람이다. 약 80퍼센트 이상이 미국 시민이고 나머지 20퍼센트 정도가 전 세계에서 파견된 사람들이다. 그런데 우리는 그 20퍼센트 중에서도 일부를 위해 우리들의 우수한 인재를 미국으로 유학을 보내고 있다. 행여 그중의 한두 명이라도 IMF에 근무하면 국가적 영광으로 생각해 왔다. 발상을 전환한다는 것은 IMF 대신 AMF를 만드는 것을 의미한다. AMF는 아시아 어딘가에 있을 것이고, 한국 사람이 여기서 근무하게 될 확률은 IMF와 비교할 바가 아니다. 더욱이 게임의 규칙은 계속 변한다. 워싱턴 컨센서스를 그렇게 철저하게 따랐던 남미 국가들이 여전히 허우적거리고 있는 반면 정작 이를 강요했던 미국이나 선진국은 이와 전혀 다른 게임의 규칙을 따르고 있다.

발상의 전환은 또 새로운 게임을 위해 묵묵히 실력을 키운다는 것을 의미하기도 한다. 1945년 패망 직후 일본의 총리가 된 요시다 시게루는 이런 맥락에서 "미국이 한때 영국의 식민지였다가 지금은 영국

보다 더 강한 국가가 된 것같이, 일본이 미국의 식민지였다면 역시 언젠가는 미국보다 더 강국이 될 것이다."라고 말한 바 있다. 그리고 워싱턴대 역사학과 케네스 파일 교수에 따르면 일본의 지도자들은 "아무리 굴욕적인 적응일지라도 국력 배양을 위해 불가피한 길이라고 생각하면 대국적 견지에서 서구의 것을 본받는 실용주의자들"이었다. 우리 지도자들도 분명 그런 전략을 취했고, 그 덕분에 한강의 기적을 이루어 낼 수 있었다. 하지만 더 이상은 아닌 것 같다.

그렇다면 이러한 발상의 전환은 어떻게 가능한가? 그 출발점은 지식의 균형을 회복하는 데서 시작된다.

지식의 균형을 회복하자

지식은 도처에 널려 있다. 노하우know-how는 더 이상 필요하지 않고 노웨어know-where가 문제라는 말도 이미 구식이다. 웬만한 지식은 인터넷의 검색창으로 쉽게 얻을 수 있고, '위키피디아'나 '네이버 지식인'에 들어가면 별다른 수고 없이도 필요한 지식은 거의 다 챙길 수 있다. 하지만 강가의 모래알처럼 많은 지식에도 불구하고 우리가 당면한 많은 문제들이 더 쉽게 해결되고 있지는 못하다. 가령 인터넷이 도입되기 이전에 비해 주식 투자에 대한 정보는 천문학적으로 늘었다. 인터넷에서 공짜로 얻을 수 있는 증권 정보는 너무도 많다. 그런데도 주식 투자를 해서 부자가 되었다는 사람은 거의 찾아보기 어렵다. 외환시장에 대한 분석, 전망, 예측은 매시간마다 쏟아지지만, 정부조차도 왜 갑작스레 환율이 폭락하는지에 대해서는 속 시원한 해답을 주지 못한다. 지식의 균형이 무너졌기 때문이 아닐까 싶다.

지식은 그 목적에 따라 크게 도구적 지식과 비판적 지식으로 구분해 생각할 수 있다. 도구적 지식의 가장 쉬운 예는 아이들이 배우는 교과서 지식에서 찾을 수 있다. 가령 아이들이 배우는 국어, 산수, 과학, 사회, 윤리, 역사, 음악 등은 정상적인 사회인으로 활동하는 데 필요한 기초적인 도구로서의 지식들이다. 일반 성인들이 배우는 영어와 일어와 같은 어학도 대표적인 도구적 지식이며, 자동차를 운전하기 위한 운전 교습, 컴퓨터를 다루기 위한 기초 전산 교육, 회계 업무를 처리하기 위한 회계 원리, 농구를 하기 위한 경기 규칙의 습득 등도 모두 여기에 해당한다. 따라서 이와 같은 도구적 지식은 우리들이 정상적인 생활을 하기 위해 적당한 운동을 하고 필요한 영양분을 섭취하는 것과 동일한 목적으로 활용된다. 즉 이 지식의 목적은 실질적인 유용성을 충족시킬 수 있는가에 있으며, 이 경우 그 유용성에는 학교 과정의 졸업, 정상적인 사회생활, 특정 자격증 또는 면허증의 취득, 게임의 참여, 취직과 승진, 경제적 이익, 권력의 획득 등이 포함된다. 이를 고려할 때, 우리 사회에서 벌어지고 있는 지식을 둘러싼 논란의 많은 부분이 도구적 지식에 관한 것임을 알 수 있다. 다시 말해, 영업 기밀, 핵무기 제조 기술, 금융 파생상품, 경제 단체의 시장 분석 정보 등은 모두 특정한 쓰임새를 위해 의도적으로 생산된 지식들이며, 이 점에서 이를 '소유적 지식proprietary knowledge'이라고 하기도 한다.

일반적으로 비판을 한다는 것은 주어진 상황이나 자료를 새롭게 해석하거나, 특정한 가치를 근거로 평가한다는 의미를 갖는다. 농구 경기를 예로 들어 보자. 농구를 하고 게임에서 이기기 위해서는 게임의 규칙은 물론 전략과 같은 도구적인 지식이 우선적으로 필요하다. 그러나 이러한 지식을 안다고 해서 농구라는 게임의 특성을 이해하게 되는 건 아니며, 왜 키 큰 선수가 유리할 수밖에 없으며, 왜 농구선수는 네 명이나 여섯 명이 아닌 다섯 명이며, 축구나 야구와 달리 왜 경기 시간이 15분인지에 대해서는 알 수 없다. 이러한 질문에 대한 해답은 농구라는 게임에 대한 새로운 해석을 통해서 가능하다. 그러기 위해서는 주어진 게임 그 자체에 대한 비판적인 지식이 필요하다.

영어 교육에서도 마찬가지다. 위에서 말한 것처럼 우리 사회에서 영어라는 지식을 익힌다는 것은 학업, 취직, 승진과 돈벌이를 위해 꼭 필요한 수단이 된다. 하지만 문법 공부, 듣기 연습, 말하기 연습과 같은 도구적 지식을 아무리 습득해도 외환위기와 영어 열풍이 실제 어떤 연관성을 갖는지, 왜 취직 시험에서 중국어나 일본어가 아닌 영어만이 외국어로 인정되는지, 또 영어를 완벽하게 구사하면 다른 조건과는 무관하게 IBM과 같은 글로벌 회사에 취직할 수 있는지 등에 대한 해답은 찾아지지 않는다.

또한 비판적인 지식은 한 사회가 공유하는 평등, 자유, 공존, 정의, 민주주의와 같은 규범적 가치를 평가의 기준으로 설정한다는 의미도 포함한다. 군사 및 의학 지식의 사례를 통해 이를 살펴보자. 군사 기술을 도구적 지식의 관점에서 접근할 경우, 주된 관심은 어떻게 하면 파괴력을 더 높이고 더 많은 인명을 사살할 수 있을까에 맞추어진다. 하지만 인류는 보다 평화롭게 살아야 한다는 규범적 가치를 내포하는 비판적 지식의 관점에서 볼 때 최첨단 군사 무기의 개발과 확산에 기여하는 도구적 지식은 파괴가 아니라 평화로운 목적에 쓰여야 하는 것으로 인식된다. 의학 기술에서도 비판적 지식은 제3세계의 절대 다수가 굶주림으로 죽어 가는 상황에서 왜 다이어트와 성적 흥분을 유발하는 의약품이 더 많이 연구되고 있을까라는 질문을 던지게 된다. 하지만 비아그라의 성능을 개선하기 위해 필요한 도구적 지식들에서 이런 질문들은 애초에 성립할 수 없다. 우리가 일상적으로 편하게 즐기는 영화와 TV 드라마에서도 비판적 지식은 전혀 새로운 문제를 제기한다. 가령 비판적 지식의 주된 관심 사항은 화질이나 음향의 개선이 아니라 평등한 남녀관계 또는 덜 자극적이고 선정적인 화면 구성 등이며, 이는 대중문화가 어떤 가치를 충족해야 한다는 판단 기준에서 파생되는 지식이다.

비판적 지식은 나아가 돈, 권력, 명예와 같은 희소자원이 분배되는 질서를 문제 삼는다는 점에서 '정치적 지식political knowledge'으로도 불린다. 정치와 무관한 것으로 보이는 과학기술을 통해 이를 살펴보자. 가령 도구적 지식의 관점에서 볼 때, 미국의 민간 기업 ICANN이 인터넷 상의 도메인 이름 체계DNS에 대한 독점적인 권리를 행사하는 것은 아무런 문제가 되지 않는다. 그 대신 여기서는 도메인 할당을 위한 가장 효율적인 방안은 무엇이며, 기술적인 문제를 해결할 수 있는 지식의 보강 등이 관심 사항이 된다. 하지만 정치적 지식의 관점에서는 1998년 설립된 이 회사에 대한 관리, 감독 권한을 행사하는 곳이 미국의 상무부라는 점, 이 회사가 도메인 등록자의 정보를 독점하고 있다는 점, 미국 정부와 불편한 관계에 있는 국가, 회사, 개인의 도메인이 임의로 삭제되거나 IP 주소가 박탈될 수 있다는 점과 같은 문제들을 고민하게 된다.

경제적 문제에서도 정치적 지식은 또 다른 차원의 시각을 제시한다. IMF와 같은 국제기구나 무디스와 같은 신용평가 회사를 통해 이를 살펴보자. 우리 사회에서 이들의 경제 전망, 분석, 신용평가는 객관적이고 전문적인 지식으로 받아들여지며, 이들이 무료로 제공해 주는 지식은 경제 정책, 투자 판단 및 위험 자산 관리 등에 유용하게 사용된다. 하지만 정치적 지식의 관점에서는 왜 국제기구인 IMF의 본부가 미국 재무부 옆에 있으며, 왜 미국의 민간 기업에 불과한 무디스라는 회사가 전 세계의 국가 등급은 물론 개별 회사의 신용등급을 결정하고 있는지에 대한 원인이 탐구된다. 즉 정치적 지식은 IMF와 무디스 등을 통해 관리되는 국제통화 및 신용 체제라는 게임의 규칙을 겨냥한다. 정치적 지식을 통해 살펴볼 수 있는 영역은 그 밖에도 무수히 많다. 가령 왜 이스라엘의 핵 보유는 문제가 되지 않으면서 이란의 핵 보유는 UN 안전보장이사회의 공식 안건이 되는지? 또는 왜 북한은 미사일을 수출하지 못하고 미국과 러시아는 아무런 제재 없이 무기를 수출할 수 있는지 등이 궁금해진다. 다시 말해, 이 지식은 핵확산금지조약NPT과 같은 게임이 왜 시작되었으며, 누가 게임의 규칙을 만들었고, 누가 값을 지불하고, 누가 그 이득을 누리고 있는가에 대한 지식을 추구한다.

지식의 목적에 따른 이러한 분류 외에도 지적 탐구의 대상이 무엇인가에 따라 기술적 지식descriptive knowledge과 분석적 지식analytical knowledge으로 구분되기도 한다. 먼저 기술적 지식은 현상학적 지식으로도 불리며, 한 사회에서 진행되는 다양한 현상, 이슈, 논란 그 자체가 탐색의 대상이 된다. 반면 분석적 지식은 특정한 현상 또는 이슈가 나타나게 되는 원인이 무엇이며, 이를 해결하기 위한 방안은 무엇인가를 탐구하는 지식을 의미한다. 의사와 환자의 관계를 통해 이를 살펴보자. 환자가 병원을 찾아오면 의사는 우선적으로 환자의 혈압, 체온, 심장 박동 등을 들어 보고, 피 검사와 소변 검사와 같은 기본적인 검사를 실시한다. 그 다음, 환자에게 어디가 불편한지를 물어보고 병의 징후를 나타내는 특이 사항들을 종합적으로 살펴보고 이를 유형화함으로써 병명이 무엇인가를 파악하게 된다. 이 경우 의사가 수집하는 다양한 정보들과 정리를 통한 지식이 기술적인 지식에 해당한다. 하지만 의사의 역할은 여기에서 끝나지 않고, 특정한 병이 발병하게 된 원인을 모색하고 이에 대한 처방을 찾는 과정으로 이어진다. 예를 들어 진폐증이라는 진단이 나왔을 경우, 의사는 그 환자의 근무 환경, 과거 병력, 가족의 유전 사항 등을 추가적으로 분석하게 되며 이를 통해 진폐증이 초래된 원인을 전문적으로 분석하고 이를 토대로 약을 먹일지, 수술을 할지 아니면 운동을 권할지 등을 결정한다. 하지만 기술적 지식만으로 의사가 이러한 판단을 내릴 수는 없으며, 이처럼 기술적 지식을 바탕으로 의사가 2차적 판단을 하는 것이 분석적 지식이다.

최근 2008년 가을 한국을 덮친 금융 위기를 통해서도 이를 설명할 수 있다. 기술적 지식에서는 금융 위기가 닥친 상황에서 시장 참여자들이 어떤 주식을 사거나 팔며, 채권과 주식 중에서 어떤 유가증권을 더 선호하며, 외국인들이 주로 매매하는 주식은 무엇인지 등이 중요한 탐구 대상이 된다. 이와 달리 분석적 지식에서는 미국의 금융 위기로 인한 한국 기업의 손실이 별로 크지 않고, 무역수지가 흑자로 전환되고, 미국은 물론 일본, 중국과 통화스와프를 체결했음에도 불구하고 주식과 외환시장이 공황 상태에 빠지는 이유가 무엇인지, 이것이 달러 중심의 국제통화 체제와 어떻게 연관되어 있는지와 같은 현상의 이면에 주목한다.

지식을 이렇게 구분해 보면 우리 사회의 지식 편식이 참 심하다는 것을 알 수 있다. 영어 몰입 교육, 신지식인 논쟁, 해외 석학 초대 등은 모두 도구적 지식에 국한되어 있다. 아무리 생각해도 노벨 경제학상을 탄 미국 교수가 달러 체제와 관련된 게임의 규칙과 이 규칙을 어떻게 바꾸어야 우리에게 유리한지를 가르쳐 줄 것 같지는 않다. 주주 중심 모델에서 성공한 CEO가 한국에 맞는 경영과 인사 기법을 찾아 줄 것 같지도 않다. 또 미국 역사와 문화권에서 살아온 백인 영어 교사를 통해 전달되는 지식이 반드시 우리 사회에 적합한지도 모르겠다. 뿐만 아니라, 각종 연구소를 통해 생산되고 언론을 통해 유통되는 지식들 대부분은 현상을 설명하는 기술적 지식들이며, 분석적 지식은 드물다. 주식과 외환시장에 대한 정보는 많지만 왜 폭락하고 과거와는 어떤 차이가 있으며 구체적으로 어떤 전략으로 대응해야 하는지에 대한 지식은 찾아보기 어렵다는 말이다. 미국과 유럽의 석학들이 금융 위기를 어떻게 진단하고 있는지는 전달되지만 정작 우리에게 맞는 맞춤 지식은 드물다.

그 결과 "당면한 문제의 본질을 이해하고, 우리의 현실에서 택할 수 있는 전략을 모색하고, 나아가 내일에 대한 청사진을 제시하는" 지식에 대한 우리들의 갈증은 더 커져만 간다. 전 세계에서 박사학위를 소유한 사람이 가장 많이 사는 곳이 대한민국의 수도 서울이라고 한다. 인구수 대비 미국 출신 박사학위가 가장 많은 나라도 대한민국이다.

그런데 왜 이런 모순이 생기는 것일까? 그 이유는 지식이 담론이라는 것을 제대로 이해하지 못했기 때문이다. 책 한 권에 한 가지의 지식이 있고, 100권을 읽으면 100가지의 지식을 얻게 되고, 궁극적으로 더 많은 책을 읽으면 더 지혜로워진다는 착각 때문이다. 책을 많이 읽었다고 해서 반드시 더 지혜로워지지 않을뿐더러 지식을 무비판적으로 받아들일 경우 오히려 지식의 노예가 될 수 있다.

바로 이런 이유로 인해 '국적nationality' 있는 지식이 필요하다.

'국적' 있는 지식이 필요하다

불명예스러운 일로 논란을 일으킨 황우석 교수가 "과학에는 국경이 없지만 과학자에게는 국경이 있다."라는 말을 한 적이 있다. 지식을 도구적인 관점에서 볼 때 이 말은 틀리지 않다. 의약 기술, 물리학적 발견, 지구온난화와 관련된 지식, 체세포분열 기술 등은 국경, 언어, 민족을 초월한 인류 보편의 자산이다. 그렇지만 심지어 자연과학에서도 일부 공유되는 지식을 제외하면 국경은 여전히 문제가 된다. 가령 미국이 최근 천문학적인 돈을 들여 개발하고 있는 미사일 요격 시스템과 같은 기술은 미국 국민의 세금으로 얻어지는 과학적 지식으로 당연히 국경이 있다.

지식이 담론의 일부로 권력과 밀접하게 연결되는 정치, 경제, 사회, 인문학에서 국경은 더 많이 문제가 된다. 미국에서 한국학, 중동학과 같은 지역학이 발달하게 되는 것이나, 프랑스와 영국과 같은 식민지 종주국에서 인류학이 발전한 것은 우연이 아니다. 1980년대에 미국 정치 학계를 중심으로 집단적 지도 체제와 제도화된 규범을 통한 국제기구의 관리를 핵심으로 하는 레짐이론regime theory이 활발하게 연구되는 것도 마찬가지다. IMF 연구팀에서 생산되는 지식들이 민주적 통화 질서보다 달러 체제의 효율적 관리에 집중될 것이라는 점도 분명하다. 또 브루킹스, 헤리티지, 카네기 재단 등이 미국의 중요한 이해관계가 걸려 있는 연구 주제들을 선택하고, 자국의 이익을 극대화할 수 있는 방향으로 틀 지워지며, 이 논문의 궁극적 소비자가 자국의 정책 담당자와 국민이라는 것도 부정할 수 없다. 미국에는 외교협회CFR가 있고, 영국에는 채텀하우스, 한국에는 KDI가 있는 이유는 이 때문이다.

우리는 이제 과거 춥고 배고파서 앞만 보고 달려오던 수준을 벗어났다. 용의 꼬리를 벗어나서 비록 약하지만 뱀의 머리가 되어야 할 나이에 들어섰다. 만약 우리가 용의 꼬리에 만족했더라면 일제로부터 독립하기 위해 그렇게 힘들게 투쟁하지 않아도 되었다. 미국의 쉰두 번째 주가 되면 훨씬 더 편하게 살 수도 있다. 하지만 용의 머리가 결정하면 꼬리는 언제든지 대체될 수밖에 없다. 그래서 우리는 정치적 독립을 원했고 이를 통해 우리 자신의 운명을 스스로 결정하고 선택하고자 했다. 한 가정으로 비유하면, 부모에 대한 의존을 벗어나서 집안의 대소사를 자신의 일로 받아들이고 집안의 이해관계가 걸린 문제들을 파악하고 분석하고, 이에 대한 해결책을 찾는 다 큰 성인 자녀가 되고자 했다는 말이다. 그렇지만 우리 사회가 나이 값을 제대로 하지 못하고 있다는 증거는 많다.

많은 한국 사람들은 외국 군대가 자국의 수도 안에서 50년 이상 주둔하고 있다는 사실에 대해 불편함을 느끼지 못한다. 미국이라는 강대국이 나를 대신해서 국방의 의무를 수행해 준다는 데 오히려 감사하고 있는 실정이다. 하지만 세상에 공짜는 없다. 당장 중국과 대만이 전쟁을 하게 되면 한미방위조약에 의해 우리는 무조건적으로 중국과 전쟁을 해야 한다. 미국이 북한의 원자로를 폭격하기로 결정하고 미국 시민들을 대피시켰던 1993년 당시에도 우리 정부는 주변인이었다.

외환위기로 인해 10만 명 이상의 고아가 발생하고, 20퍼센트가 넘는 사람들이 정리해고를 당했으면서도 정작 우리의 손으로 이 문제를 분석하고 해답을 찾으려는 노력은 턱없이 부족했다. 그 대신 우리는 이해관계의 충돌이 불가피한 IMF, 미국 정부 관료, 미국 학자들의 의견을 받아쓰기에 바빴다. 그 결과 남미의 외환위기는 남미 내부의 문제이며, 아시아 위기는 아시아 모델에서 비롯되었으며, 러시아와 브라질의 위기도 이들 국가의 잘못된 정책 때문이라는 미국적 시각에서 벗어나지 못했다. 단 한 번도 우리들 자신이 주인이 되어 이들 문제 간의 연결고리를 찾고 이들 사건의 이면에 존재하는 게임의 규칙을 문제 삼지 못했다.

지식은 세상을 이해하는 방법이다. 지식은 세상의 문제를 해결하는 방법을 찾는 작업이다. 또한 지식은 우리가 나아갈 청사진을 그리는 작업이다. 따라서 한국적인 경제학에서 탐구되어야 할 지식은 우리 사회가 당면한 가장 큰 문제인 청년 실업, 기업가정신의 소멸, 허약한 주식시장 등과 같은 문제들이다. 미국 경제학자들이 우리를 대신해 이런 문제들에 대한 지식을 만들어 주지 않는다. 그럼에도 우리는 '미국'이라는 프레임과 영어를 통해 장자를 배우고, 일본을 이해하고, 유럽을 경험한다. 그래서 영어만 제대로 알면 우리에게 필요한 지식을 모두 얻을 수 있다고 생각할지도 모른다. 하지만 현실은 그렇지 않다. 영어로 번역된 일본과 유럽의 1차적 소비자는 영어권에 있는 사람들이다. 마찬가지로 국내에서 번역되는 책들의 주요 독자는 한국 사람들이다. 그 누구도 타인을 위해 번역이라는 수고로움을 대신해 주지 않는다. 우리에게 필요한 지식은 우리 스스로 만들지 않으면 안 된다. 우리가 제대로 깨어 있는 사람이라면 이웃 선진국인 일본의 문학, 일본의 첨단 산업 전략을 배우고 일본 정부의 행동과 일본 언론에 관심을 두어야 한다. 그것은 실제 우리가 참고할 만한 지식이 된다. 그런데 우리에게는 오로지 미국적인 지식만 들어온다. 생각해 보면 편식도 지독한 편식이다. 그 편식의 결과가 과연 우리한테 도움이 될까?

일본을 잠깐 보자. 일본은 지금도 굳이 엘리트들을 다른 나라에 보내 교육을 받게 하지 않는다. 일부를 제외하고는 일본의 엘리트들이 미국에 가서 학위를 따오는 경우도 많지 않다. 미국에 가 보면 일본 유학생들은 별로 없다. 일본의 인구, 경제력, 무비자를 생각하면 미국에 일본 유학생들이 넘쳐나야 한다. 그러나 실상은 그렇지 않다. 2006년 4월 이민세관국ICE 자료에 따르면, 미국 내 유학 중인 일본 학생의 수는 5만 4816명으로 한국의 8만 6625명, 중국의 5만 9343명에 못 미친다. 대학 교수 중 유학 경험이 있는 비율도 일본은 23.1퍼센트에 불과하여 한국의 83.5퍼센트에 크게 못 미친다. 물론 이를 두고 일본이 한국보다 세계화 지수에서 떨어진다고 말하는 이도 있다. 그리고 일본 정부도 1987년 교육자문위원회를 설치, 교육 시장을 개방하고 외국인 교사의 채용 제한을 폐지하기도 했다.

그러나 일본의 노벨상 수상자들이 반드시 미국 유학을 다녀온 것도 아니다. 그 대신 일본은 케네스 파일이 『강대국 일본의 부활』에서 지적한 것처럼 서구를 기계적으로 모방하여 피상적인 문명을 만들어 내기보다는 "자신의 가치관으로 결정한 독립적인 일본식 진로를 발전"시켰다. 단순히 강대국의 제도와 앞선 경험을 모방하고 빌리기만 한 것이 아니라 "선진국이 해 왔던 것보다 더 빠른 속도로 발전시켜 자신의 후진성을 벗어날 지름길을 찾으려고 애썼으며, 동시에 실수를 피하기 위해 강대국의 시행착오까지 배우려는" 성숙함이 있었다는 말이다. 중국의 지도자 덩샤오핑이 검은 고양이든 흰 고양이든 쥐만 잘 잡으면 된다는 흑묘백묘黑描白描론을 내세운 것도 중국을 버리고 무조건 서양식을 도입하자는 것이 아니었다. 중국을 모체로 필요한 실용적인 지식을 서방에서 배우자는 중체서용中體西用 정신이었다. 선진 학문을 배우되 우리의 현실에 맞게 전략적으로 수용한다는 의미다.

그렇지만 우리 사회의 지도층들은 절대 다수가 미국에서 공부를 하고 왔다. 지식의 편식도 이만저만이 아닌 셈이다. 물론 지식의 편식을 하는 나라가 우리만은 아니다. 1970년대 남미의 주요 재무장관은 모두 하버드대 출신이었다. 당시에는 경제학 박사학위를 따고 나면 전용 비행기를 보내 곧바로 장관으로 발탁했다고 한다. 이들 경제학자들이 워싱턴 컨센서스를 교과서처럼 따랐던 것은 전혀 이상하지 않다. 1998년 정치적 폭동 이후 재기 불능에 빠진 인도네시아의 엘리트들도 대부분 버클리대 출신이었다. 한국의 상황도 크게 다르지 않았다. 공교롭게도 이들 두 나라는 IMF 프로그램의 모범생이었고, 역설적이게도 2008년 금융 위기 때 가장 큰 타격을 입은 나라가 되었다.

이만하면 충분하지 않을까? 우리가 조금만 정신을 차리면 전혀 다른 그림이 보인다. 중국, 일본, 유럽의 경제학자들이 하는 말은 우리와 다르다. 금융 위기의 해결책으로 UN의 안전보장이사회와 같은 '경제이사회'를 만들자는 주장의 의미를 제대로 파악하고 있는 국내 경제학자가 얼마나 될까? 이제라도 우리는 일본, 중국 등으로부터 직접 배우는 자세가 필요하다. 우리에게 필요한 독일과 프랑스에 대한 지식은 영어로 번역되어 있지 않을 뿐만 아니라 어딘가에 보석처럼 숨어 있지도 않다. EU와의 교역량이 미국보다 더 큰 상황에서도 아직까지 우리는 EU 본부가 있는 브뤼셀에 특파원 한 명 제대로 파견하지 않고 있다. 물론 굳이 특파원이 없어도 필요한 정보는 모두 얻을 수 있다고 말할 수 있다. 그러나 EU에 대한 모든 이야기를 영미 언론을 통해 간접적으로 전해 들을 때 이 정보가 우리의 삶에 필요한 맞춤 정보가 아닐 가능성이 높다. 또 미국이라는 광맥이 너무도 엄청나기 때문에 미국으로부터 모든 것을 배우면 된다고 생각할 수도 있다. 하지만 냉정하게 봤을 때, 미국의 지식은 미국의 필요성에 의해 선택되고, 미국을 위한 창의적 작업의 결과이며, 대부분 미국 국민을 위한 것이다. 일본도, 중국도, 유럽도 마찬가지다. 지식에 국적이 있다는 말이다. 일본 정부가 일본에 온 유학생들로 하여금 일본말로 논문을 쓰게 하는 것은 이런 배경 때문이다. 미국에 가서 한국말로 박사논문을 쓸 수 없다. 그러나 한국에 온 유학생들은 영어로 논문을 제출하도록 만든다. 심지어 국내 학자들도 영어로 논문을 쓸 때 더 인정을 받는다. 도대체 "누구를 위해 종을 울리나?"라고 묻지 않을 수 없다.

물리적인 국경의 의미는 물론 주권 개념이 점차 희박해지는 글로벌 시대에 지식까지 왠 '국적' 타령이냐고 말할지도 모르겠다. 하지만 조금만 냉정하게 생각해 보면 달리 생각할 수 있다. 분명 미래 언젠가 국가는 사라질 것이다. 실제 유럽연합 등에서 보듯이 많은 유럽 국가들이 경제 주권을 넘기고 심지어 하나 된 유럽을 지향하고 있다. 그럼에도 불구하고 안보, 금융, 신용, 경제 활동 및 지식이라는 희소 자원의 생산과 분배에 있어 가장 중요한 행위자는 여전히 '국가'다. 미국 사람은 여권 하나만으로 전 세계를 자유롭게 여행할 수 있지만, 북한은 미사일 기술이 있어도 강대국처럼 자유롭게 팔 수조차 없다. 한국의 원화는 여전히 한국 경제의 지불 능력에 따라 그 가치가 결정되며, 삼성전자와 포항제철의 신용도도 여전히 한국의 국가 부도 위험도sovereign risk의 영향을 받는다.

지적재산권 등으로 돈을 벌기 위해서는 한국의 우수한 지식들이 전 세계에 알려져야 하고, 그래서 '영어'로 논문을 발표하는 것은 따라서 당연하다는 주장도 물론 일리가 있다. 그러나 다른 측면도 있다. 가령 한국 정부에서 근무하다가 미국으로 장학금을 받고 간 A라는 유학생을 가정해 보자. 미국 대학의 B라는 교수가 아무런 이유 없이 A 학생을 받아 주지는 않았을 것이라 짐작할 수 있다. 자신이 직접 구할 수 없는 정보를 얻을 수 있다거나 프로젝트를 효과적으로 수행하는 데 도움이 되기 때문에 A에게 장학금을 줄 가능성이 높다는 말이다. 미국에서 학위를 따기 위해서는 당연히 논문을 써야 하고, 미국과 한국을 서로 비교하는 연구를 하게 될 가능성이 높다. 그 결과 미국 교수 B는 A가 아니면 얻을 수 없는 귀한 정보를 자연스럽게 얻게 되며, 영어로 발표된 이 연구는 궁극적으로 미국 정부의 자산으로 남게 된다. 미국 정부가 한국의 정치, 경제, 사회, 문화 등 다양한 분야에 걸쳐 그토록 방대한 지식을 축적할 수 있었던 이유 중의 하나가 바로 여기에 있다.

국내에서 대학 경쟁력을 높이기 위해 SCI과학기술논문인용색인나 SSCI사회과학논문인용색인 논문을 절대시하는 것도 문제가 많다. 자연과학의 경우에는 다를지 모르지만 인문학과 사회과학의 경우 학술지의 성격이나 편집위원의 구성에 따라 게재되는 논문의 주제가 달라질 수밖에 없다. 국제적 경제지에 정치 논문이 실릴 수 없고, 통계를 중요시하는 양적 연구를 주로 싣는 학술지에서 담론 분석과 같은 질적 논문은 아예 심사 대상이 아니다. 또 미국과 유럽의 학술지에 실리는 내용도 각기 다르고, 한국적인 주제만으로 이들 학술지에 글을 실을 수 있는 가능성도 아주 낮다. 그래서 유럽은 유럽 국가들의 언어로 유럽 문제를 다루는 학술지를 만들고 있으며, 일본과 중국도 이런 노력을 기울이고 있다. 즉 이미 만들어진 학술지의 구미에 맞는 논문을 생산하기보다는 국적 있는 지식을 생산하고 이를 새로운 학술지를 통해 유통시킴으로써 국제적인 담론 경쟁에 참여하고 있다는 말이다.

그렇다면 지식의 균형과 국적을 통해 발상의 전환을 한 다음에는 무엇을 해야 할까? 생각을 바꾼 다음에는 처신이 달라져야 한다.

2 일본을 주목하라

과거는 덮고 미래로 가자

우리 사회에서 미국에 대해 비판을 하거나 미국 중심의 질서에 대해 문제를 제기하는 것은 쉽지 않다. 이와 달리, 일본에 대한 비판은 어디서나 환영을 받으며, 일본의 입장을 지지하면 공공의 적이 된다. 독도 문제와 관련해 "냉정히 대처하는 일본을 보면 일본이 한 수 위라고 생각한다."라고 했던 가수 조영남 씨가 방송계에서 퇴출당할 뻔했고, 일본 식민지의 긍정적인 측면을 주장했던 안병직, 이영훈 교수 등은 친일 매국노로 매도당했다. 물론 이러한 상반된 태도에는 나름 충분한 이유가 있다. 미국은 우리를 돕기 위해 피를 흘린 맹방이고, 그 이후로도 힘들 때마다 우리를 도와주었다. 지금도 중국과 북한의 위협으로부터 우리를 지켜 주고 있으며, IMF 위기 때도 많은 도움을 제공했다. 반면 일본은 36년간 우리를 착취했으며, 과거사에 대해 제대로 사과하지도 않았고, 지금도 미국은 물론 중국과 지역 패권을 놓고 경쟁하고 있다.

그러나 우리의 집단적 정서와 달리 국제사회가 바라보는 일본은 상당히 호의적이다. 지난 2005년 일본이 UN의 상임이사국이 되고자 했을 때 국제사회가 열렬한 지지를 보낸 것을 통해 이를 잘 알 수 있다. 또 국제사회에서 일본은 성공적인 경제 발전을 이룩해 낸, 배울 것이 많은 나라로 알려져 있다. 말레이시아의 전 수상 마하티르는 심지어 "일본을 통해 비로소 아시아의 희망을 봤다."라고까지 말했다. 외환위기 때 경험했듯이 일본과 한국의 공동 이해관계는 그 어느 때보다 더 커지고 있으며, 일본에 대한 우리의 지식이 상당 부분 왜곡된 부분도 없지 않다. 하지만 우리는 유독 일본에 대해서는 엄하고, 인정하지 못하는 부분이 많다. 그렇다면 왜 이런 괴리가 생기는 것일까? 이제 우리 스스로가 한일 관계를 냉정하게 분석해 볼 필요가 있다.

일본에 대한 우리의 집단적 태도는 우선 반일 담론과 무관하지 않다. 일본 고이즈미 수상의 신사 참배 문제를 한 번 생각해 보자. 우리 사회에서 고이즈미 수상의 참배는 일본이 군국주의로 회귀하고자 하는 열망을 보여 주는 것으로만 해석된다. 하지만 당시 일본 수상의 신사참배는 우정국 개혁이라고 하는 국내 정치적 목적과 무관하지 않았다. 또 일본 총리의 이 신사참배는 전후의 '자학적 역사관'을 극복하고 '정상국가'로 나아가려는 일본 엘리트의 의지도 반영된 것이었다. 냉정하게 보면, 우리 지도자들이 현충일이면 국립묘지에 참배함으로써 애

국심을 고쳐시키려는 것과 다르지 않다. 일본은 가해자이고, 전쟁을 일으킨 장본인들이 묻혀 있기 때문에 안 된다는 논리도 있다. 맞는 말이다. 그러나 베트남 국민의 입장에서 보면 우리도 가해자이고, 이 전쟁에서 순국한 분들도 국립묘지에 안치되어 있다.

또한 지난 2005년 노무현 대통령의 "독도는 우리 땅입니다."라는 선언이 국가의 먼 미래를 위해서라기보다는 국민 정서에 영합함으로써 정치적 지지 기반을 다지기 위한 것이었다는 비판도 없지 않다. 우리가 하면 로맨스고 남이 하면 스캔들이라고 하는 것은 아닌지 생각해 볼 일이다. 교과서 왜곡도 일본과 중국만의 문제가 아니다. 우리도 국사 교과서를 왜곡하고, 동일한 역사적 사건도 보는 사람의 시각에 따라 달라진다. 그래서 보수적인 성향의 '교과서 포럼'은 금성출판사의 일부 항목을 좌 편향적이라며 비난했고, 전경련도 교과서의 반기업적 역사관을 문제 삼았다. 일본의 '새로운 역사 교과서를 만드는 모임'이 자학적 사관에 기초한 전후 일본의 역사 교과서를 교정하려는 노력도 이런 맥락에서 이해할 수 있다.

2차 세계대전이 끝나고 나서 일본과 독일은 자기들의 역사를 전면 부정하고 죄인으로 살도록 교육받아 왔다. 그들 내부의 민족주의자들이 불구화된 국가 정체성을 찾고자 하는 것은 어쩌면 당연한 일이다. 그래서 20세기 일본의 가장 뛰어난 소설가이자 지식인이라는 평가를 받았던 미시마 유키오는 1970년 11월 25일 굴욕적인 외교 정책을 비판하면서 자위대 본부에서 할복 자살했다. 당시 그는 "일본의 정규군 양성 권리를 박탈하고 국가로부터 영혼을 강탈한 전후 민주주의를 상대로 일왕의 이름으로 투쟁하라."라고 말한 것으로 전해진다. 역사적 해석을 둘러싼 논란은 이런 점에서 불가피하며, 감정적 민족주의로는 이 문제를 풀 수 없다. 더욱이 교과서 논쟁은 앞서 지적한 것처럼 진리에 대한 것이 아니라 담론 경쟁의 측면이 더 크다.

일본이 평화 헌법을 수정하고 자위대를 해외에 파견하려는 움직임을 군국주의의 부활 음모로 보는 것도 다시 생각할 부분이 있다. 1980년대 이후 일본은 국제적 현안에 대한 책임은 지지 않으면서 미국과 세계를 상대로 돈벌이만 한다는 비난에 직면하게 된다. 1982년 등장한 나카소네 정부는 이에 따라 무역 장벽을 철폐하고 수입을 늘리는 한편, 평화 헌법을 개정함으로써 일본이 보다 정상적으로 국제사회의 일원이 되고자 시도했다. 그러나 야스쿠니 신사에 대한 공식 참배를 포함한 나카소네 정부의 개혁은 대내외적으로 엄청난 비판을 받게 되고, 1987년 나카소네 정부는 결국 무너지고 만다. 그 이후, 일본은 다시 고립 정책을 취했고 1991년 걸프전에서도 일본은 전쟁 비용만 분담했다. 그러나 일본의 이러한 정책은 '돈으로 산 외교' 또는 '수표장 외교'라는 국제적 비난을 받게 된다. 오자와 이치로는 이에 1991년 보통국가론을 제기하는 동시에 1993년에는 이를 보다 구체화한 『일본 개조론』을 발표하게 된다. 그리고 그 이후 일본 정부의 대외 정책은 이 연장선에서 진행되고 있으며, 일본은 지난 2003년 이라크 전쟁 때 자위대를 파견했다.

2008년 7월 6일, 반기문 UN 사무총장이 했던 말을 통해 일본과 한국의 차이를 짐작할 수 있다. 취임 후 한국을 방문한 자리에서 그는 "국제사회에 위기가 발생했을 때 한국의 기여도를 보면 일본의 100분의 1 수준"이라고 했다. 경제 규모 11위의 국가가 전 세계 위기 상황에 그 정도 기여하고도 전혀 창피하게 여기지 않는다는 말이었다. 또 2008년 당시 식량 위기가 국제사회 최대 이슈로 부각된 뒤 미국이 9억 달러, 사우디아라비아가 5억 달러를 경쟁적으로 냈지만 한국은 왜 내야 하느냐고 반발했다고 한다. 이게 우리의 현실이다.

물론 이 모든 것을 무조건 두둔하자는 것은 아니다. 하지만 최소한 역지사지는 해야 한다. 그리고 공동의 이해관계가 있을 때 과거를 덮고 나아가는 지혜도 필요하다. 국제사회를 보면 영원한 적도 영원한 친구도 없다. 그러나 지금 우리는 돌이킬 수 없는 과거로 인해 잃어버리는 것이 너무 많다. 이런 얘기가 나올 때마다 우리는 일본이 진정으로 과거를 사과하지 않았기 때문이라고 한다. 하지만 일본은 1990년대 이후 매년 사과를 해 왔다. 노태우 정부는 이제 사과는 충분하다고 말한 적도 있다. 우리는 일본이 제대로 전쟁 피해 보상도 하지 않았다고 주장할지 모른다. 하지만 중국은 일본으로부터 단 한 푼의 전쟁 보상금도 요구하지 않았다. 1965년 한일협정 당시 5억 달러 차관이 지금 기준에서 보면 아무것도 아닐지 모른다. 하지만 당시 이 돈은 일본에게도 상당한 금액이었으며, 외환위기 당시에도 구제금융을 직접 지원한 나라는 미국이 아니라 일본이었다.

일본에 대한 우리의 시각과 지식에 있어 미국이 상당 부분 영향을 미치고 있다는 것도 부정할 수 없다. 미국 정부, 학계, 언론계에서 일본을 때리면 한국에서도 이 현상은 반복된다. 잃어버린 10년 또는 20년이라는 말은 주로 미국 언론을 통해 우리에게 전달되었다. 우리가 주체적으로 만들어 낸 인식의 틀은 아니었다. 솔직히 일본 경제에 대한 우리 자신의 '직접적' 지식은 너무도 미약하다. 광운대학교 이향철 교수나 중앙대학교의 손열 교수 등 몇몇을 제외하고 일본을 제대로 연구하는 학자도 드문 실정이다. 그 공백을 우리는 미국 학계로부터 채우고 있으며, 미국측 관점을 통해 일본의 문제를 진단하고, 일본을 평가해 왔다.

일본의 금융 위기에 대한 우리 사회의 이해가 그 대표적인 경우인 것 같다. 가령 손열 교수는 2003년 『일본, 성장과 위기의 정치경제학』이란 책을 통해 당시 일본의 위기는 신중하고 보수적이고 보호적인 접근이라는 대장성의 교과서적 조치에 의해 악화되었으며, 부실 금융 기관에 대한 신속하고 과감한 정리만이 해결의 열쇠였다고 말한다. 우연인지 모르지만 이런 평가는 미국 정부와 학계의 '일본 때리기'와 동일한 맥락이다. 재무부 차관이었던 로렌스 서머스는 1997년 위기가 발발하자마자 "1990년대 가장 심각한 금융 위기는 역사적으로 가장 폐쇄적이었고 또 장기적인 전략을 추구해 왔던 일본에서 발견된다."라고 주장했다. 당시 국무부 차관보였던 스튜어트 아이젠스타트도 아시아 위기를 극복하기 위해 일본이 해야 할 일은 "내수 중심의 경기 진작과 금융 시장의 추가 개방"과 "무역 자유화, 실질적인 탈규제 그리고 은행 문제에 대한 근본적인 처방, 즉 청산 및 해외 매각"이라고 말했다. 그래서 우리는 일본식 모델을 과감하게 버렸다. 그러나 2008년 미국발 금융 위기에서 보듯이 미국식 해결 방식이 최선도 아니었으며, 일본의 방식이 반드시 틀린 것도 아니었다.

더욱이 1980년대 이후 일본의 잃어버린 10년과 20년에는 구조적 권력을 행사한 미국의 압력과 국제통화 체제의 구조적 모순도 중요한 요인으로 작용했다. 1980년 일본이 미국의 경제적 경쟁자로 등장한 이후 미국은 일본에 대해 갖가지 압력을 행사해 왔다. 일본의 경제가 미국을 삼킨다는 이야기들이 회자되면서 미국 사회에서 일본 때리기가 엄청났다. 결국 일본은 1985년에 플라자합의를 체결했으며, 엔화 가치는 1985년 2월 1달러 대 259엔에서 2년 뒤 1987년 2월에는 152엔, 1995년에는 79엔까지 하락했다. 당시의 엔고를 두고 금융 폭탄이라고 하는 이유는 이 때문이다. 일본에 대한 미국의 압력은 그 이후 1990년대에도 꾸준히 이어졌다. 마이클 클라이튼의 『떠오르는 태양Rising Sun』이나 톰 클랜시의 『적과 동지Debt of Honor』, 팻 코에이트의 『힘센 자들Agents of Influence』 및 클라이드 프레스토위츠의 『거래소Trading Places』 등은 이를 잘 반영한 소설이다. 그럼에도 불구하고 일본은 살아남았다.

미국이 동아시아 민족주의를 전략적으로 활용하고 있다는 심증도 있다. 가령 1998년 김대중 대통령과 일본의 오부치 총리는 한일 동반자 관계를 약속했다. 양국 관계는 그 이후 지속적으로 개선되었으며, 2000년의 남북 정상회담에 일본이 기여한 바도 많았다. 양국은 2002년 월드컵도 성공적으로 마무리했다. 당시 월드컵을 두고 서방 언론이 "한국과 일본이 역사가 생긴 이래 처음으로 두 나라가 무언가를 같이 해본 유일한 쾌거다."라고 했을 정도였다. 그러나 미국은 2002년 중국을 전략적 경쟁자로 선언했으며, 일본과 북한의 급속한 관계 개선도 반대했다. 공교롭게도 그 이후 동아시아의 민족주의적 갈등은 재연되었으며, 아세안+3의 금융 협력도 흐지부지되고 말았다. 그 결과 미국이 의도했든 하지 않았든 간에, 아시아 연합이나 아시아 단일 통화의 꿈은 한결 멀어지게 되었다. 미국이 이 공백을 채우기 위해 아시아태평양자유무역협정FTAAP이나 아시아태평양통화기금APMF을 제안하는 것이 우연처럼 보이지 않는 것은 이 때문이다.

그럼에도 우리는 1980년대 일본이 미국의 압력을 어떤 식으로 극복했는지 여전히 배우려고 하지 않는다. 일본의 잃어버린 10년이 달러 체제와 어떻게 연결되고 있으며, 왜 미국 정부와 언론에서 일본 때리기가 나왔는지에 대해서도 생각해 보지 않았다. 일본이 거품 붕괴를 어떻게 극복해 왔으며, 마쯔시다^{지금의 파나소닉}나 소니와 같은 거대한 회사를 어떻게 유지할 수 있는지도 더 이상 관심을 갖지 않는다. 그 대신, 미국 따라잡기 또는 미국식 모델 베끼기에만 전념하고 있다. 하지만 과연 우리가 배워야 될 모델이 IBM일까? 우리가 IBM이 되기는 어렵다. 하지만 우리가 SONY는 될 수 있었고, 지금은 그보다 더 나아가고 있다. 미국보다 일본의 CEO에게서 더 많은 것을 배울 수 있다. 한국에 더 맞는 경제 모델은 일본식 모델일 수 있다는 말이다.

물론 일본인들조차도 일본식 모델의 한계를 지적하고 개혁하려는 마당에 무슨 엉뚱한 소리냐고 말할 수 있다. 실제로 1990년부터 최근까지 일본 내에서 일본식 모델을 버리고 영미식 모델을 도입하자거나 일본식 모델을 고수해야 한다거나 제3의 길을 찾아야 한다는 등 논란이 계속되어 왔다. 그렇지만 2008년의 금융 위기는 "상호 협동적인 제도^{일본식 모델}를 파괴할 수도 있는 철저한 경제 자유화 없이도 일본 자체의 정체성을 토대로 세계 경제의 압박을 극복하고 미래를 향해 나아갈 수 있다."라고 했던 사카키바라 에이스케의 주장이 틀리지 않았음을 보여 준다.

일본식 경제 모델이 변화할 필요성은 있다고 인정하면서도 이향철 교수 역시 "기업은 새로운 가치를 창조하는 사회적 존재이며, 사람을 소중하게 다룬다는 일본인의 기업관은 중추적인 이념으로 계속 살아 숨 쉬어야 할 것"이라고 말한다. 우리가 한국적 모델을 만들기 위해 미국에 대한 관심의 일부라도 일본에 돌려야 하는 것은 이 때문이다. 흔히 우리는 한국이 일본과 중국 사이에 낀 샌드위치 신세가 되었다고 한탄을 한다. 그러나 일본 기업인들은 한국과 일본이 협력하지 않으면 미국과 유럽의 거대 기업들과 경쟁할 수 없다고 말한다. 한일 관계를 누구 하나는 죽어야 사는 적자생존의 게임이 아니라 상생의 게임으로 볼 수는 없는 것일까를 질문할 시간이다. 생각도 바꾸었고 처신도 바꾸었으면 이제는 색다른 청사진을 그리는 작업이 남았다.

3극 체제라는 비전을 그리자

아시아가 전 세계 무역에서 차지하는 비중은 30퍼센트를 넘는다. 한중일 3국만 해도 전 세계 달러의 38퍼센트를 갖고 있다. 또 아시아에는 전 세계 인구의 30퍼센트 이상이 살고 있다. 미국은 겨우 4퍼센트에 불과하다. 어떤 면에서 판단해도 아시아는 엄청난 세력인 셈이다. 달러가 그렇게 많음에도 불구하고 2008년에는 아시아가 외환위기를 겪었다. 왜 그럴까? 그것은 필자가 수없이 이야기한 대로 달러 체제가 가진 구조적 모순 때문이다. 이제 아시아를 둘러싼 글로벌 환경은 어떻게 전개될까? 우리에게 가장 중요한 변화가 아닐까 싶다. 많은 사람들은 빠르면 10년, 길어도 이삼십 년 안에 새로운 3극 체제가 오리라 예상하고 있다. 유럽과 미국 중심의 과거가 현재의 구도를 거쳐 마지막으로 아시아가 포함된 3각 구도가 될 가능성이 크다는 말이다.

역사적으로 보더라도 삼각 구도가 가장 안정적이라고 한다. 전쟁이 없는 시절을 보면 주로 삼각 구도였다. 그래서 몽테스키외가 삼권분립을 이야기했다. 물론 철학에서 나온 논리적 사고의 결과다. 양극 체제는 불안한 부분이 많았다. 예를 들어, 둘이 싸워 버리면 어떻게 해야 하는가? 결과는 모두 다 죽어 버린다. 일극 체제는 더 위험하며 "절대 권력은 절대 부패한다."는 말이 그 위험성을 잘 보여 준다. 다른 사람들의 관심을 전혀 반영을 안 하기 때문이다. 3극 체제가 가장 이상적이라는 이야기다. 군사적으로 봐도 3극 체제가 제일 안정적이다. 그러면 언제든지 전쟁을 반대할 수 있는 제3의 세력이 있어야 힘의 균형을 맞출 수 있다. 물론 이런 문제는 단순히 아시아만 죽고 사는 문제가 아닌 것이다. 인류라는 공동체가 향후 200년, 향후 500년 후에 어떻게 살아갈 것이냐 하는 문제와 다르지 않다. 그렇게 되려면 3극 체제가 필요하다.

그렇다면 아시아는 유럽과 대등한 지역적 패권을 가질 수 있을까? 아시아의 군사적 협력과 금융 관련 공조를 살펴본다면 이 문제에 대한 해답을 찾을 수 있을 것이다. 우선 군사 부분부터 살펴보자. 아시아는 1990년대 초 냉전 종식 이후 아시아에서 자본주의 진영과 공산주의 진영 간의 안보 긴장은 상당 부분 해소되었다고 본다. 그리고 이를 토대로 한국과 중국은 1992년에 수교협정을 체결했다. 군사 협력 분야에서도 한국과 일본은 1997년 장관급 논의를 시작했고, 1999년 조성태 한국 국방장관의 중국 방문 이후 중국과도 군사 협력 관계를 확대하고 있다. 물론 2001년 부시 행정부의 중국 견제 정책으로 동북아시아의 군사적 긴장이 다시 고조되긴 했지만 그것이 반드시 한중일 간 안보 측면의 공동 이해가 줄었다는 것을 의미하지는 않는다.

한중일 간의 이해관계의 일치는 금융 지형에서 더욱 두드러진다. 특히 1997년의 외환위기를 기점으로 금융 공조에 대한 관심이 전면에 부상했다. 당시 직접적으로 위기에 처한 태국, 인도네시아와 한국을 포함한 아시아 국가들은 대서양 권력, 즉 미국과 유럽에 의해 운영되는 IMF를 통해 위기를 극복해야 했고, 이 과정에서 금융 주권이 침해되고 외국 자본이 자국의 전략 산업을 지배하는 경험을 겪었다. 당시 아시아 위기에 대한 미국의 대응은 1994년의 멕시코 위기 때와는 다르게 적극적이지 않았다. 그리고 일본 정부가 제안한 AMF의 창설을 무산시키고 IMF를 통해 미국이 오랫동안 추구하던 대외 정책을 강제했다는 것에 대해 불편해했다. 프레드 벅스텐은 아시아 국가들의 이러한 인식이 1998년의 미야자와 계획, 2000년의 치앙마이 선언CMI과 같은 아시아 국가들의 금융 협력으로 현실화되었다고 진단했다. 실제 1997년 위기 당시만 하더라도 일본의 AMF 설립에 소극적이었던 중국은 1999년에는 ASEAN+3한중일 재무장관 회담에 참가했고, 한국 또한 1998년 이후 아시아 국가들 간 통화 교환과 같은 집단적 금융 안보 구축에 적극 동참하게 되었다. 이들 아시아 국가들은 나아가 미국 재정 적자의 확대로 인한 달러화 하락에 공동 대응하기 위해 유럽의 경험을 본따 2005년 2월 아시아벨라지오그룹ABG을 출범시켰다.

아시아 국가들 간의 공통된 이해관계는 또한 금융 지형을 넘어 무역과 경제 협력 분야로 확대되고 있다. 1995년 WTO가 출범한 이후 다자간 무역협상이 진전되지 못하고 있는 것이 현실이다. 국제사회는 이 문제를 지역 경제 연합과 양자간 FTA를 통해 해결하고 있다. 그래서 2004년 중국과 ASEAN 간 FTA가 체결되었고 일본 또한 2005년 ASEAN과의 FTA를 논의하기 시작했다. 2002년 진행되었던 한일 자유무역협정은 무기한 연기되었고 한중일 자유무역협정을 이른 시간 내에 기대하기는 어려운 실정이지만, 무역과 경제 협력 분야에서 협력의 필요성이 점차 가사화되고 있다. 가령 중동 산유국에 대한 의존 비중이 약 80퍼센트를 넘는 한중일의 경우 대안 에너지 확보에 있어서도 개별 경쟁보다는 협력을 통해 공동의 이해를 추구하는 것이 보다 더 효율적이다.

이러한 안보, 금융 및 무역을 둘러싼 한중일 간 공통된 이해관계의 부상과 별도로 이들 국가 간 문화와 인적 교류 또한 급격히 증가하고 있다. 특히 1998년 한국 정부에 의한 일본 문화의 개방과 2002년 한일 월드컵 공동 개최 이후 한일 문화 교류는 활발히 진행 중이다. 한국과 중국의 인적 교류도 1992년 수교 이후 급격하게 늘고 있다. 1998년 이후 아시아에 불고 있는 한류 열풍 또한 한중일을 포함한 아시아 국가들 간 교감의 지형이 과거에 비해 크게 확대되었음을 짐작할 수 있게 한다. 그러나 이러한 역사적 변화에도 불구하고 한중일 간에는 불신과 갈등은 지속되고 있다. 특히 한국과 일본, 중국과 일본 사이에는 과거사 문제와 영토 문제로 크고 작은 갈등이 반복되고 있다. 예컨대 2005년 2월 일본 시네마 현이 '다케시마의 날' 조례안을 상정하면서 한국 국민의 강한 반발을 샀고, 2005년을 '한일 우정의 해'로 정한 것이 무색하게 되었다. 2003년 일본을 방문한 노무현 대통령은 과거사에 대해 언급하지 않기로 작정했다고 밝혔지만, 독도 문제에 대한 갈등이 발생하자 정부는 2005년 3월 '대일 신독트린'을 발표해 양국 협력 관계가 난관을 맞았다. 중국에서도 2005년 일본 역사 교과서 문제와 영토 문제 등으로 격렬한 반일 시위가 벌어졌다. 한국과 중국 사이는 과거사 등과 관련해서 큰 충돌은 없었지만 최근 '동북공정' 문제가 갈등의 불씨로 등장했고, '기생충 알 김치' 사건과 유사한 사례가 재연될 가능성은 배제하기 힘들다.

그러나 역사를 조금만 더 큰 관점에서 살펴보면 이러한 민족주의적 갈등이 치유되지 못할 이유는 없다. 1950년 6·25 전쟁과 그 이후 이어진 냉전 기간을 제외하면 한국과 중국은 정치, 경제, 문화적으로 아주 밀접한 관계였다. 40년 가까이 지속되어 온 냉전의 한기도 1992년 국교 정상화와 더불어 봄눈 녹듯 사라졌다. 1992년 이후 중국은 현재 한국의 가장 큰 교역 상대국이며, 동북아의 평화와 번영을 위해 긴밀히 협력하고 있다. 일본과의 관계도 노력하기에 따라 개선될 수 있다는 것은 1999년의 「21세기 새로운 한일 동반자 관계 공동 선언」과 2002년의 월드컵 공동 개최 등에서도 알 수 있다.

교과서 논쟁, 독도 문제, 위안부 문제 등 서로의 입장이 다른 문제를 무조건 덮고 가자는 말은 아니다. 하지만 과거에 발목을 잡혀 미래의 비전을 공유하지 못하는 어리석음은 반복하지 말아야 한다. 1997년 외환위기 직후 잠깐 꽃을 피웠던 이 비전을 우리는 제대로 가꾸지 못했다. 2008년의 글로벌 위기로 인해 얻은 공감대도 최근 런던 G20 회담에서 보듯 다시 희미해지고 있다. 그러나 지난 1957년 독일과 프랑스는 전쟁의 상처가 채 가시기도 전에 유럽 통합의 씨앗을 심은 이후 많은 난관에도 불구하고 한 발 한 발 그 꿈을 실현하고 있다. 정치 지도자의 비전, 장기적인 국가 이익에 기반한 청사진 마련, 그리고 지식인과 언론의 적극적인 노력이 합쳐질 때 머지않은 장래에 하나 된 아시아는 꿈이 아닌 현실이 된다.

세상에서 가장 중요한 세 가지 금이 있다고 한다. 소금, 황금, 그리고 '지금'이 그것이다. 또 어제는 이미 지난 과거이며, 내일은 아직 불투명한 수수께끼이며, 오늘은 선물이라고 한다. 선물present로 주어진 이 순간이 우리의 출발점이라는 말이다.

에필로그 1

1998년 8월 11일 김포공항은 유난히 사나운 폭풍우에 휩싸여 있었다. 신문과 방송은 1929년의 대공황 때보다 더 심각한 상황이 우려된다는 우울한 전망으로 넘쳐났다. IMF 위기 이후 혜성처럼 떠오른 스티브 마빈^{당시 자딘플레밍증권 이사}이라는 젊은 미국인은 한국에 닥칠 구조조정이 죽음보다 더 가혹할 것이라고 겁을 주었다. 한국을 떠나 미국으로 가는 그 길이 기회가 될지 재앙이 될지 전혀 알지 못한 채 비행기에 올랐다. 한 치 앞을 못 내다볼 만큼 폭우는 거세게 쏟아지고 있었고, 그 덕분에 비행기는 예정보다 한 시간이나 늦게 김포공항을 출발했다. 뉴욕 JFK 국제공항에 도착했어도 처음 들은 소식은 애틀랜타에 몰아닥친 폭우로 인해 비행기가 못 뜰지도 모른다는 얘기였다. 윤대녕의 『은어낚시통신』에서 주인공이 혼자 내뱉었던 독백이 너무도 와 닿

왔다. "얼마나 더 작아져야 하나?

우여곡절 끝에 출발한 비행기는 마침내 애틀랜타 상공에 도착했고 처음으로 본 미국은 너무도 평화롭기만 했다. 대공황이며 외환위기며 폭풍우의 흔적은 그 어디에도 없었다. 구름은 맑았고, 대지는 푸르렀고, 시내는 평화로웠다. 뭔가 이상하다. 마치 꿈을 꾼 것 같다. 이토록 전혀 다른 세상이 동일한 시간대에 존재한다는 것 자체가 너무도 놀라웠다. 그래서 생각했다. 내가 살았던 땅의 공기만이 아니라 지적 대기권intellectual milieu에 뭔가 문제가 있지 않았을까? 내가 아는 모든 이들이 가장 암담한 미래를 앞다퉈 말하는 가운데서 나 역시 어쩔 수 없이 그렇게 생각할 수밖에 없었던 것은 아닐까?

미국의 대학은 전혀 학교라는 느낌이 들지 않았다. 한국과 달리 담장도 없었고 당연히 주거 지역과 구분되어 있지도 않았다. 억지로 찾아간 강의실에서 난생처음 엉터리 영어로 질문을 했다. 왜 미국 사람들은 아시아 위기에 대해 별로 관심을 갖지 않느냐고. 교수는 왜 미국 사람이 아시아 문제에 관심을 가져야 하느냐고 대답했다. 그래도 그렇게 많은 사람들이 고통을 당하고 미국에도 영향을 미치지 않느냐고 되물었다. 교수는 다시 "그렇게 생각한다면 그건 자네 문제이고 정작 그 문제에 대한 답도 자네가 아니면 찾을 수 없을 것"이라고 말했다. 실제로 당시에 유학 온 다른 한국 학생들에게조차 외환위기는 중요하지 않았다. 지식이라는 것이 현실적인 이해관계와 무관하지 않다는 것을 깨닫지 않을 수 없었다.

조지아 대학에서 첫 석사논문을 쓰면서 생각했다. 미국과 영국 언론이 당시 한국의 경제 상황을 그런 식으로 보도한 것은 한국 정부가

'소통'에 실패했기 때문이라고. 만약 정부가 정보를 보다 투명하게 공개하고 보다 적극적으로 외신의 취재에 응했다면, 당시 보도의 많은 부분이 바뀔 수 있었을 것이라고 믿었다. 그래서 외환위기에 대한 외신의 보도를 외환위기 이전과 이후로 분류한 다음, 동일한 사안이 시기별로 어떻게 달라지고 있는지, 익명 정보원의 비중이 얼마나 증가하고 있는지, 또 위기의 해법은 누구의 입을 통해 전달되는가를 분석했다. 한국에 있는 외신들이 이 논문을 보고 작은 참회의 눈물이라도 흘리기를 소망했다. 억울하게 회사를 떠나고, 부도가 나고, 갑자기 고아원에 팔려간 아이들에게 조금이나마 미안한 감정을 가지기를 희망했다. 그런데 외신의 한국 보도는 그 이후에도 전혀 달라지지 않았다. 뭔가 이상했다. 그래서 다시 생각했다. '소통'이 문제가 아니라 보다 근본적인 무엇이 있다는 것을. 국가 이익과 언론을 고민하기 시작했고, 그 국가 이익을 제대로 알기 위해서는 국제정치와 정치경제학을 다시 뒤적이지 않을 수 없었다. 고단하지만 공부를 더 하는 수밖에 없었고, 달러 체제라는 보다 근본적인 문제에 직면했다.

그 사이 외환위기가 브라질과 러시아를 거쳐, 터키와 아르헨티나로 번져 가도 한국 언론의 시각은 변함이 없었다. 더욱이 이들 위기들을 연결시켜 보려는 기사도 많지 않았다. 그래도 "진리는 스스로 발견된다."는 말을 믿고 싶었다. 그러다가 문득 "진리는 만들어질 수 있다."라는 생각이 들기 시작했다. 펜실베이니아에서 만난 교수와 학생들을 통해 이 의혹은 점차 확신으로 변해 갔다. 솔직히 이제는 아무도 외환위기에 관심을 가지지 않았다. 간혹 관심을 가진 이들도 당시 위기는 '아시아의 잘못으로 일어난 과거의 일' 정도로만 알고 있었다. 논문을 뒤져 봐도 그 주장이 압도적이었다. 그러다가 한국에서 나온 국제정치경제학 교재를 만났는데 당시 위기에 대한 특정한 시각이 확정되어 이제는 교과서적인 지식이 되었다는 것을 알았다. 뭔가 해야 할 것 같았다. 그래서 그 이유를 묻기 시작했다. 왜 우리는 특정한 시각을 진리로 받아들이고 있으며, 이 과정에 권력은 어떻게 작용하고 있으며, 또 지식은 담론과 어떻게 다른가를. 한국 학생들을 포함한 많은 사람들이 당시 위기에 왜 관심이 없는지는 전혀 엉뚱한 경험을 통해 알게 되었다.

2003년 가을학기에 '국제 커뮤니케이션'이라는 대학원 수업에 학부생 몇 명이 들어왔다. 교수의 말에 따르면 이 학생들이 학부 장학생들이었고, 이들에게는 대학원 수업을 들을 수 있는 특혜가 주어졌다. 백인 남학생, 흑인 남학생 그리고 백인 여학생 한 명이었다. 이 수업에서는 강의가 끝나기 전까지 논문 주제를 정하고 간략한 제안서를 제출해야 했다. 학기 말, 학부생들 가운데 흑인 남학생은 "흑인들에 대한 보상 문제와 언론의 보도"를 주제로 발표했고, 백인 여학생은 "TV 드라마에 나온 여성에 대한 이미지"를 발표했다. 그런데 백인 남학생은 "언론과 테러리즘"에 대해 발표를 했고, 교수는 이 학생이 하버드 대학에서 석사를 하게 되었다고 축하했다. 솔직히 조지아 대학교에서는 단 한 번도 '언론과 테러리즘'처럼 거시적인 주제로 연구하겠다는 학생을 만난 적이 없었다. 펜실베이니아대에 있던 대부분의 대학원생들도 흔히 접할 수 있는 미시적인 주제들로 논문을 작성했다. 저렇게 어린 나이에 전혀 다른 생각을 할 수 있는 배경은 무엇일까?

그래서 지식에도 노동의 분화와 같은 위계적인 사다리가 있을 수 있다는 생각을 하게 되었다. 그리고 어쩌면 그것이 국내에서만이 아니라 국제사회에도 적용될 수 있을 것 같았다. 미국이 게임의 규칙에 대해서 공부하는 역할을 맡은 반면 한국과 같은 주변국은 그 게임이 보다 잘 유지될 수 있도록 하는 기술적 지식을 도맡게 되는 것은 아닐까라고 생각했다는 말이다.

이 책은 필자의 이런 개인적 여정의 산물로 탄생했다. 아직도 가야 할 길은 멀고 필자의 지식이 여전히 작다는 것에 대해 끝없이 고민했다. 그럼에도 불구하고 진리가 만들어질 수 있고, 지적인 공백은 어떤 식으로든 채워진다는 사실에 용기를 냈다. 부족함이 많다는 것은 따라서 너무도 당연하다. 언론이라는 것을 전공했으면서 국제정치, 금융, 경제를 두루 넘나들어야 했던 무모함도 있었다. 하지만 필자의 작은 경험이 우리 사회가 거듭나는 데 있어 한 줄기 빛이 될 수 있다면 더 바랄 나위가 없다. 첫술에 배부른 법 없고, 천 리 길도 한 걸음부터라고 했다. 한 방울의 물이 모여 바위를 뚫는다고도 했다. 그 첫 삽을 좋은 동료의 도움으로 뜬 것이라고 생각한다.

2009년 봄
김성해

에필로그 2

2008년 11월 14일, 인천공항을 이륙한 지 두 시간 만에 도착한 일본 나리타 공항은 초겨울인데도 가벼운 외투 하나만으로도 따뜻한 날씨였다. 길동무는 반크VANK*의 박기태 단장. 다른 한국 대표들도 속속 도쿄에 도착하고 있었다. 우리는 '아시아소사이어티 도쿄 서밋'에 한국 대표로 참가하기 위해 일본에 도착했다. 공항에서는 삼십여 분 정도 기다려 행사장인 포시즌 호텔로 가는 리무진에 올랐다. 처음으로 한국을 대표해 국제회의에 참가하는 기대와 설렘을 갖고 도쿄 시내로 들어가고 있었다.

도쿄의 교통 체증 덕분에 두 시간 만에 호텔에 도착했다. 체크인을

---

* 한국을 알고 싶어 하는 외국인들에게 이메일을 통해 한국에 관한 모든 것을 알려 주는 사이버 관광 가이드이자 사이버 외교사절단이다.

하자마자 행사장으로 이동했는데 수많은 사람들이 모여 있는 소리가 들려왔다. 얼마쯤 모인 걸까? 어림잡아 200명은 넘어 보였다. 모두 아시아의 각국 대표들과 미국, 캐나다 대표들로 구성된 모임이다. 피부색도 각양각색이고 키도 체구도 모두 다르다. 하지만 우리는 모두 세계 공용어로 인식되는 영어를 쓰고 있었다.

처음 만난 사람들의 표정은 너무나도 밝았다. 모두 각국을 대표하는 'young leader'들이기 때문일까? 어쨌든 모두 하나씩의 그림 조각을 가지고 자기와 똑같은 색깔의 사람들을 찾아 한 팀을 이루고 이야기를 나누느라 여념이 없었다. 우리는 다른 한국 대표들과 함께 이렇게 2박 3일의 일정을 시작하게 되었다.

첫날 행사를 후원하는 메릴린치 대표의 연설과 함께 일본 정부의 축사와 아시아소사이어티 대표들의 인사말이 이어지면서 그날 저녁은 그야말로 성대한 파티 같은 분위기였다. 그러나 다음날부터는 아침 7시부터 팀별 토론과 주제 발표 등으로 밤 12시가 되어야 잠을 청할 수 있었다. 힘들었지만 무척 재미있는 경험이었고 무엇보다 각국 대표들과의 만남을 통해 세상을 보다 넓게 볼 수 있는 기회를 갖게 되었다.

아시아소사이어티는 적어도 내게 몇 가지 질문을 던져 주었다. 아시아소사이어티는 왜 미국에서 만들어졌을까? 수많은 사람들이 모였는데 이곳에는 왜 유럽 사람들은 없을까? 미국 내에서 아시아소사이어티는 과연 어느 정도의 입지를 가지고 있는 정치적 협상 대상일까? 앞으로 이 모임이 전 세계에 미치게 될 영향력은 어느 정도 될까?

사실 나는 이 도쿄 모임에서 참 많은 사람들을 만났다. 인도, 스리랑카, 중국, 인도네시아, 필리핀, 홍콩, 뉴질랜드, 캐나다, 미국 등 수없이 많은 사람들을 만났지만, 그들 대부분에게서 하나의 공통점을 볼 수 있었다. 대부분 미국에서 공부를 했거나 미국 인맥을 가지고 있는 사람이었다는 점이다. 인도에서 온 닐 브로커는 어떻게 이 모임에 왔느냐는 질문에, 교수의 추천을 받고 왔다고 했다. 교수가 누구냐고 했더니 하버드 대학의 교수라고 했다. 대부분 그런 식이다. 그런 관점에서 본다면 적어도 위의 질문 몇 가지에는 답을 추론해 볼 수 있었다. 하지만 그래도 글로벌 게임의 규칙에 대해서는 풀리지 않는 많은 질문들이 있었다.

나는 한국에 돌아오자마자 연세대 언론홍보대학원에서 만난 김성해 교수에게 책을 써 보자고 제안했다. 김성해 교수와 나는 대학원에서 스승과 제자로 만나 저널리즘에 대해 깊이 토론했었다. 언론과 국제사회의 관계, 국제 정보 질서 및 글로벌 미디어, 언론과 대외 정책, 언론과 경제 및 언론과 사회, 그리고 마지막으로 국내 언론의 현황을 이야기하면서, 우리는 전 지구적으로 세상을 관통하는 지식을 만들 수 있다고 확신했기 때문이다.

하지만 책을 쓰는 것이 쉬운 작업은 아니었다. 책을 쓰기로 결정은 했으나 우선 우리에게 필요한 것은 끓어오르는 열정이 아니라 일의 순서를 정하고 어떻게 써 내려갈 것인지에 대한 틀이 필요했다. 우선 한 달 동안 김성해 교수와 나는 1940년대의 브레튼우즈 체제로부터 현대 금융의 역사와 달러가 기축통화로 자리를 잡게 된 배경, 그리고 1971년 닉슨 대통령의 금태환 정지 선언과 로버트 트레핀의 역설, 그 후 유로의 탄생까지 모든 과정을 하나하나 대화로 풀어 나갔다. 그리고 이 모든 것을 회사에 있는 동영상 장비들을 동원해서 촬영을 했고 모든 대화 내용은 문서로 옮겼다. 2008년 12월 23일부터는 이 작업을 토대로 다시 내용을 정리하고 필요한 부분은 다시 연구하고 토론해서 현대 금융의 역사를 조각 맞추듯 만들어 갔다. 그 한 달 동안은 시간이 어떻게 흘렀는지 알지 못할 정도로 순식간이었다. 2008년 11월부터 시작한 작업은 2009년 1월 말에 출간할 수 있는 원고로 만들 수 있었다. 덕분에 2008년 크리스마스와 2009년 새해가 어떻게 지나갔는지 기억하지 못할 정도였다.

나는 북세미나닷컴의 대표이사로 있으면서 기업과 대학에서 강의도 하고 있고, 또 시간을 쪼개 대학원에서 저널리즘도 공부하고 있다. 하지만 정작 나는 학문적 또는 과학적 진실을 과연 찾을 수 있을까라는 질문을 자꾸 하게 된다. 책은 약 5,000권 정도를 읽었다. 그러나 책에서 행간을 읽어 내듯이 학문과 학문 사이에서 진실을 찾을 수 있을 것인가? 이것이 나의 오랜 물음이다. 그만큼 지식의 목마름이 컸다. 지금 당장 생존을 위한 기술을 배우는 것보다는, 근본적인 물음에 대답할 수 있는 대전제를 갖는 게 더 필요하다고 생각했다. 그것은 단순히 아프리카 동물들의 생존 전략으로부터 배울 수 있는 종류의 기술이 아니라고 생각했다. 또 지금 유수의 기업을 운영하고 있는 대한민국 수퍼급 리더들의 생존 기술도 아니다. 보다 넓은 차원에서 우리의 가치와 지식의 좌표를 묻고 세계 역사 속에서 그것에 대한 해답을 찾을 수 있으리라고 믿어 왔다. 질문이 정확해야 답도 정확한 법. 질문의 방향이 정확하다면 정답은 아니어도 해답까지는 찾을 수 있다고 누군가 말하지 않았던가.

책을 마무리하면서 2007년 5월 앨빈 토플러가 방한했던 기억이 났다. 청중 500명을 앞에 두고 앨빈 토플러와 대담을 하고 있었다. 미국에 한 번 가 보지도 못한 내가 앨빈 토플러와 영어로 대담을 나누었다는 것이 개인적으로는 영광일 수 있겠지만 나는 그 자리가 무척 부끄러웠다. 그 자리를 준비하면서 알게 된 사실은, 영어 원서에는 한국에 대한 내용이 없는 반면 한국에서 출간된 책에는 한국에 대한 내용이 추가되었다는 점이다. 왠지 모를 화가 났다. 우리 사회에서 베스트셀러인 책인데 미국에서 나온 책과 우리나라에서 나온 책이 다르다는 것부터 화가 났다.

지금은 적어도 세계 석학이라고 불리는 그들이 우리의 지식을 대변해 주지 못한다는 것을 안다. 앨빈 토플러 박사는 세계적인 석학일지는 몰라도 미국식 지식을 갖고 있는 사람이다. 지금 우리 사회에 필요한 지식을 만들어 주는 사람은 아니다. 하지만 앨빈 토플러가 온다고 하면 우리 사회는 뜨겁게 열광한다. 물론 나도 처음엔 흥분했다. 하지만 지금 알고 있었던 것을 그때도 알았더라면 토플러 박사에게 논쟁을 걸었을지도 모르겠다.

나는 이 책을 같이 펴내는 데 동의해 준 김성해 교수에게 감사를 전한다. 2008년 연세대 언론홍보대학원에서 김성해 교수를 만나지 못했다면 나는 이 책을 출간하는 데 동역자로 참여하지 못했다. 또 지식이 왜 중요한지, 왜 단편적인 지식의 파편보다 혹은 생존하는 기술보다 거시적인 흐름과 역사 속에서 이해하는 진실이 더 중요한지를 깨달을 수 있었다. 배움은 여기에서 멈추는 것이 아니라 계속 이어 가야 한다는 것도 내가 배운 중요한 깨달음이다.

나 역시 이제 첫 출발을 하는 것에 지나지 않는다. 이제부터가 시작이다. 책을 쓰면서 나는 다시 일본어를 시작했고 프랑스어도 공부하기 시작했다. 영어로 된 지식이 중요한 만큼 다른 나라 언어로 된 지식도 중요하다는 것을 깨달았기 때문이다. 그것만으로도 내게는 큰 수확이다. 더불어 앞으로 경영 활동과 강의를 병행하면서 만나는 모든 이들에게 글로벌 게임의 규칙을 아는 것이 중요하다고 강조할 것이다. 머리로만이 아닌 가슴으로 말하면 그들도 나처럼 느낄 것이라 믿는다. 글로벌 게임의 규칙을 안다고 해서 속성으로 성공 법칙을 만들어 낼 수는 없다. 앞으로 오랜 시간 동안 우리가 배우고 현실과 부딪혀 싸워야 하는 일들이 더 많을 것이다. 하지만 세상은 그렇게 조금씩 바꾸어 가는 것이 우리의 할 일이 아닐까?

이 책 출간과 더불어 내 마음속 대장에게 고맙다는 인사를 전한다. 또 많은 가르침을 전해 준 연세대 언론홍보대학원의 교수님들과 김성해 교수, 그리고 북세미나닷컴에서 만났던 수백 명의 대한민국 저자들에게 감사의 마음을 전한다.

2009년 4월
광화문 사무실에서
이동우

참고 문헌

김성해, 「만들어진 선호도」, 《제도경제학보》 창간호(2007)

김진현, 『일본 친구들에게 정말로 하고 싶은 이야기』(한길사, 2006)

이언 루틀리지, 김연규 옮김, 『석유 전쟁 ing』(K-books, 2008)

이찬근, 「투기 자본과 미국의 패권」(연구사, 1998)

장하준, 『사다리 걷어차기』(부키, 2004)

정운영, 『피사의 전망대』(한겨레신문사, 1995)

정운찬, 「IMF 구제 금융과 거시경제 정책」(한국금융학회 춘계 심포지엄 발표 논문, 1998)

조지프 스티글리츠, 송철복 옮김, 『세계화와 그 불만』(세종연구원, 2002)

차명수, 『금융 공황과 외환위기, 1870-2000』(아카넷, 2000)

케네스 B. 파일, 이종삼 옮김, 『강대국 일본의 부활』(한울출판사, 2008)

토머스 프리드먼, 김상철, 이윤섭 옮김, 『세계는 평평하다』(창해, 2005)

토머스 프리드먼, 신동욱 옮김 『렉서스와 올리브나무』(21세기북스, 2003)

토머스 프리드먼, 이영민, 최정임 옮김 『코드 그린: 뜨겁고 평평하고 붐비는 세계』(21세
기북스, 2008)

프랜시스 후쿠야마, 『역사의 종말』(한마음사, 1997)

Albright, M. K. "The Economic Crisis in Asia." *Testimony before the Committee on Banking*, Housing and Urban Affairs. (February 1, 1998).

Andrews, D. M., Henning, C. R. et al, *Governing the world's money.* (Ithaca, Cornell University Press, 2002).

Ann, C. Y. East Asian financial crisis and Japan. The Moonhwa-ilbo(02/20/98).

Akyiiz, Y. "The debate on the international financial architecture: Reforming the reformers," (UNCTAD Working Paper, 2001)

Eichengreen, B. & Richard, P. "Managing Financial Crises in Emerging Markets," (Federal Reserve Bank of Kansas City, 1997).

Eichengreen, B. & Leblang, D. "Capital Account Liberalization and Growth: Was Mr. Mahathir Right?" (NBER Working Paper No. 9427, 2003).

Bello, W., "Has Asia Really Rebounded?" *Focus on Trade*, Vol 45, 2000)

Bergsten, C. F. *The dilemmas of the dollar: the economics and politics of United States international monetary policy*, (New York University Press, 1975).

_____ "The International Monetary Fund and the National Interests of the United States: Testimony before the Joint Economic Committee United States Congress." (February 24, 1998).

_____, "America's Two-Front Economic Conflict." *Foreign Affairs* 80(2). (March/April 2001).

_____, *The United States and the World Economy: Foreign Economic Policy for the Next Decade*, (IIE, 2005).

Bhagwati, J. N., *The wind of the hundred days: how Washington mismanaged globalization.* (MIT Press, 2000).

Block, F. L., *The Origins of International Economic Disorder: a Study of United States International Monetary Policy from World War II to the Present* (University of California Press, 1977).

Blustein, P., *The Chastening: inside the Crisis that Rocked the Global Financial System and Humbled the IMF* (Public Affairs, 2001).

Herman, E. & Chomsky, N., *Manufacturing Consent: The Political Economy of the Mass,* (Pantheon, 2002).

Chung, D. K., Ed. *Policy Roundtable: Fiver Years after Korean Currency Crisis.* (Seoul National University, 2002).

Park, D.K & Lee, C. Y. "Currency Crisis in Korea: How Has It Been Aggravated?" *Asian Development Review*, 16(1), 1998.

Dawson, T. C., "Prepared Testimony of Thomas C. Dawson Director, Financial Institutions Group Merrill, Lynch & Co., Inc House Banking Oversight

Subcommittee Hearing on the International Monetary Fund." (April 21, 1998).

Dornbusch, R. "The New International Architecture," CESifo Working Paper Series, No. 769, (September, 2002).

Eichengreen, B. J. & Mathieson D.J., et al. *Hedge Funds and Financial Market Dynamics.* (IMF, 1998)

_____, *Toward a New International Financial Architecture: a Practical post-Asia Agenda.* (IIE, 1999).

Eizenstat, S. E. "Asian Financial Crisis: Broader Implications," (U.S. Congressional Testimony, February 24, 1998).

Feldstein, M. "Refocusing the IMF," *Foreign Affairs.* (March/April, 1998).

Fischer, S. "The Asian Crisis: A View from the IMF," Midwinter Conference of the Bankers' Association for Foreign Trade, (January 22, 1998).

Foot, R., MacFarlane, S. N., & Mastanduno, M., *US Hegemony and International Organizations: the United States and Multilateral Institutions.* (Oxford University Press, 2003)

Fukuyama, F. "All Quiet on the Eastern Front?" *The Wall Street Journal,* A18. (03/01/05).

Ghemawat, Pankaj, "Why the World Isn't Flat," *Foreign Policy*(March/April, 2007).

Geithner, T. F. Treasury Assistant Secretary Timothy for Joint Economic Committee, RR-2243, (February 24, 1998).

Gilpin, R. and Gilpin, J. M., *Global Political Economy: Understanding the International Economic Order.* (Princeton University Press, 2001).

Goddard, C. R., *U.S. Foreign Economic Policy and the Latin American Debt Issue.* (Garland, 1993).

Goddard, C. R. & Cronin, P. et al., *International Political Economy: State-market Relations in a Changing Global Order.* (Rienner Publishers, 2003).

Greenspan, A. "The current Asia crisis and the dynamics of international finance Before the Committee on Banking and Financial Services, U. S. House of Representatives." (January 30, 1998).

Hall, R., "The discursive demolition of the Asia Development Model," *International Studies Quarterly*, vol. 47(2003).

Herrnstein, Richard J. & Murray, Charles, *The Bell Curve: Intelligence and Class Structure in American Life*(Free Press, 1994).

International Commission for the Study of Communication Problems, *Many Voices, One World: Communication and Society Today and Tomorrow ; Towards a New More just and More Efficient World Information and Communication Order: Report.* (Unipub, 1980).

Miyazawa, K. "Statement at the World Bank,Symposium on Global Finance and Development," (March 1, 1999).

Krugman, P. R. Ed., *Currency Crises.* (University of Chicago Press, 2000).

_____, "America the Boastful," *Foreign Affairs* (May, 1998).

Lipton, D. A. "Treasury Under Secretary David A. Lipton HouseWays and Means Subcommittee on Trade." RR-2242. (February 24, 1998).

Liu, H. C. K. "US dollar hegemony has got to go," *Asia Times*, (04/11/02).

_____, "The BIS vs national banks," *Asia Times* (05/14/02).

Masson, P., Mussa, M., Ed. *Exchange Rate Regimes in an Increasingly Integrated World Economy.* (IMF, 2000).

Mussa, M., Ed., *Exchange Rate Regimes in an Increasingly Integrated World Economy.* (IMF, 2000).

Nye, J. S., *Soft power: The means to success in world politics.* (Public Affairs, 2004).

PBS, Commanding Heights, "Interview with Mahathir bin Mohamad," C. (07/02/01)

Robert, R., *The Work of Nations: Preparing Ourselves for 21st Century Capitalism* (Vintage, 1992),

Rubin, R. E. and Weisberg, J., *In an Uncertain World: Tough Choices from Wall Street to Washington.* (Random House, 2003).

Rubin, R. E. "Treasury Secretary Robert E. Rubin Address on the Asian Financial

Situation to Georgetown University Washington, D.C." RR-2168, (January 21, 1998).

Sachs, J. D. "Fixing the IMF remedy," *The Banker* 148(864): 16. (Feb 1998).

Said, E. W. *Orientalism*. (Vintage Books, 1994).

Sakakibara, E. "Reform of the International Financial Architecture: Main Elements of the G-7 Report on the Architecture, Symposium on Building the Financial System of the 21st Century, (June 25th, 1999).

Stanley, F. "Response to Martin Feldstein," *Foreign Affairs*. (July-August 1998).

Stiglitz, J. E. *Globalization and Its Discontents*. (Norton, 2002).

Strange, S. and Royal Institute of International Affairs, *Sterling and British policy: a Political Study of an International Currency in Decline*. (Oxford University Press, 1971).

Strange, S. *Mad Money: When Markets Outgrow Governments*. (University of Michigan Press, 1998).

Summers, L. H. "The United States and the Challenge of Balanced Global Growth," RR-3114. (April 28, 1999).

Tavlas, G. in Erdman, P. E., Tug of war: Today's Global Currency Crisis. (St. Martin's Press, 1996).

Triffin, R. and Cooper, R. N., *The International Monetary System under Flexible Exchange Rates: Global, Regional, and National : Essays in Honor of Robert Triffin*. (Ballinger Pub. 1982).

Truman E. M. "Statement of Assistant Secretary Edwin M. Truman, Asian Development Bank Board of Governors Annual Meeting Manila A. Phillippines," PR3120. (May 1, 1999).

Wade, R. *Governing the market: Economic Theory and the Role of Government in East Asian industrialization*. (Princeton University Press, 2004).

Walt, S. M. "In the national interest," *Boston Review*, (February/March 2005).

Walter, A., *World Power and World Money: the Role of Hegemony and International Monetary Order*. (Harvester Wheatsheaf, 1991)

세계는 울퉁불퉁하다

1판 1쇄 찍음 2009년 4월 25일
1판 1쇄 펴냄 2009년 4월 30일

지은이 | 김성해, 이동우
발행인 | 박근섭, 박상준
편집인 | 장은수
펴낸곳 | (주)민음사

출판등록 | 1966. 5. 19 제16–490호
주소　　 | 서울시 강남구 신사동 506번지 강남출판문화센터 5층 (135–887)
대표전화 | 515–2000 / 팩시밀리 515–2007
홈페이지 | www.minumsa.com

값 15,000원